WHAT IS LIBRARY SCIENCE

图书馆学是什么

王子舟 著

北京大学出版社
PEKING UNIVERSITY PRESS

图书在版编目(CIP)数据

图书馆学是什么 / 王子舟著. —北京：北京大学出版社，2019.6
(人文社会科学是什么)
ISBN 978-7-301-30444-0

Ⅰ.图…　Ⅱ.王…　Ⅲ.图书馆学—通俗读物　Ⅳ.G250-49

中国版本图书馆 CIP 数据核字（2019）第 074347 号

书　　　名	图书馆学是什么
	TUSHUGUANXUE SHI SHENME
著作责任者	王子舟　著
策 划 编 辑	杨书澜
责 任 编 辑	闵艳芸
标 准 书 号	ISBN 978-7-301-30444-0
出 版 发 行	北京大学出版社
地　　　址	北京市海淀区成府路 205 号　100871
网　　　址	http://www.pup.cn　　新浪微博:@北京大学出版社
电 子 信 箱	minyanyun@163.com
电　　　话	邮购部 010-62752015　发行部 010-62750672
	编辑部 010-62750673
印 刷 者	北京中科印刷有限公司
经 销 者	新华书店
	890 毫米×1240 毫米　A5　12.625 印张　220 千字
	2019 年 6 月第 1 版　2022 年 7 月第 2 次印刷
定　　　价	58.00 元

阅 读 说 明

亲爱的读者朋友：

　　非常感谢您能够阅读我们为您精心策划的"人文社会科学是什么"丛书。这套丛书是为大、中学生及所有人文社会科学爱好者编写的入门读物。

　　这套丛书对您的意义：

　　1. 如果您是初中学生，阅读这套丛书，可以扩大您的知识面，这有助于提高您的写作能力，无论写人、写事，还是写景都可以从多角度、多方面展开，从而加深文章的思想性，避免空洞无物或内容浅薄的华丽辞藻的堆砌（尤其近年来高考中话题作文的出现对考生的分析问题能力及知识面的要求更高）；另一方面，与自然科学知识可提供给人们生存本领相比，人文社会科学知识显得更为重要，它帮助您确立正确的人生观、价值观，教给您做人的道理。

　　2. 如果您是高中学生，阅读这套丛书，可以使您对人文社会科学有大致的了解，在高考填报志愿时，可凭借自己的兴趣去选择。因为兴趣是最好的老师，有兴趣才能保证您在这个领域取得成功。

3. 如果您是大学低年级学生,阅读这套丛书,可以帮助您更好地进入自己的专业领域。因为毫无疑问这是一套深入浅出的教学参考书。

4. 如果您是大学高年级学生,阅读这套丛书,可以加深自己对人生、对社会的认识,对一些经济、社会、政治、宗教等现象做出合理的解释;可以提升自己的人格,开阔自己的视野,培养自己的人文素质。上了大学未必就能保证就业,就业未必就是成功。完善的人格、较高的人文素质是保证您就业以至成功的必要条件。

5. 如果您是人文社会科学爱好者,阅读这套丛书,可以让您轻松步入人文社会科学的殿堂,领略人文社会科学的无限风光。当有人问您什么书可以使阅读成为享受?我们相信,您会回答:"人文社会科学是什么"丛书。

您如何阅读这套丛书:

1. 翻开书您会看到每章有些语词是黑体字,那是您必须弄清楚的重要概念。对这些关键词或概念的把握是您完整领会一章内容的必要的前提。书中的黑体字所表示的概念一般都有定义。理解了这些定义的内涵和外延,您就理解了这个概念。

2. 书后还附有作者推荐的书目。如您想继续深入学习,可阅读书目中所列的图书。

我们相信,这套书会助您成为人格健康、心态开放、温文尔雅、博学多识的人。

序 一

让人文情怀和科学精神滋润心田

北京大学校长

林建华

一直以来，社会都比较关注知识的实用性，"知识就是力量""科学技术是第一生产力"，对于一个物质匮乏、知识贫乏的时代来说，这无疑是非常必要的。过去的几十年，中国经济和社会都发生了深刻变化，常常给人恍如隔世的感觉。互联网十、跨界、融合、大数据，层出不穷、正以难以想象的速度颠覆传统……。中国正与世界一起，经历着更猛烈的变化过程，我们的社会已经进入到以创新驱动发展的阶段。

中国是一个由古文明连续发展至今的大国，在近代史中，曾经历了百年的苦难和屈辱，中国人民从未放弃探索伟大民族复兴之路。北京大学作为中国古老的学府，一百多年来，一直上下求索科学技术、人文学科和社会科学的发展道路。我们深知，进步决不是忽视既有文明的积累，更不可能用一种文明替代另一种文明，发展必须充分吸收人类积累的知识、承载人类多样化的文明。我们不仅应当学习和借鉴西方的科学和人文情怀，还要传承和弘扬中国辉煌的文明和智慧，这些正是中国大学的历史使命，更是每个龙的传人永远的精神基因。

通俗读物不同于专著，既要通俗易懂，还要概念清晰，更要喜闻乐见，让非专业人士能够读、愿意读。移动互联时代，人们的阅读习惯正在改变，越来越多的人喜欢碎片化地去寻找和猎取知识。我们真诚地希望，这套"人文社会科学是什么"丛书能帮助读者重拾系统阅读的乐趣，让理解人文学科和社会科学基本内容的欣喜丰盈滋润心田；我们更期待，这套书能成为一颗让人胸怀博大的文明种子，在读者的心田生根、发芽、开花、结果。无论他们从事什么职业，都能满怀人文情怀和科学精神，都能展现出中华文明和人类智慧。

历史早已证明，最伟大的创造从来都是科学与艺术的完美结合。我们只有把科学技术、人文修养、家国责任连在一起，才能真正懂人之为人、真正懂得中国、真正懂得世界，才能真正守正创新、引领未来。

2015 年 8 月

序　二

重视人文学科　高扬人文价值

北京大学校长

人类已经进入了 21 世纪。

在新的世纪里,我们中华民族的现代化事业既面临着极大的机遇,也同样面临着极大的挑战。如何抓住机遇,迎接挑战,把中国的事情办好,是我们当前的首要任务。要顺利完成这一任务的关键就是如何设法使我们每一个人都获得全面的发展。这就是说,我们不但要学习先进的自然科学知识,而且也得学习、掌握人文科学知识。

江泽民主席说,创新是一个民族的灵魂。而创新人才的培养需要良好的人文氛围,正如有些学者提出的那样,因为人文和艺术的教育能够培养人的感悟能力和形象思维,这对创新人才的培养至关重要。从这个意义上说,人文科学的知识对于我们来说要显得更为重要。我们迄今所能掌握的知识都是人的知识。正因为有了人，所以才使知识的形成有了可能。那些看似与人或人文毫无关系的学科，其实都与人休戚相关。比如我们一谈到数学，往往首先想到的是点、线、面及其相互间的数量关系和表达这些关系的公理、定理等。这样的看法不能说是错误的，但却是不准确的。因为它恰恰忘记了数学知识是人类的知识，没有人类的富于创造性的理性活动，我们是不可能形成包括数学知识在内的知识系统的，所以爱因斯坦才说："比如整数系，显然是人类头脑的一种发明，一种自己创造自己的工具，它使某些感觉经验的整理简单化了。"数学如此，逻辑学知识也这样。谈到逻辑，我们首先想到的是那些枯燥乏味的推导原理或公式。其实逻辑知识的唯一目的在于说明人类的推理能力的原理和作用，以及人类所具有的观念的性质。总之，一切知识都是人的产物，离开了人，知识的形成和发展都将得不到说明。

因此我们要真正地掌握、了解并且能够准确地运用科学知识，就必须首先要知道人或关于人的科学。人文科学就是关于人的科学，她告诉我们，人是什么，人具有什么样的本质。

现在越来越得到重视的管理科学在本质上也是"以人为本"的学科。被管理者是由人组成的群体，管理者也是由人组成的群体。管理者如果不具备人文科学的知识，就绝对不可能成为优秀的管理者。

　　但恰恰如此重要的人文科学的教育在过去没有得到重视。我们单方面地强调技术教育或职业教育，而在很大的程度上忽视了人文素质的教育。这样的教育使学生能够掌握某一门学科的知识，或能够脚踏实地完成某一项工作，但他们却很难知道人究竟为何物，社会具有什么样的性质。他们既缺乏高远的理想，也没有宽阔的胸怀，既无智者的机智，也乏仁人的儒雅。当然人生的意义或价值也必然在他们的视域之外。这样的人就是我们常说的"问题青年"。

　　当然我们不是说科学技术教育或职业教育不重要。而是说，在学习和掌握具有实用性的自然科学知识的时候，我们更不应忘记对于人类来说重要得多的学科，即使我们掌握生活的智慧和艺术的科学。自然科学强调的是"是什么"的客观陈述，而人文学科则注重"应当是什么"的价值内涵。这些学科包括哲学、历史学、文学、美学、伦理学、逻辑学、宗教学、人类学、社会学、政治学、心理学、教育学、法律学、经济学等。只有这样的学科才能使我们真正地懂得什么是真正的自由、什么是生活的智慧。也只有这样的学科才能引导我们思考人生的目的、意义、价值，从而设立一种理想的人格、目标，并愿意为之奋斗终生。人文学科的教育目标是发展人性、完善人格，提供正确的价值观或意义理论，为社会确立正确的人文价值观的导向。

　　国外很多著名的理工科大学早已重视对学生进行人文科学

的教育。他们的理念是，不学习人文学科就不懂得什么是真正意义的人，就不会成为一个有价值、有理想的人。国内不少大学也正在开始这么做，比如北京大学规定理科学生必须选修一定量的文科课程，并在校内开展多种讲座，使文科的学生增加现代科学技术的知识，也使理科的学生有较好的人文底蕴。

我们中国历来就是人文大国，有着悠久的人文教育传统。古人云："文明以止，人文也。观乎天文，以察时变，观乎人文，以化成天下。"这一传统绵延了几千年，从未中断。现在我们更应该重视人文学科的教育，高扬人文价值。北京大学出版社为了普及、推广人文科学知识，提升人文价值，塑造文明、开放、民主、科学、进步的民族精神，推出了"人文社会科学是什么"丛书，为大中学生提供了一套高质量的人文素质教育图书，是一件大好事。

2001 年 8 月

目 录
CONTENTS

▌三▌ 学了图书馆学有什么用途

开 头 的 话

图书馆学是什么？怎样才能了解图书馆学？这需要从一些问题入手，因为知识的建构是由问题激发出来的。很多科学家认为，**问题是科学认识的起点**。美国哲学家杜威甚至说过，提出问题是影响后来思想的最有效的方式[1]。通常，每个学科都有一些指向学科核心思想和深层理解的基本问题，例如"什么是存在？""什么是真理？"等，这是哲学的基本问题；"真（符合客观）的历史陈述存在吗？""人类历史的发展是否有规律？"等，这是历史学的基本问题。基本问题不仅能反映一门学科的核心思想，而且也能揭示其丰富的学科内涵与复杂的逻辑结构。当然，有些学科的问题没有哲学、历史学的基本问题那样复杂，以至于需要不知多少代的思想家去孜孜求索，需要不知多少浩繁卷帙的书籍来努力阐述。比如对于一门学科入门之前的某些问题或疑虑。这样的问题大多是人们靠直觉提出来的，经过思考还是可以回答的。在多年的图书馆实际工作与图书馆学教学中，我遇到的问题有很多，以下这些大致是比较有代表性的：

1. 图书馆学是不是一门科学？

2. 图书馆学到底研究什么以及范围多大？

3. 学了图书馆学对我们有什么用处？

4. 图书馆学是怎样产生和发展起来的？

5. 图书馆学的大家和重要思想有哪些？

6. 图书馆学有哪些主要研究方法？

7. 书籍的发展和未来的命运是怎样的？

8. 图书馆的发展和今后的命运是怎样的？

9. 图书馆员是不是一种有前景的职业？

10. 未来图书馆学发展趋势与研究重点是什么？

本书的写作就是围绕这 10 个问题展开的，希望对这些问题能有合理的回答。而且在这篇"开头的话"里，我首先就第一个问题**"图书馆学是不是一门科学"**（国外则有"Is Library Science a science?"之问）做一简要分析与回答。聪明的读者一看到这个问题，马上会猜出我的一个预设，即事先我肯定会认为图书馆学是一门科学，然后再找出种种理由来逐一论证。这个猜测是对的。在科学主义大行其道、公众对科学顶礼膜拜的时代，如果我们不承认自己从事研究的学科、专业是一门科学，那岂不是自毁家门吗？况且我也不能免俗，我同许多科学研究者一样，都认为自己是在理性地建构知识，在揭示经验世界存在的规律，甚至是在发现真理。当然，最近几年，自己对这样的意识已经产生了怀疑，可是这种怀疑还没强大到足以让我否认图书馆学是门科学的程度。

说起科学，其定义数不胜数。目前还找不到一个十分贴切、简明的定义；因为科学与人们对科学的认识一直处于动态发展之中。不过我们大致知道**科学特征**具有以下几个方面：

① 每种科学都是对客观世界的某方面的具体解释，都有自己较为明确的研究对象，这些研究对象中充满了大量未知性的东西，它激发人们的好奇心并驱使人们产生探索欲望；

② 科学依赖从客观世界得来的证据来建立一些确切的知识，证据是科学的基础，科学假设和结论在某种程度上具有可验证性（testability）和可证伪性（refutability）；

③ 任何一门科学都是一种知识体系，出于解释的需要，也都会有自己逻辑自洽的理论形态；

④ 每种科学都具有一套有效的方法，这些方法通常具有可操作性、可重复性和可检验性；

⑤ 科学是一个连续而严密的推理过程，科学研究者或遵循"假设→实验→数据→结论"的实证模式完成科研活动，或通过"问题→描述→说明→结论"的阐释模式完成科研活动，每个过程都浸透着自己的个性；

⑥ 科学蕴涵着一种追求自由、真理的非功利的内在精神，尽管科学庙堂里住着各式各样的人，引导他们到这里的动机也各不相同；

⑦ 科学研究受科学研究者、自然规律的制约，因而科学可以分为建构中的科学和"事实"，前者来自科学家个人的成果，其本身是偶然的，后者则来自自然规律；

⑧ 在现代社会，科学还是一种社会建制，即科学研究活动是以制度、政策等为支撑条件的。

用科学的这些特征来审视图书馆学，我们就能大致判定图书馆学是否具有科学性质以及是否属于一门科学。不过在此之前，还是先回顾一下图书馆是怎样产生的，这样对理解图书馆学的由来大有帮助。

人与动物的本质区别是人能够积累和传承知识，而动物则不能，每一代都要重新开始。人类要实现知识积累和传承，就需要有效记忆与传播的手段。文字就是这样一个有效的手段和工具。文字产生之前，人类的知识记忆和传承依赖大脑、依赖口传，但大脑和口传有生物与时空上的局限，而且容易使知识发生变异。文字产生后，人类的大脑功能有了外部延伸，人们将有用的知识信息"书于竹帛"，知识流传中的变异现象就受到了遏制。"书于竹帛"就是书籍的产生。人们通过书籍通晓古今，所以有了书籍就有了历史。人类的记忆也因此有了"脑外记忆"的新方式。但是，书籍在长期的流传中会发生残破、丢失、焚毁，甚至遭到人为的篡改、某种统治势力的查禁，加之早期书籍出于手抄，也不可能有大量复本，人们寻找起来很不方便，于是图书馆应运而生。图书馆把书籍有序保存在一个固定的处所，人们通过借阅就能获取知识。从文字到书籍再到图书馆，人类的知识记忆开始有了**脑外记忆的工具**、由这种工具制成的**储存脑外记忆的装置**、由这种装置组成的**脑外记忆的社会大脑**。人类的发明终于实现了三级跳。哲学家波普尔（Karl R. Popper，1902—1994）曾称赞书籍和图书馆是整个人类文明中最独特、最重要的物质事物[2]。这三个伟大发明随着社会的变迁一直处于不停的发展变化中。为了有力地推进它们以适应人类需要，人类发展出文字学、文献学、图书馆学这三种与之相对应的学问。

文字学"是研究文字的产生和演变以及文字和语言的关系的一门科学"[3]。文字学已有从语言学中独立出来的趋势，它包含文字的形体学、字义学、文字史、字源学、文法学、修辞学、翻译学、检字法，以及文字训诂学、文字教学法、文字美学、文字文化学、文字心理学、比较文字学等众多分支学科。**文献学**是研究文献的性质、载体、类型、生产、分布、计量、交流、利用、发展等内容的一门科学，它可分为古典文献学和现代文献学，包含文献的版本学、目录学、校勘学、辑佚学、辨伪学、注释学、编纂学、计量学，以及经济文献学、化学文献学、医学文献学、金融文献学、红学文献学等等众多分支学科。**图书馆学**是研究人类通过知识集合的方式来记忆知识、获取知识的一门科学，它也有着版本学、目录学、校勘学、文献编目学、文献分类学、图书馆管理学、知识服务理论、参考咨询学、知识计量学、读者学、阅读学等许多分支学科。文字学、文献学和图书馆学三者都具备科学的普遍品格,例如明确的研究对象、可证实或证伪性、逻辑自洽的理论体系、专门的科学方法等等,如果我们承认文字学是门科学,文献学是门科学,那为什么不能承认图书馆学是门科学呢?

当然也有人认为图书馆学不是门科学,例如李敖在 2005 年 1 月 28 日凤凰卫视《李敖有话说》节目里讲道:傅斯年说过教育学不算是一门学问;李敖的老师殷海光先生说过,大学里面有图书馆学系,图书馆学还叫一个学问吗?殷海光是 1969 年去世的,台湾大学设图书馆学系是 1961 年,他说此话大约就在 20 世纪 60 年代初期。我觉得殷海光对图书馆学的这种看法与他们不了解图书馆学有关系。人们一般对图书馆都不陌生,但许多人却搞不清楚图书馆学是怎么回事。过去有的人望文生义,把图书馆学理解为"驭书术",说"驭书术"算不上一门科学,充其量只有一些方法和技巧,如图书的"分类排架""借借还还"等,没有什么高深学问。

其实,图书馆是一个能力层次非常丰富的空间。最低"层次"可以是工人,最高"层次"可以是专家、学者。图书馆工作中,收发、保洁、维修、勤杂可以聘用临时工或工人,借书、还书、排架可以用初级馆员,分类编目、网络技术可以用馆员,参考咨询、辅导培训可以用高级馆员,高深学术研究非专家学者不可。这本来就是"工种"的不同内涵要求的。图书馆中的非专业职位可以不需要图书馆学知识,而专业职位没有图书馆学知识是做不好的。如赵万里(斐云)(1905—1980)先生,早年曾师从吴梅(瞿安)、王国维,是有名的版本学家。他在北京图书馆任职期间,曾沙里披金,挑选出历代现存的有代表性的版刻书籍,然后按时代地区编排,编辑成一部《中国版刻图录》。该书是反映中国雕版印刷发展的一部名著及工具书,编辑难度非常之大,学术价值也很高。另外,从国外情况来看,美国图书馆也有杂工、职员、馆员之分,获得图书馆学硕士学位者才有资格胜任馆员的职位。大学图书馆或大城市图书馆负责咨询的参考馆员,多数人不仅受过图书馆学专业的训练,同时还有艺术、文学、法律、医学、生物、化学、工程等本科专业的背景。因为图书馆是百科知识的总汇,单一知识结构不适于做参考咨询工作。

还有,我们稍微深入地做些了解还会发现,图书馆还是学术大家的成长摇篮。如17世纪在德国从事图书馆工作达30余年的莱布尼茨,不仅是一位杰出的图书馆馆长,也是一位闻名于世的哲学家、数学家、发明家;19世纪当过美国波士顿、辛辛那提、芝加哥图书馆馆长的威廉·浦尔,有着47年的图书馆工作生涯,他既是当时美国图书馆界的顶尖人物,也是著名的历史学家、批评家和古物收藏家。国内优秀的图书馆也是如此,以在北京大学图书馆工作过的人物为例,民国时期的李大钊、张申府、毛子水，新中国成立初期的向达，都是名冠斯时的一流学者。如张申府是国内译介罗素思想的第一人，后成为哲学大家；毛子水曾留学德国专治科学史，他在柏林大学听过爱因斯坦讲的"科学原理"课，回国后长期主掌北大图书馆，因其学识渊博，曾被胡适誉为"东方图书馆"，台湾的吴大猷教授也说"毛公乃罕有的读书读'通'了的人"[4]；向达是我国著名的史学家，他在北平图书馆工作期间，到欧洲游历访书，看过众多流失在外的敦煌写本，他写的《唐代长安与西域文明》一书在国内外广有影响，据一位1961年听过向达先生课的学生回忆，一次向达讲玄奘西行开始于贞观二年抑或三年，所占有资料之翔实、推论之精密，令人终生难忘[5]。正是由于图书馆有这些学术大家的存在，我们才说图书馆是有学术含量的机构，才说图书馆职业有着某种不可轻慢的尊严。

当然也有人翻阅过图书馆学的专业杂志，看完上面刊登的一些泛谈图书馆工作改进的文章后也会摇头，说这算不上学术论文，于是得出图书馆学不是科学的结论。其实这也是一种以偏概全的观点。他们不了解，蔡元培先生在1922年就指出图书馆学是门科学，梁启超先生在1925年曾呼吁"建立中国的图书馆学"。他们不清楚，中国自古以来的图书馆学知识（如版本学、目录学）积累得多么丰富，不知道当代图书馆组织与服务（如数字图书馆、网络参考咨询等）有多么高级与复杂，自然也不了解许多图书馆学家（如柳诒徵、袁同礼、杜定友、刘国钧、王重民、顾廷龙、钱存训等等）的学术贡献有多大。以当代学者钱存训先生（1910—2015）为例，他早年在金陵大学学过图书馆学，后来在上海交通大学图书馆、国立北平图书馆、芝加哥大学远东图书馆等工作 50 余年，期间获得了芝加哥大学图书馆学研究院的硕士学位（1952）和博士学位（1957）。他对古代书籍、造纸、制墨和印刷术有深入研究，1962 年芝加哥大学出版了他写的《书于竹帛》（*Written on Bamboo and Silk*），对印刷术发明前的中国古代文字记录方式、书籍的发展进行了详细、深入的探讨。该书一经出版就轰动学术界，好评如潮。李约瑟（Joseph Needham，1900—1995）在《亚洲研究学报》发文对此书倍加推赏，他说："就其特点和规模而言，显然此书可以称为卡特（T. F. Carter）经典之作《中国印刷术的发明及其西传》一书的姊妹篇，我们可以断言，钱著和卡特的名著完全可以媲美而并驾齐驱。钱氏和卡特一样，全书清晰利落，要言不烦，是写作的典范。"[6] 所以，你能说钱先生的著作没有学术价值，算不上科学著作吗？而且话说回来，哪一门学科没有平庸之作、劣等之作呢？我们能用那些平庸之作、劣等之作来代表一个学科的学术价值和学术地位吗？

或许有人认为，如果声称某种知识体系是一门科学，至少它应该有比较成熟的学术建制。从这个角度来看，图书馆学也应该是一门完善的科学分支体系。现在世界上许多国家的大学都设有图书馆学专业，学生在规定的年限完成课业就可以取得学位。从学士、硕士到博士，学科知识的训练已经制度化。训练制度化之外还有研究的制度化，如图书馆学期刊的发行、图书馆学学会（国内、国际）的建立，乃至在图书馆书架上还有图书馆学专类图书井然陈列。诚然，学术传统悠久、学术积淀深厚的学科，它的培养机制能够为学生提供足够的科学训练，从这一点来说，目前我国大学图书馆学专业与其他社会科学，如经济学、法学等相比还有一定差距。因为图书馆学内部的分支科目发展不平衡，有的已有上千年的历史，如目录学、版本学、文献分类学，有的仅有上百年甚至几十年历史，如图书馆管理学、读者学、阅读学、参考咨询学等。正因为如此，说图书馆学是一个年轻的学科也不为过，它还需要得到进一步的推动和发展。

当然，有人用"纯科学"的标准来看待图书馆学，可能还会坚持图书馆学不是科学（甚至不是一门知识）的观点。这也不要紧，因为，只有数学、物理、化学等"纯科学"才有资格称为科学的观念已经落伍了。康德在《自然科学的形而上学起源》第 1 页就说过："每一种学问，只要其任务是按照一定的原则建立一个完整的知识系统的话，皆可被称为科学。"[7] 只有科学才是知识，真正的知识是科学，这是科学垄断年代人们的认识。这种认识造就出了"科学排他性"，社会知识、人文知识在这种科学排他性的挤压下逐步被边缘化，人文、社会科学学者的社会地位也远不如科学家的高[8]。其实哈贝马斯（Jürgen Habermas，1929—　）不止一次地说过：科学只是知识的一种重要形式。也正因为如此，我们才可以说**一切科学都是知识，但一切知识却不都是科学**。费耶阿本德（Paul Karl Feyerabend，1924—1994）也反复强调：除了那些建立在实验、实证基础上的硬科学之外，世界上存在着许多有价值的人类知识体系，科学方法只是人类认识世界的有效方法之一种。在近几年国内外学术界里，"科学独尊"的意识正在让位于"学科平等"意识。越来越多的人已经认识到，科学知识的丛林化，有助于解决我们所处世界的复杂问题，而且一种知识要么是科学的、要么是非科学的两分思考方式也过于简单，它表现出了科学教条主义的粗暴。有些数学、物理学等硬科学显然具有达到真理的能力，但是，把人文社会科学建立在进化论基础上，使之像数学、物理学一样严密、精确，这样的达尔文式的科学发展观显然是错误的。不同的人类知识体系有着自己不可替代的认识价值。我们应放弃科学至上的观念，不能把每件事情都用科学去处理。就像语言学家乔姆斯基在其 1988 年出版的《语言与知识问题》（*Language and the Problems of Knowledge*）一书中所说："我们对人类生活、对人的个性的认识，可能更多地来自于小说，而不是科学的心理学——也许有人会认为多得简直无法比拟。"[9] 所以，当面对复杂世界产生种种困惑的时候，我们需要不同的知识体系来帮助我们解开困惑。

我们所处的世界是由物理世界、事理世界和人理世界构成的。如果按照研究对象对科学进行粗略的划分，研究物理世界的科学就是自然科学，研究事理世界的科学就是社会科学，研究人理世界的科学就是人文科学。例如，同样研究人，自然科学研究人的生理现象（如生理学、病理学等），社会科学研究人的行为与关系（如经济学、法学等），人文科学研究人的生命意义和价值（如文史哲等）。图书馆学不是建立在追求生命意义和价值基础上的一门学问，也不是建立在发现物质世界隐藏奥秘基础上的一门科学，它是实现人类知识记忆、帮助人们寻找知识的一门学科，它应该**属于社会科学范畴**。另外，如果按照形成过程来对科学进行大致的分类，科学还可以分为形式科学（如数学、哲学等）与经验科学（如医学、农学、教育学等），图书馆学由于是在长期图书整理、组织、传播活动中逐渐积累出的知识体系，经验、事实、实证是其支撑基础，显然它**属于一种经验科学**。图书馆学是由图书馆哲学（图书馆哲学思考）→理论图书馆学（普通图书馆学）→应用图书馆学→图书馆实践活动四个层面构成的。一般来说，每门科学也都有这四个层面。目前图书馆学的成熟程度、内容重心乃至积累出来的大量知识成果主要在后三位上。这种情况在图书馆学的术语中就有所反映。例如，中文"图书馆学"在英文中有意义不尽相同的对应词汇：library science 和 librarianship。一般而言，library science 可译成"图书馆学"或"图书馆科学"，偏重学科的专业性及系统知识的培养；librarianship 除可译成"图书馆学"，还可译为"图书馆事业"，即除学科培养之外，还加有图书馆专业之经验与活动的含义。从应用的角度上来说，通常两者相通。不过美国、加拿大喜用 library science，英国则更喜用 librarianship[10]。

1957 年，我国著名图书馆学家、钱存训的受业之师刘国钧（衡如）先生，发表了一篇文章《什么是图书馆学》，他在这篇 5000余字的文章里对怀疑图书馆学科学性的种种观念进行了辨析与批评，他说："人们不否认一条蚯蚓、一片树叶以及吃饭睡觉都可以成为科学研究的对象，为什么要否认客观存在着上千年而在社会生活中起着作用的图书馆可以成为科学研究对象呢？""还有些人把科学理解为自然科学，以为只有物理、化学、生物学之类的学问才算科学。根据这种理解，图书馆学当然不是科学。但是这种狭隘的科学观是早已过时的东西了。"[11]刘国钧先生的这篇论文对当时图书馆学界影响很大。记得 20 世纪 50 年代中国的大学中只有北京大学、武汉大学两所大学设有图书馆学专业。图书馆学专业的大学新生初进北大、武大这样的名校，很有一部分人怀有"大门（学校）进对了，小门（专业）入错了"的想法，但是后来读了刘先生的文章，不少人从此坚定了自己的专业信念，其中有些人日后成为国内外著名的图书馆专家，也有些人成为享誉图书馆学界的学者。

　　图书馆学没有自然科学那样显赫的地位，也没有哲学、史学、文学、语言学等人文学科那样崇高的影响力，更不像经济学、法学、教育学等社会科学广为人知，但图书馆学有着自己独特的研究对象，使用着科学的研究方法，有着追求真理、促进社会进步、提升人们生活质量的目标，我们没有理由不承认它是一门科学。当然，对于"图书馆学是不是一门科学?"这一问题而言，我的这个观点不见得就是正确答案。问题可以分为已有正确答案的和没有正确答案的，有正确答案的问题是一种思想追问的了结，没有答案的问题则是思之追问，它可能导致新思想的生成或新知识的生产[12]。如果读者觉得我的解释不是一种合理的回答，那他也可以自己踏上求解之旅，去获取一种更为理性的认知。

参考文献

[1] 〔美〕丹尼尔·贝尔.后工业社会的来临[M].高铦，等译.北京:商务印书馆,1987:15.

[2] 〔英〕卡尔·波普尔.通过知识获得解放[M].范景中，李本正，译.杭州:中国美术学院出版社,1996:145.

[3] 吕叔湘.语言和文字[M]//吕叔湘全集:第6卷.沈阳:辽宁教育出版社,2002:54.

[4] 严敏杰，杨虎.北大新语:百年北大的经典话语[M].北京:中国广播电视出版社,2007:140.

［5］庄守经,赵学文.文明的沃土［M］.北京:北京大学出版社,1992:285.

［6］郑炯文.记钱存训先生的生平与事业［M］//《庆祝钱存训教授九五华诞学术论文集》编辑委员会.南山论学集:钱存训先生九五生日纪念.北京:北京图书馆出版社,2006:133—139.

［7］转引自:〔德〕汉斯·波塞尔.科学:什么是科学［M］.李文潮,译.上海:上海三联书店,2002:11.

［8］金耀基.人文教育在大学的位序［M］//许纪霖,刘擎.丽娃河畔论思想:华东师范大学"思与文"讲演录.上海:华东师范大学出版社,2004:309—313.

［9］转引自:〔美〕约翰·霍根.科学的终结:在科学时代的暮色中审视知识的限度［M］.孙雍君,等译.呼和浩特:远方出版社,1997:221.

［10］卢秀菊.图书馆学之理论基础与研究范围［J］.资讯传播与图书馆学,1999(1):7—17.

［11］刘国钧.什么是图书馆学［J］.中国科学院图书馆通讯.1957(1):1—5.

［12］张一兵.问题式、症候阅读与意识形态:关于阿尔都塞的一种文本学解读［M］.北京:中央编译出版社,2003:32—33.

图书馆学是研究什么的

　　一种事业，发达到一定的程度，便有产生一种有系统的理论。有了有系统的理论，那种事业的发达，才有迅速的进步。这是各种事业的通例，图书馆也就不在例外。

——蔡元培

　　蔡元培(1868—1940),著名民主革命家和教育家。他倡导的"思想自由,兼容并包"被后人尊为北京大学的精神与传统;他关心图书馆建设,为国内各类图书馆的发展殚心竭力。主要著作有《中学修身教科书》《中国伦理学史》《哲学大纲》《蔡子民先生言行录》等,后人编有《蔡元培全集》。

　　图书馆学建立二百年来,有关研究对象的论述不胜枚举。近五年国内还有研究者提出图书馆学的研究对象是"知识资源"[1],是"公共知识管理"[2],是"馆藏知识传播"[3],等等。不过,几十年来在图书馆员心中最容易确立、同时经常脱口而出的一种观点是:"图书馆学就是研究图书馆的科学。"按照植物学是研究植物的、土壤学是研究土壤的思路理解,图书馆学当然就是研究图书馆的。可这种认识也有问题。比如,我们说社会学是研究社会的科学,社会学家就不会同意,因为这种定义项直接包括被定义项的解释是"同语反复"或"循环定义"。

　　图书馆学有自己独特的研究对象。怎样准确地揭示这个研究对象?怎样给自己的研究划出合理的边界?美国社会学家英克尔斯(Alex Inkeles)认为给社会学下定义可以有三条途径:一是历史的途径——"创始人说了些什么?"二是经验主义的途径——"当代社会学家在做些什么?"三是分析的途径——"理性的指示是什么?"[4]我们可以借鉴这个方法对图书馆学研究对象进行一下探讨。

1.1 以往研究对象的认识轨迹

(1)"整理总和说"

图书馆学(Bibliothek-wissenschaft)这一名称是德国图书馆学家**施雷廷格**在 1808 年最早提出的。施雷廷格尝言:"图书馆应当尽快地找到必要的书籍,以满足任何文献工作的需要。"[5]图书馆学研究的是"符合图书馆目的的整理方面所必要的一切命题的总和"[6]。施氏的观点可以概括为**"整理总和说"**。此种观点在 19 世纪上半叶颇为流行,因为当时德国图书馆学是以图书为研究客体

德国图书馆学家施雷廷格
(**M. W. Schrettinger**, 1772—1851)

而建立起来的学问(The Science of Books),是整合著述史、书志学(目录学)等形成的"图书馆学"。在"整理总和说"提出的年代

里,图书馆工作对图书形式特征的重视往往高于对图书内容特征的重视,许多图书馆员以有丰富的图书知识而自豪。这种情况持续了许久。一直到 1914 年,美国图书馆学家毕晓普(W. W. Bishop, 1871—1955)在一所图书馆学校开学时发表过一次名为“书皮学”的讲话,他以生动的实例阐明图书馆员熟记图书的重要性,他对约翰·克里纳图书馆助理馆员霍普金斯能记住馆藏首批 60 万册书每本书的书名赞不绝口。他说这种特殊才能有助于提供特殊价值的参考服务。后来毕晓普出版他的短论集时,就名之为《书皮学》(*The Backs of Books*)[7]。因此,我们可以戏称这段时间的图书馆学为**“书皮图书馆学”**。

(2)**“图书馆管理说”**

19 世纪下半叶开始,在工业革命推动下,城市发展壮大、市民阶层扩张。工业生产对劳动者知识技能有更高的要求,公众对社会公共知识空间的扩大也有着迫切的需求,英国等工业化国家公共图书馆于是纷纷成立。1850 年,英国议会通过了第一部《公共图书馆法》(*The Public Libraries Act*),要求人口在 1 万人以上的各英格兰城市,都应依法建立公共图书馆。从此,英美各国掀起了一场公共图书馆运动。与此同时,怎样建立、管理图书馆也亟待有一套科学方法,图书馆学的研究内容从以往侧重于图书资料逐步转向侧重图书馆,研究对象也从图书整理渐渐转向图书馆经营管理。1859 年,英国的爱德华兹出版了《图书馆纪要》两册,第二册即为《图书馆管理》,对 17—19 世纪以来的图书馆管理经验进行了全面总结。在 19 世纪末的英国,图书馆学叫做"图书馆管理学"(Library Economy),虽然美国已经流行 Library Science,但英国的 Library Economy 直到 20 世纪初仍在使用。1887 年,美国图书馆学家 M.杜威创办图书馆学校,全称即为哥伦比亚学院图书馆管理学校(School of Library Economy at Columbia College)。我国图书馆学家刘国钧在 1934 年出版的《图书馆学要旨》一书中讲到图书馆学的定义时说:"什么是图书馆学? 图书馆学便是研究图书馆的组织法、管理法和使用法的学科。"[8]尽管刘先生将"组织法、管理法、使用法"三者并列,但从当时的眼光看,它们也都属于经营管理的范畴。所以,我们将这些以图书馆经营管理为主要研究对象的理论称之为"**图书馆管理说**"。

"图书馆管理说"将图书馆学的研究重心从图书整理转移到了图书馆管理,顺应了各国图书馆建设与发展的趋势。但在这种新的学术范式影响下,图书馆学填充进来大量低层次的内容,如打字法、书写法、印刷术、装订术、修补法、登记法、陈列法、出纳法、统计法、参观法等。许多图书馆学管理类、通论类教材或著作,甚至对书袋卡的制作、书目卡片与目录柜的大小、书架的高低、阅览桌椅的尺寸和布置等一一叙及,配图说明,力图使学习者在最短的时间里全面掌握图书馆管理的一般方法，规范从事。因此，这一时期的图书馆学，我们可戏称之为**"尺寸图书馆学"**。当然，图书馆学中原有知识含量较为专深的分支，如目录学、分类学等，随着研究的深入也越来越精密、复杂，但它们亦厕身于上述方法之中，使图书馆学内容一时良莠混杂。

(3)"图书馆事业说"

20世纪中期，世界各国的图书馆事业都取得了快速的发展。各类型、各级别的图书馆纷纷涌现。一个国家、地区的图书馆事业已成为该国家、地区的重要文化、教育基础设施。与此同时，图书馆学也遇到了一些新命题需要研究，如图书馆的馆际互借、图书馆法规的制定、图书馆员队伍的培养、图书馆藏书的协调、图书馆网的布局等等。于是，众多的图书馆学研究者调整自己的研究视角，逐渐将研究视野提升到宏观层面上来。在他们看来，不仅微观图书馆有研究价值，宏观的图书馆事业同样也具有研究意义。1957年，我国图书馆学家刘国钧先生在《什么是图书馆学》一文中指出："图书馆学所研究的对象就是图书馆事业及其各个组成要素。"刘国钧说，图书馆事业有五项组成要素：图书、读者、领导和干部、建筑与设备、工作方法，欲掌握图书馆事业的规律，分别就这五项要素进行深入研究是必需的。苏联图书馆学界从20世纪50年代起有一种主导观点：图书馆学就是研究图书馆事业的,研究图书馆的规律、组织、发展、职能等。1981年由北京大学、武汉大学两校图书馆学系合编的权威教材《图书馆学基础》讲道:"图书馆学是研究图书馆事业的发生发展、组织形式以及它的工作规律的一门科学。"[9]该书是当时国内图书馆学专业必修课使用的教材,由商务印书馆出版,印数累积达 12万册,其观点在国内广有影响。

"图书馆事业说"把图书馆学看成是研究图书馆事业的科学,这是国内图书馆学家们普遍的共识,甚至在近二十年来也还是一种主流观点。在这种"图书馆事业说"的指导下,图书馆学界对图书馆的历史、组织、管理、社会作用等方面有了积极研究,按此范式设立的图书馆学教育也培养了大批专业人才。图书馆学教育与理论的繁荣确实促进了图书馆事业的发展。但是,这样一个研究范式却把图书馆学限定在"图书馆"这一客体之上,如图书馆的性质、图书馆的职能、图书馆类型、图书馆网络、图书馆藏书、图书馆目录、图书馆读者服务、图书馆管理、图书馆现代技术、图书馆的未来等等,举凡有关"图书馆的×××"才能构成图书馆学的内容。甚至隶属于图书馆学的众多分支学科也必须是"图书馆的××学",如图书馆管理学、图学馆统计学、图书馆建筑学、图书馆美学等等。此种思维范式,不但没能解决本学科学术层次过低的问题,同时还忽视了文献信息、知识情报、读者需求、社会阅读等涉及图书馆命脉的一些基本命题。这一时期的图书馆学,我们可戏称之为**"机构图书馆学"**。

1.2　新旧研究对象的认识差异

(1) 本质主义对经验主义的超越

　　从"整理总和说"到"图书馆事业说"，以上关于图书馆学研究对象的论述根本缺陷在于未能揭示出图书馆的实质。"图书馆事业"虽然似乎涵盖了图书馆的一切，但它并没有表达出图书馆的本质意义。就像各种各样的灯，虽然可找到一个抽象词汇"灯"涵盖一切个体的灯，但它没能直接表达出灯的本质——"照明工具"。况且许多图书馆学专业的本科学生深感那些围绕图书馆事业形成的课程体系科学含量不足，认为不值得花四年时间去学。这也表明，以机构命名的学科的确存在很大问题。1985 年青年学者张晓林撰文指出：我们有医学，但没有听说有医院学，我们有法学，但没有听说过法院学。图书馆学因缺乏本质层面的追问，仅是一种机构之学而非普遍社会现象及规律的学问。而研究一种机构是不能称其为科学的。其结果就是把图书馆学的教育沦为了职业需要的技术训练[10]。张文犹如一石击水，在图书馆学界引起强烈反响，众多学者刊文对这种批评表示激赏。

从 20 世纪 80 年代中期开始,图书馆学研究出现了明显的反思意识,一些学者力图通过对图书馆学理论基础、研究对象的本质挖掘,来揭示图书馆学深层含义和存在价值。其中最引人注目的是北京大学的周文骏先生、华东师大的宓浩先生提出来的**"文献交流说"**[11—12]和**"知识交流说"**[13]。周、宓两位先生继承了美国、日本、苏联诸多图书馆学家有关文献、情报、知识交流的研究成果,提出了以下观点:① 文献、情报的本质是知识,文献、情报的交流实质是知识的交流,文献、情报是知识交流的工具、媒介;② 图书馆是社会知识交流系统中的社会渠道、中介实体;③ 知识交流才使文献、情报有了意义,并且也是人与人交流的重要方式;④ 知识交流现象是图书馆学、情报学研究的共同始发基层。周、宓两位先生的思想一经面世就在国内图书馆学界不胫而走,成为对"机构图书馆学"范式最有力的冲击。它突破了"机构图书馆学"馆内学科(即仅为图书馆内部需要并局限图书馆员使用)的局限,把图书馆学研究的视野引入了知识交流的社会系统中,明确了图书馆知识交流中介的性质与地位。不足的是,这种认识对图书馆的性质、地位虽然有了准确把握,但是还没有更深入或更进一步地刻画出图书馆的内在本质。

个人电脑、互联网、光纤通信等新技术在 20 世纪 90 年代的普及,打破了图书馆学在理论上的渐进积累态势。电脑的热销,网民的几何级增加,数字化产品的蔓延让人感受到了信息革命

脚步的急骤。互联网以其内容的开放性、复杂性、娱乐性，信息
交流的即时性、互动性、隐匿性，以及多途使用的便捷性，很快就
受到人们的青睐，其媒介影响力一跃超过了电视和报纸。对于
图书馆界来说，一方面，极为浩繁的网络信息资源以及人们使用
网络超过了使用图书馆的热情，突然让图书馆员感到了"自己正
在边缘化"的危机；另一方面，电子文献、数字化的数据库以及数
字图书馆的兴起让大家对传统图书馆的命运产生了深深的担
忧。美国图书馆学家兰卡斯特在 1980 年代的有关无纸时代即
将来临、在 21 世纪传统图书馆会完全消失的预言[14]，重又引起
图书馆学界的集体反思。几乎没有经过什么过渡，图书馆学界
的学术话语主题迅速转向了网络信息资源、数字图书馆等。例
如，1999 年中国科学院徐引篪、霍国庆在《现代图书馆学理论》一
书中明确表示，图书馆的实质是一种动态信息资源体系，图书馆
学的研究对象是动态的信息资源体系[15]。这种**"信息资源说"**把
图书馆学长期观照文献的视野拉向信息资源。

　　当然，新世纪初年有关图书馆的流行词汇是"复合图书馆"，
即许多图书馆界的学者认为，未来新技术条件下的图书馆是"鼠
标"加"水泥"、"数字"加"纸张"的一种复合模式。这一认识，既
反映出图书馆界多数学者们还是保留着冷静姿态，也反映出图
书馆学界对变化着的研究对象正在努力进行一种理性的把握。
2001 年台湾的图书馆学家胡述兆给图书馆下了一个新定义："图

书馆是为资讯建立检索点并为使用者提供服务的机构",这个弱化图书馆的物理空间的观点在中国台湾和大陆都引起了广泛注意甚至是讨论[16]。这次讨论也促进了人们对图书馆本质的进一步思考。

(2)"知识集合论":本质主义的一种视角

德国哲学家雅斯贝斯(K. Jaspers,1883—1969)说过:"我们生活在一种运动、流动和过程之中。变化着的认识造成了生活的变化;反之,变化着的生活也造成了认识者意识的变化。"[17]的确,理论研究为适应实践发展的需要而在不断地变化。

回顾图书馆发展的历史,图书馆确实也是处于不断变化中的。不过,反过来想,这种变化中有没有不变、稳定的因素?例如,古代的集贸市场、近代的百货公司与当代社会的大型超市,它们的商品销售形式和理念变化太大了。但是,其中也有不变的因素:它们都是卖东西的地方,永远存在的是商品与买卖关系。而找到了这个"不变"的因素,我们不就找到了集贸市场、百货公司或者大型超市的共同本质了吗?这样一个思路对于思考古今图书馆的内在本质究竟是什么很有助益。比如,用"还原法"我们可以看到,"Library"一词虽然被人们通常译为"图书馆",但它的词根是拉丁文"Liber"(书),"Library"的本义是图书资料文库;再如,用"剥笋法"我们可以看到,众多书籍的集合才是构成图书馆的最基本的要素,场所、工作人员等要素都是因书籍集合的需要而派生出来的,它们可简可繁,只有场所、工作人员那不叫图书馆,有了书籍的集合才能称作图书馆。于是,我在2001年提出了**图书馆的本质是"知识集合"**(因为书籍的本质就是知识)的观点,认为知识集合是古往今来各种形式的图书馆之所以叫做图书馆的最核心、最稳定的因素[18]。在此基础上,我又沿着一条逻辑路线提出了如下见解:图书馆学的研究对象就是知识集合,研究客体(即所面对的研究现象领域)是客观知识(各种文本知识)、知识集合(图书馆、数据库等)、知识受众(使用各类知识集合的读者)及其相互之间的关系[19]。研究对象与研究客体是有区别的。研究对象是一门科学所要阐释的本质现象,而研究客体则是与这种本质发生联系的一个现象系统。就一门学科来说,研究客体包含了研究对象,并以其为客体系统的核心。

"知识集合论"一经提出就在图书馆学界引起了人们的关注,赞成、反对者都有,总体上多数学者给予了理解与支持。而且,我自己觉得这个认识"正理论效应"还是较大的:

① 为图书馆学研究尝试划定了一个新边界。以往图书馆学主要以"图书馆"为研究范畴,举凡图书馆的命题才是图书馆学的内容,这不仅使大量图书馆工作中低层次的事物和活动充满图书馆学,同时还使图书馆学成为图书馆员们独享的学问,与社

会人群几乎没有联系。而抽象出图书馆的本质"知识集合"之后，我们反倒会看见具有知识集合性质的事物属于一个"类现象"，知识集合不仅包括图书馆，还包括各种工具书乃至数字化的知识库。研究知识的学科很多，如哲学、心理学、教育学等，但专门研究知识集合的学科只有图书馆学与相应的工具学科（如目录学、辞书学、数据库管理）等，图书馆学应该把各种相应的知识集合的工具学科等整合在其内部，形成一个研究知识集合类现象的学科。这是以图书馆的本质为圆心向外拓展的、同时又有新边界生成的一种"合理越界"。它会对新的"学科分工"起到好的作用。有学者批评"知识集合"的边界太宽泛，没有图书馆的专指性，因此"知识集合"不能成为图书馆学的研究对象。而我看来，这正好是"知识集合论"的创新所在。我觉得批评者的思维还是以"图书馆"画地为牢，这种思维范式正是束缚图书馆学发展的不利因素。其实，"知识集合"的边界问题不是一个有无、宽窄的问题，而是一个是否合理的问题。

② 为把图书馆学转向知识域起到了推进作用。20 世纪 90年代以来，由于信息技术带来的信息泛滥以及大学图书馆学专业难以招生等现实原因，图书馆学研究领域出现了向"信息"扩张、泛化的趋势，即许多大学图书馆学系纷纷改名为信息管理系或相近的名称，课程设置也增加了许多信息类的课程，如信息产业概论、信息经济学、信息环境论、信息安全等。图书馆学面对

困境作出了艰难的"突围"之举。然而这种学科内容的扩张、泛化是非理性的。学科的扩张要有约束条件，例如心理学和法学交叉，形成了犯罪心理学。而随着犯罪心理学的研究深入，以及这种交叉学科范式的成熟，人们又开始拓展、建立起证人心理学。心理学的这种扩张就是一种合理的扩张。图书馆学的非理性扩张、泛化给学科发展带来许多弊端（尽管一时还显现得不明显），使得学科发展走上了重数量轻质量、重形式轻内涵的道路。"知识集合论"有把图书馆学的研究重心从"信息"拉往"知识"的企图。并认为这也是图书馆学逻辑理性的发展结果，即对其自身学科逻辑起点（文献）的更高层次的本质回归。

　　严格地说，"知识集合论"最初是一种图书馆学边缘的声音。如果我们把科学知识分为核心知识区和外围知识区，那么这样的见解显然属于外围知识区里的居民。按照美国科学社会学家史蒂芬·科尔（Stephen Cole）的说法，**核心知识**尽管是科学知识中的一小部分，但它却是被科学共同体奉为真实和重要的那一部分，它属于具有很强稳定性的公共知识成果；**外围知识**是核心知识以外尚未被普遍认可的知识，它属于地方知识成果[20]。核心知识就像"全国粮票"，外围知识就像"地方粮票"。地方知识成果通常不能引起人们的注意，它想要进入核心知识很难，必须有很强的受人欢迎的效用。"知识集合"的理论有那么强的效用吗？这是该理论提出者自己也无法预料的。但有一点是我们应该坚信的,那就是一门学科的生命活力首先来源于边缘化的外围知识之中。没有一种核心知识能长久保持住中心与主流的地位。核心知识要保持优势就要形成某种格局,而格局一旦形成就容易僵化、不易破除,最后往往依赖外部力量去批判地继承。这就像吴清源在日本下围棋,作为外来户的他最初只能在日本围棋界的边缘地带生存,但他感觉不到传统权威的压力,敢于轻松地把第一颗棋子放在本因坊的禁区(如三三)上,这是武士般的日本棋手不敢越雷池一步的。他以边缘人的身份一方面积极吸收"中心文化",另一方面又保持着自己的个性、特长,最终成长为优秀棋手,成为日本棋界中心地带的代表人物。

图书馆学界流行一种观点颇引人注目,即认为图书馆学研究对象的众说纷纭、莫衷一是,表现出了本学科的不成熟,说明本学科还是个前科学。这个观点有些偏颇。其一,研究对象的确定本身就是困难的事情。社会学家英克尔斯说:"给学术领域划分界限的任何企图,都注定要失败。"[4]因为划得窄了,会遗漏一些人或知识;划得宽了,我们会无意进入其他研究领域。再说每门学科都是动态发展的,它的边界也不是恒定的。不过,为了给那些了解本学科的人们提供一些理解上的方便,我们还必须确立一个大致的学科边界,尽管这是一个悖论。其二,关于研究对象虽然众说纷纭、各执一词,但它们之间因存在继承、借鉴的关系,总是有着表述内容的重叠部分,这种重叠部分就是共识。而且仔细观察会发现,这种重叠形成的共识部分是大于差异部分的;其三,图书馆学很难在内部建立起认识的完全一致性,这与其自身是一门社会科学有关。自然科学的一致性容易建立。虽然自然科学知识也是科学家的一种社会性的建构,免不了受社会因素的作用,但这一建构要受物质世界反应、介入的影响或限制。自然科学领域的科学家们容易在铁的事实面前屈从于与真实自然相吻合的某种单一的范式,达成一致的意见。可是在社会科学领域,如在经济学中,人们永远不愿意长期依附单一的范式,因为学者们出发点不同、人生体验不同,对于他们所要探讨的问题来说,没有任何单一的范式能满足他们的需要。换句话说,在社会科学中多种范式可以并存,甚至互相竞争、补充。因为学术的发展是多元、多样力量促进的结果。

参考文献

[1] 柯平.从知识论到知识资源论:知识管理与图书馆学的知识基础[C]//中国图书馆学会图书馆学理论专业委员会编.发展与创新:第四次图书馆学基础理论学术研讨会论文集.香港:天马图书有限公司,2003:130—149.

[2] 龚蛟腾,侯经川,文庭孝.公共知识管理学:关于图书馆学本质的思考[J].大学图书馆学报,2003(6):2—6.

[3] 马恒通.知识传播论:图书馆学研究对象新探[J].图书馆,2007(1):15—21.

[4] 〔美〕亚历克斯·英克尔斯.社会学是什么?[M].陈观胜,李培荣,译.北

京:中国社会科学出版社,1981:1—23.

[5] 杨威理.西方图书馆史[M].北京:商务印书馆,1988:183.

[6] 董小英.图书馆学情报学文献源[M].北京:书目文献出版社,1996:
43—44.

[7] 袁咏秋,李家乔.外国图书馆学名著选读[M].北京:北京大学出版社,
1988:385.

[8] 刘国钧.图书馆学要旨[M].再版.上海:中华书局,1949:2.

[9] 北京大学图书馆学系,武汉大学图书馆学系.图书馆学基础[M].北京:商
务印书馆,1981:7.

[10] 张晓林.应该转变图书馆研究的方向[J].图书馆学通讯,1985(3):
57—64.

[11] 周文骏.概论图书馆学[J].图书馆学研究,1983(3):10—18.

[12] 周文骏.文献交流引论[M].北京:书目文献出版社,1986:23—43.

[13] 宓浩,黄纯元.知识交流和交流的科学:关于图书馆学基础理论的建设
[C]//图书馆学基础理论论文集.杭州:中国图书馆学会基础理论研究
组,1985:23—39.

[14] 〔美〕兰卡斯特 F W.电子时代的图书馆和图书馆员[M].郑登理,等译.
北京:科学技术文献出版社,1985:136—150.

[15] 徐引篪,霍国庆.现代图书馆学理论[M].北京:北京图书馆出版社,
1999:14—21.

[16] 王子舟,肖雪,梁曦,等.从知识的角度定义图书馆:由胡述兆先生的观点
展开的一次讨论[J].图书馆学研究,2003(6):14—18,85.

[17] 〔德〕卡尔·雅斯贝斯.时代的精神状况[M].王德峰,译.上海:上海译文

出版社,2005:2.

［18］王子舟.知识集合初论:对图书馆学研究对象的探索［J］.中国图书馆学报,2000(4):7—12.

［19］王子舟.图书馆学基础教程［M］.武汉:武汉大学出版社,2003:87—90.

［20］〔美〕史蒂芬·科尔.科学制造:在自然与社会之间［M］.林建成,王毅,译.上海:上海人民出版社,2001:19—22.

图书馆学的基本内容有哪些

图书馆员首先应该关心的是思想，而不是物质实体。但又由于物质实体通常体现和代表概念，这两者就很容易混淆。图书馆学涉及所有学科，但又以其知识性和专业性立于所有学科之中。图书馆学理论，随着它的发展，定将包括所有形式的人类活动，不管是物质的还是精神的。这不仅因为图书馆书架上保存着人类经历的记载，而且还因为这些保存物体现着和能够满足所有人类生活的需要。

——杰西·谢拉

杰西·H. 谢拉(Jesse Hauk Shera, 1903—1982)，美国著名图书馆学家。先后在几所大学图书馆学院任教。他是美国图书馆学"芝加哥学派"的代表人物之一，提出过"社会认识论"的思想。著作有《图书馆学引论》等15种，发表论文203篇，是一位多产学者。

　　既然图书馆学应该建立"客观知识→知识集合→知识受众"这样一个研究范畴，那么下面就对这三个部分的研究内容稍作介绍。以往图书馆学的重心只有一个——图书馆，现在则有了三个——客观知识、知识集合、知识受众。而且事实上，这三个部分的内容也是传统图书馆学研究的主要领域。比如对文献、图书馆、读者的研究，似乎一直是图书馆学者们关注的"永恒"主题。只不过近代图书馆学把文献、读者的研究束缚在了图书馆之内。我将文献、读者从图书馆中拉出来，与图书馆形成"三足鼎立"，在此基础上又做了向外延伸，希望图书馆学在研究"文献"时要延伸到"客观知识"中去，研究"图书馆"时要延伸到"知识集合"中去，研究"读者"时要延伸到"知识受众"中去。图书馆学是一棵知识树，它的粗壮树枝应该不断昂扬向上生长。

2.1　从文献到客观知识

当我们把图书馆看作是知识集合时,知识集合是怎么形成的? 它的元素由什么组成? 这本身就是必须研究的问题。图书馆因收藏图书而得名,但近代以来,报纸杂志的涌现并呈几何级的增长,使合订本报纸、杂志也渐渐成为图书馆馆藏的要宗,用"图书"来概括馆藏已经很困难了。20 世纪 70 年代以后,缩微胶卷、磁带、光盘等资料的大量出现并进入图书馆,迫使图书馆学界开始使用"文献"这样一个超级词汇以代替"图书"。文献的概念含有强化馆藏内容实质、弱化载体类型的意味。特别是在网络环境下,各种数字化知识资源(电子书、数据库)充斥图书馆之中,这种意味犹有重要意义。众所周知,知识才是文献的本质。因此,我们应该加强对知识的研究,把载体放到次之的地位。从逻辑上看,搞清楚知识的性质、特点,文献的本质与特点问题也就迎刃而解。

(1) 文献与知识的定义

国家标准《文献著录总则》(GB3792.1-83)与《文献类型与文献载体代码》(GB3469-83)均给文献下过这样的定义:"**文献**是记录有知识的一切载体。"它的意思是说:无论是记录有知识的纸张、磁带、光盘，还是数据库、网页等，它们都叫做文献。这个定义言简意赅，不过也有缺陷。过去我们讲到中国古代书籍形式的时候，有人提到"青铜的书"，其实"青铜的书"不是书。因为刻有铭文的青铜器皿主要功用是礼器，只有把铭文拓下来的拓片才可以称作书。这里蕴含了一个道理：从主要功用上讲，文献必须是专门用来传播知识的。所以，文献的定义应该是"专门记录、传播有知识的一切载体"。

那么什么是知识呢？人类知识现象无疑是我们宇宙中最伟大的奇迹，人类对知识的认识经历了漫长的岁月，产生过数不清的各种定义。在众多知识的概念中，美国社会学家丹尼尔·贝尔（Daniel Bell，1919—2011）在 20 世纪 70 年代给知识下的定义颇为精到，他说："**知识**是对事实或思想的一套有系统的阐述提出合理的判断或者经验性的结果，它通过某种交流手段，以某种系统的方式传播给其他人。"[1] 这段话包含三层含义：知识首先是关于事实与思想的陈述；这些陈述能提出合理判断或实证结果；它们可通过媒介传递给他人。贝尔将能借助媒介传播当做构成知识的一个要素，这是与其他知识定义最大的不同之处。

知识与图书馆学、情报学经常使用的信息、情报、文献等概念有着密切的关系。① 信息概念的范畴最大。**信息**是具有普遍性的事物运动的状态和方式，一般指数据、消息中包含的意义，这些意义能使数据、消息中所描述事件的不确定性减少。信息包括了知识、情报、文献。换言之，知识、情报、文献均属于信息的子集。比如，知识是对普通信息进行加工提炼而形成的含有确切经验、评价、敏锐洞察力的一种高级信息。天气预报说"今天最低气温是 0℃"，这是信息却不是知识；而物理学告诉我们"水在 0℃ 时结冰"，这既是知识又是信息。② 知识与情报是交集关系。**情报**是对特定的人在特定时间内有特定价值的信息知识。比如一封十万火急的"鸡毛信"、一条高考成绩数据单、一份新药的配方等等，不管是信息还是知识，只要符合"三特"条件的就都是情报。所以情报与知识是交集关系。③ 文献是知识的子集，因为知识有主观知识、客观知识之分，文献显然属于客观知识范畴。我们可以用图来表示信息、知识、情报、文献相互之间的关系：

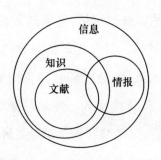

(2) 文献与知识的性质

文献的本质就是知识，是客观化的知识。而客观化的知识一经产生,便具有独立存在的实在性以及它自身的系统性、可编码性、可加工性、可传递性、无损耗性、可共享性等等性质。对图书馆学来说,文献与知识的下述两种性质值得重视:

① 文献与知识的公共物品的性质。**公共物品**是与私人物品相对应的一个经济学概念。满足个人需要的物品或服务一般称为私人物品,如一件衣服、一块面包、一个钟点工的服务等。私人物品有效用上的可分割性、消费上的竞争性、受益上的排他性等性质;而满足社会公共需求的公共物品(包括服务)则恰恰相反,它具有效用上的非分割性、消费上的非竞争性、受益上的非排他性以及外部收益性等特点(见下表)。

公共物品与私人物品消费特点比较

	公共物品		私人物品
1	作为整体在消费中不可分割	1	可按消费者个体进行分割
2	多一个消费者其边际费用为零	2	多一个消费者其边际费用大于零
3	可同时多人多次共同消费	3	一般只能由私人个体一次性消费
4	难以排除其他不付费的消费者	4	可以排除其他不付费的消费者
5	社会收益大于个人收益	5	个人收益大于社会收益
6	更多的是提供精神产品或服务	6	大多提供生产、生活的物质产品

（续表）

	公共物品		私人物品
7	难以衡量其产品、服务质量	7	容易衡量其产品、服务质量
8	主要由政府进行配置	8	主要由市场等进行配置

在现代社会中，国防、环保、天气预报等都是纯公共物品，文献与知识（如思想、见解、科学定律等）也属公共物品。人们在阅读文献、消费知识的过程中，一般是在保证其内容完整的前提下进行的；知识的内容虽经多人阅读却并未损耗消失，因此，每增加一个人的边际消费，其边际费用为零；同时，一些人消费知识时也不会减少或影响他人消费其内容。文献与知识的公共物品性质，决定了专门以提供客观知识为己任的图书馆服务也成为一种公共物品。图书馆作为公共物品，通过免费服务、自由借阅的方式，来体现知识平等、知识自由这两个社会公共价值取向。

② 文献与知识的可编码性、可加工性。文献与知识只有借助符号才能传播与交流。世间人工创造的符号有很多，如信号、旗语、手语、证章、礼节、仪式等等，在这些符号系统之中，知识所用的符号系统主要是语言。知识是有系统的思想、观念，而语言是一种专门用来表达观念的符号系统，它较之上述其他符号系统而言是最为重要的[2]。文献与知识是可编码、可解码的。"编码过程是符号使用者们之间的一种约定"，约定越多，越明确，符

号的编码就越周密[3]。

有了符号系统以及可以编码，文献与知识就能被加工，既能扩充膨胀，又可以精炼压缩，还可以改变编码系统。例如，一部远古文献为了能让后人充分理解，历史上会出现众多注解之作，以至于注释的内容量会超过这个古文本的原有内容量；《百科全书》可将各类客观知识提炼压缩，形成供人检索、学习的知识集合；一篇动人心弦的文学作品，人们阅读它的时候，其编码系统是由文字符号组成的，而一旦被改编成话剧或电影，它的编码系统随之也改变了。随着信息技术与横断科学的发展，人工智能专家正在根据知识可加工的性质，编辑知识、追加知识、修改知识，将知识装入计算机知识库（知识库也同样具有可加工性），研制出各种可以供人获取知识的专家系统。好的专家系统具有从已知知识推导出新知识的能力，帮助普通人成为"专家"，从而扩大专家数量，促进社会群体知识素养与水平的提高。总之，知识的可加工性为我们对知识进行组织，最终形成各种优质的知识集合提供了前提与条件。

（3）文献与知识的分类

对文献与知识进行分类，这是认识与把握它们的一个重要途径。就图书馆学来说，图书馆收藏的是文献，而文献的本质是知识，因此文献组织过程中所使用的文献分类法，实际上也是一种知识分类法。早在初期的图书馆实践中,人们已经意识到,图书如果不按其内容的知识属性或其他特征分门别类地组织起来,要快捷地找到自己所需要的图书是十分困难的。6 世纪时,中国古代官府藏书机构已将图书分为经史子集四部类并分架陈列。15 世纪末,西方大学图书馆也已开始把图书分为哲学、医学、法学和神学几大类分别庋藏。后来,英国哲学家弗兰西斯·培根(Francis Bacon,1561—1626)把人类的全部知识按心理活动,从低级到高级分为记忆的知识(历史)、想象的知识(诗)、理性的知识(哲学),并将当时各门学科分别隶属于这三大类下。这一按学科内容区分知识的分类体系,在 17、18 世纪中曾被许多藏书家和图书馆用来编制自己的图书分类目录。现代西方著名的图书分类法,诸如"杜威十进分类法"等无不受培根知识分类思想的影响。经过数百年的发展,图书馆使用的文献分类法已发育到相当成熟的程度。以科学知识分类为基础的文献分类学也已成为图书馆学中最具学术含量、学术特点的专业知识。由于文献的种类繁杂,文献分类的难度比之其他事物分类的难度要大得多,因此,在当代各门学科的分类学中,文献分类学是极为精致的分类学之一。其分类思想、原则、技巧,广为其他学科所借鉴。

除了科学知识的分类方法,还有一种知识分类方法正在对当代图书馆学产生重要影响,这就是英国哲学家波普尔把知识划分为主观知识与客观知识的分类方法。西方知识经济学者所谓的隐性知识（tacit knowledge）和显性知识（explicit knowledge），也可简称为隐知识、显知识的概念，与波普尔的主观知识、客观知识含义基本类同。波普尔认为，**主观知识**是个人头脑中的知识，**客观知识**则是写、印于载体之上的由陈述构成的知识。谈及客观知识时，波普尔说："科学知识就属于这种知识。储存在我们的图书馆而不是我们的头脑中的正是这种知识。"[4]他还说，储存在图书馆的知识要比我们头脑中的知识重要得多，因为科学工作者借助客观知识的获取、研究才能做出知识上的创新，才能为人类知识的增长做出贡献。波普尔将客观知识提升到与物质世界（世界1）、精神世界（世界2）相区别，并且具有相对独立性的另一个世界存在（世界3），这就给图书馆学所研究的文献、知识等现象提供了一个归属范畴，首次从哲学的角度为图书馆学明确了它所研究的客体范围属于既不同于物质世界也不同于精神世界的客观知识世界。

通过客观知识（显知识）与主观知识（隐知识）的比较，我们可以看到二者之间有着很大的差别：① 从载体上看，主观知识储存在大脑之中，而客观知识储存在客观物质（竹帛、纸张、磁盘等）之上；② 从存储方式上看，主观知识通过记忆，而客观知识通过记录；③ 从寿命上看，主观知识随人体生命结束而消亡，而客观知识可因物质载体的耐久性而长期保存；④ 从传播时空上看，主观知识因口耳相传有时空局限,而客观知识可以跨越更广的时空,基本上不受限制;⑤ 从形式外观上看,主观知识是流动的、易变的,而客观知识是稳定的、不变的;⑥ 从陈述结构上看,主观知识往往欠缺系统性,而客观知识更注重系统性、逻辑性;⑦ 从享有权上看,主观知识是自我的、私人的,而客观知识是社会的、公共的;⑧ 从检验上看,主观知识评价、检验较为困难,而客观知识评价、检验相对容易。当然,主观知识与客观知识尽管有许多差别,但二者的联系也十分紧密。二者互相依存,互相转化。而且有时我们也可把主、客观知识看成一个连续体,在连续体的一极是内隐的、存在于大脑中的无意识、有意识的知识,而在另一极则是外明的、可编码的知识,人类所有知识都尽含于这两极之中。

(4) 文献单元与知识单元

客观知识世界是由大量知识组分组成的,这就像大自然是由一草、一木、一块石、一滴水组成的一样。文献单元与知识单元是客观知识世界的两种最基本的组分。**文献单元**是专门记录和传递有知识的一个可独立存在的单位,如一部著作、一篇论文、一盒磁带、一张光盘等;**知识单元**是客观知识系统中有实际意义的一个基本单位,如一个语词概念、思想观点、科学定理、数学公式,或是歌曲中的某段旋律、画卷上的局部构图等。文献单元与知识单元有许多区别：

① 从存在方式上看，文献单元具有"硬性"特点，知识单元具有"软性"特点。前者有摸得着、看得见的载体形态，是一种"硬知识"；后者既大量存在于客观知识世界，也大量存在于人的主观知识世界，存在于大脑中的知识单元是隐性的，而存在于客观知识系统中的知识单元也不具有独立的载体形态，而是隐藏在浩如烟海的文献中，是一种"软知识"。

② 从知识形态上看，文献单元往往表现为知识体系，知识单元往往表现为知识点。如马克思积四十年之力撰成的《资本论》，从形态上看它只是一个文献单元，但它在内容上却试图建构关于资本主义社会发展规律的伟大思想体系。《资本论》中的"商品""货币""资本""剩余价值"等知识点，形成了这个思想体系中关键性的知识单元。

③ 从知识性质上看，文献单元是静止的，知识单元是演变的。前者的生成是一次成型，不易更改；而后者因"内禀智荷"含有静智荷、动智荷两部分，它是可以演变的。知识单元的静智荷是其内部因子个数及相互逻辑关系构成的，表现知识单元包含智慧的多少；动智荷则是其在历史进化中积累的智荷，表现知识运动中形成的智慧的积累[5]。例如"工业"（industry）这个概念，在工业革命前，其"静智荷"（即本义）原指一种特殊的人类属性，意译过来是"技术、刻苦、坚毅、勤奋"等，18 世纪后期才有了"制

造与生产机构"的含义,变成了一个表示"集体"的语词[6]。这个附着于"工业"静智荷意义上的新的含义,就是历史进化中积累的动智荷意义。

④ 从组织方法上看,文献单元的组织方法较为单一,而知识单元的组织方法则复杂多样。前者的属性特征(类别、主题、题名、责任者等)数量少,其组织方法相对不多;后者的属性特征多种多样,数量丰富,故其组织方法也复杂多变。例如将化学元素"铁"作为一个知识单元,其属性特征至少有以下这11种[7]:

事物名:铁

类别:化学元素

颜色:银白

比重:7.86

熔点:1535℃

沸点:2750℃

能否导电:能

化学性质:活泼

周期表位置:第四周期第8族

地壳含量:5%

原子量:55.847

以上左边所列为铁的属性名,就是**元数据**(描述其他数据性

质或特征的数据，为被描述数据提供语境说明）；右边所列为铁
的相应属性值，就是**数据**（能被记录和存储在数据库中的已知事
实）。可以想象，知识单元的属性特征有多少种，其组织方法（从
属性特征角度）也会有多少种。

　　⑤ 从获取方式上看，文献单元的获取相对容易，而知识单元
的获取相对困难。如从图书馆知识服务而言，提供知识单元的
服务较提供文献单元的服务难度大。因为前者是有形文献（有
文献载体形态），后者是知识信息（可无文献载体形态）；前者属
简单劳动（可以依借出文献量计算劳动量），后者属复杂劳动（不
能依借出文献量计算出劳动量）；前者的专指度有时较低（如读
者欲借某类文献），后者的专指度一般较高（如读者查一个名词、
一个数据、一段引文）；前者与读者不会"相互进入"（知识信息的
切入、交流），后者则常会与读者发生"相互进入"；前者的服务
方式是被动式的，后者的服务方式是主动式、互动式的[8]。只
有知识单元成为数据库中的数据时，它的获取才能变得简捷
起来。

　　文献单元与知识单元虽然有区别，但它们又是相互联系的，
在许多方面又有着共同的特性。当代的图书馆馆藏体系不仅是
由文献单元组成的（各类排架有序的书库），同时也是大量知识
单元组成的（各种数字化数据库）；图书馆的服务不仅要向读者

提供文献单元,同时也要提供知识单元。以往的那种以文献借阅为主的服务模式正在发生变革。

2.2　从图书馆到知识集合

图书馆作为一种知识集合的重要形式,当然是图书馆学研究的主要对象之一。传统图书馆学对图书馆的研究已经达到了一个很高水平。但是,在过去的以图书馆为唯一研究对象的范式下,一方面,某些传统的知识集合现象,如百科全书、丛书、类书、书目、索引、辞典等,变成了图书馆的下位的、低位的研究事物,在图书馆学中处于边缘地带;另一方面,新兴的知识集合事物,如层出不穷的各种数字化知识数据库又不能尽快进入图书馆学的中心领域,终于使图书馆界产生图书馆学落后社会发展之虞。所以,当我们把研究视野从图书馆扩充到知识集合这一类现象上的时候,无形中就会开掘出新的研究深度,拓展出新的研究空间。

(1) 图书馆与知识集合的范畴

图书馆是对知识进行存贮、优控、检索,为保存人类记忆、为公民平等自由获取知识提供服务的机构。图书馆在中国属于公益事业,主要有公共图书馆、学校图书馆、科研图书馆三大系列。

公共图书馆中，市县级以及乡镇图书馆主要任务是普及知识，满足公众的阅读需求；省级图书馆主要任务是为公众服务的同时加强地方文献建设；国家图书馆主要任务是承担国家总书库的职责，保存祖国文化遗产，为全国的科学研究、文化发展提供服务保障。**学校图书馆**中，中小学图书馆数量相当庞大，但高等院校图书馆是主力，他们的藏书总量比其他类型图书馆要大得多，技术水平也要高得多。从 20 世纪初新型图书馆出现到现在，高等院校图书馆在实力、水平上一直保持领先地位。高等院校图书馆主要服务对象是在校师生，目前还没能面向社会开放。**科研图书馆**主要是指科学院、社会科学院系统以及专业研究机构中的图书馆，他们的主要服务对象是本系统的科学研究人员。高等院校图书馆、科学研究图书馆又都可以称为研究型图书馆。除了上述三大系列的图书馆，其他类型还有工会、军队等系列的图书馆与**专门图书馆**（具有专门用途或特定读者群，如版本图书馆、盲人图书馆、音乐图书馆等）。我国各类各级图书馆目前有 70 万所（其中中小学图书馆就达 60 万所）。图书馆是公共文化资源的重要组成部分。由于我国公共文化资源的供给不足与分配不公，目前还应大力提倡发展"亚类型"的图书馆，如**民办图书馆**（由非政府主体创办的公益、经营性的图书馆，包括民间读书社等）。这些"亚类型"图书馆的发展也应是图书馆学认真研究的内容之一。

　　知识集合是用科学方法把各种知识组分有序组织起来，形成专门提供知识服务的知识集成体。知识集合是对图书馆、字典辞书、书目索引、数据库等"类现象"本质的揭示与描述。从形式上看，知识集合与知识组分不同，各种知识集合都是不同知识组分的一种有机"团聚"，是一种多层次的知识集成，在客观知识世界中是一个独特的家族，可以成为一个独立的研究范畴。图书馆学以知识集合为研究对象，就要对所有类型的知识集合进行分析研究，不能只停留在"图书馆"这个客体之上。

　　知识集合在客观知识世界具有独立的存在形态。依不同的分类标准，知识集合可划分出不同类型。如依知识组分的生成状态，可划分出**原生态知识集合**（如图书馆基藏书库）、**再生态知识集合**（如百科全书等）；依携带内容的完备程度，可以划分为**提供全内容的知识集合**（全文数据库）和**指向全内容的知识集合**（各种书目、索引）；以物理结构为依据，我们还可把知识集合划分为**数字型知识集合与非数字型知识集合**两种；以学科属性来划分，知识集合也可以分为人文科学、社会科学、自然科学、工程技术等内容不同的各种知识集合。总之，转换分类依据，我们可以划分出各种类型的知识集合形式。

　　需要注意的是，各类型知识集合之间、知识集合与非知识集合之间的分界线，有时具有模糊性、交错性。如网络本身尽管就是一个庞大的集合，其中含有某些知识集合，可它总体上属于信息集合；书店是众多图书集合的单位，与图书馆有相似之处，但它实质上属于商品集合，因为我们所谓的知识集合，在提供知识服务的过程中，知识受众仅消费其中的知识内容，其消费行为结束后，知识集合所保存的原有知识组分既不消失，也不会减少。尤其需要指出的是，在众多知识集合类型中，图书馆是一个复合、高级的知识集合，它不仅含有原生态知识，也含有再生态知识；不仅存有数字化知识，也存有非数字化知识；不仅是一个公共知识空间，也是一个公共交往空间。这种复合性决定了图书馆在知识集合现象中具有较为特殊的地位，也决定了图书馆的研究是一个复杂、困难的学术领域。

（2）图书馆与知识集合的结构

从物理形态上，当代图书馆作为一种知识集合已经呈现出一种复合现象，即图书馆内部的结构可以划分为**实体馆藏**（实体集合）和**虚拟馆藏**（虚拟集合）两部分。在实体馆藏中，通常所有的知识组分的连接、聚合采用的是"树型"结构，即馆藏文献处于一个分类体系之中。**树型结构**或分类体系是以分支关系表示知识组分层次的一种结构、体系，知识组分之间存在着明显的层次关系，一个组分只有一个前趋但可以有两个或两个以上的直接后继。用图表示则为：

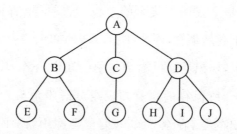

　　这种结构或体系的形成要依靠一部严密的文献分类法。树型结构或分类体系的优点在于它能表现出知识组分之间的归属及等级关系,能够表示出树的"深度"。其缺点是每一层上的组分只能和它上一层中的一个组分相联结。例如一本名为《自行车旅行》的书,内容涉及了"体育锻炼"与"旅游"两个主题,它在图书分类中只能归属在一个上位类中,而使另一主题被遮蔽。另外,在一些现实的图书馆馆藏排架中,逻辑结构用树型,物理结构却依然是线型,这也会带来不可解决的深刻矛盾。如图书馆书库排架只能逐架逐册进行,用的是线性方式,未来的树型"深度"空间只能用空架方法表示。空架多了就造成书架空间浪费;空架少了,又会使书架空间拥挤不堪。

　　但是在虚拟馆藏中,所有知识组分的联结、聚合通常采用的结构,既可以是"线型"(排队体系)的,也可以是"树型"(分类体系)的,还可以是"图型"(语义网络体系)的。这三种方式也正是知识集合一般采用的结构方式。三种形态是由简单到复杂、由低级到高级发展出来的。**线型结构**是知识组分依据前后顺序进行组合的一种结构,每个组分都有唯一的整数地址,都有一个直接前趋与一个直接后继。它们可用连续编号表达出来,成为一个按顺序分配的线性集合。此类线型结构的知识集合较常见,如各种人名索引、语言类工具书。线型结构是知识集合中最简单的一种结构形式,优点是组分的存贮、检索都较简单方便,缺点在于组分的插入或删除会使原有集合中的组分发生大量位移,加大劳动成本。**图型结构**是一种非线性结构,即知识组分相互之间可发生任意联系的一种结构。它不是"一对多",而是"多对多",用图表示则为:

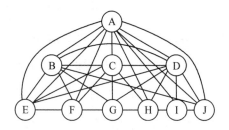

比如索引工具中,标目之间的参见、参照关系,就是图型结构。它将一个索引标目指向另一个索引标目。在知识数据库中,数据之间可以采用图型结构建立联系,每个数据由结点域、指针域两部分组成,结点域反映数据本体内容,指针域表示数据直接后继之关系。此时数据指针的功能,与索引工具中的"见""参照"这类指示词的性质是相同的。采用图型结构组织起来的知识数据库,可以组成一个复杂的图网络,反映数据之间较线性、树型更为复杂的内在联系。

(3) 图书馆与知识集合的组织过程

图书馆藏书的组织主要是通过分类的方法将馆藏书籍组织成一个有机整体，便于排架管理与开架阅览。图书馆藏书的组织是一个非常复杂的业务流程，从采访、分类、编目到典藏，环环相扣。

① **文献采访**。采访是图书馆馆藏的入口，决定着图书馆馆藏的质量，所以一般图书馆都会根据自身的性质、任务制定本馆采访原则以及一系列的操作规程，具体解决为谁采、采什么、怎样采、采多少的问题，虽然采访工作非常依赖经验知识，但现在文献采访学已经成为图书馆学领域里的一门重要分支学问。

② **文献分类**。分类既是按学科知识的系统组织文献，使馆藏形成分类排架体系，也是按学科知识的系统揭示文献，建立能让读者使用的分类检索系统。由于文献的种类繁多（有图书、报刊、会议文献、学位论文、专利说明书、技术标准、产品样本等），载体多样（有纸本、缩微、磁带、光盘、网页等），内容复杂（涉及各门学科知识、有单主题书和多主题书等），使用对象不同（有儿童用书、盲人用书、注释读物等），所以文献分类方法的复杂性超过了其他事物的分类，现已经形成了专门学问"文献分类学"。

③ **文献编目**。一个分类排架的、向读者开放的书库，由于其

本身具有有序性，已经具备了按类检索的功能，比较方便读者选书借阅。但如果读者想借一本书，只知道书名（或不知书名但想看某作者的书），那么他的这种需求只好用其他途径来满足了。图书馆把每种书的形式信息（题名、责任者、出版社等等）抽取出来编制出一条条书目记录（record），相当于手工目录中的一条款目，然后再把众多的记录按顺序排列起来，就形成了内容与时间上具有完整意义的一个文件（file），相当于一个手工目录体系。再经过计算机处理，就可以按需输出题名、著者、主题、分类等多种目录，满足读者查找、检索文献的不同需求。著录、编制目录体系的工作方法形成了图书馆学中又一门学问——文献编目学。

④ **文献典藏**。经过加工之后，同种文献有一定数量的复本，这些复本依据什么原则，怎样分配到各个书库，这就是典藏的问题了。典藏合理会提高文献的利用率，否则会降低利用率，影响图书馆功能的发挥。

其他知识集合的组织与图书馆有共性也有不同之处。知识集合的组织首先是知识单元的采选，其次是标引（描述），然后才是知识单元相互之间的联结（如语义网络、知识地图的建构）。

① **知识单元采选**。知识单元的采集质量在很大程度上决定了知识集合的质量，所以优质知识集合的形成往往在这一个阶段耗费巨大成本。如由几代传教士编撰而成的《利氏汉法辞典》

(2002)，共有 7 册，收 30 万个中文词汇，每个词汇的收录、释义都经过了认真论证，是世界上唯一收录汉字古今用法、书写方式的双语大辞典，在国际汉学界享有盛誉。该辞典发肇于中华人民共和国成立时澳门的两个耶稣会士，编撰历经半个世纪，后来渐有多人加盟，积累有 200 万张卡片。有的传教士为此还付出了生命的代价[9]。

② **知识单元标引**。标引工作主要包括：a. 知识单元类型归类，如将知识单元划分为事实陈述型（如中国登月计划）、概念解释型（如客观知识定义）、数值型（如残疾人数量）、问题描述型（如正常人能否戒毒）、过程方法型（如发送邮件程序）等。b. 确定标引规则，如确定选取规则（明确范围）、抽取规则（包含要件）。c. 人工抽取或软件抽取，形成一个元数据描述集，如含有题名、主题、描述（内容说明）、来源、语种、关联、覆盖范围（如时间范围等）、创建者、其他责任者（如译者）、出版者、权限、日期、类型、格式、标识符（如标准书号等）的知识单元的实体，或含有编号、时间、地域、领域、对象、对象数值、单位、上属对象、相关对象、数据来源等的知识单元的实体等[10]。

③ **知识单元联结**。主要是通过线型、树型、图型的建构方法，使用一定的技术手段来建立起一个知识集合。语义网络、知识地图属于图型结构，大致包括知识进化层次图、知识主题拓扑图、知识资源关联图、组织知识范围图、社会知识流动图、知识过

程迁移图、个人知识结构图等。根据不同要求和角度，知识地图的组成方式可以有许多种。但无论何种方式，知识地图都缺少不了"知识结点"和"知识链"这两个关键要素。其中"知识链"是灵魂，因为有了链，结点才有意义；有了链，知识才能发生关联，让人在很短时间找到所需知识来源。

(4) 图书馆与知识集合的功能

图书馆与知识集合一旦形成，它们的功能发挥是整体的、增值的，它们的功能分为基本功能和延伸功能两大类。① **基本功能**主要有存贮知识功能、传播知识功能、优控知识功能。由于有存贮知识功能，图书馆与知识集合才实现了人类知识、文化传统的记忆；由于有传播知识功能，图书馆与知识集合才实现了人类知识的交流与传递；由于有优控知识功能，图书馆与知识集合才实现了人类知识的甄别与筛选。② **延伸功能**有大众教育功能、社区支持功能、休闲娱乐功能、文化交融功能、民主引导功能等。图书馆、知识集合的教育与学校教育不同，它是一种没有身份、年限以及专业限制的终身教育；它们在物理空间社区（居民生活小区）和精神空间社区（如癌症自助组织、航模学习小组）中主要起着信息知识的支持作用；它们还可以让不同国别、不同语言的人们进行相互文化的交流；它们还能让所有的知识获取者感受到知识平等、知识自由的价值，加深对民主的理解。

2.3 从读者到知识受众

传统图书馆学在研究图书馆时，为了能够深入、有效率，将图书馆的构成要素解析出来，比如认为图书馆的要素有图书、读者、馆员、建筑与设备、工作方法等，然后再依不同要素分科治学。要素的划分对图书馆学研究起到了积极推进作用，但这种划分也存在明显的不足：读者怎么会是图书馆的一个要素呢？就像商场与顾客、医院与病人、银行与储户，无论从主客体关系的角度、价值实现的角度来看，顾客、病人、储户怎么也不能成为商场、医院、银行内在的构成要素，他们应该是这些机构外在的事物。为什么读者会被当成图书馆的一个要素呢？用"知识考古"的方法考察分析，我们会发现这是图书馆学囿于"图书馆"的研究范式决定的。因为在"图书馆管理说""图书馆事业说"占据主流的时代，只有属于"图书馆"中的事物才是图书馆学观照的对象，对不属于图书馆的事物进行研究那就是一种越界。读者理所当然是图书馆学中的重要命题，但它也只能属于图书馆的要素才会被赋予研究对象的合法性。传统图书馆学对文献的研究局限于馆藏文献，对读者的研究局限于到馆读者，至于社会公众的阅读行为、阅读生活，那就是顾及不了的事情了，因为它已经超越了"图书馆"的界线。然而，这种"馆内学科"在限制自己视野的同时,也使自身的发展走入困境。

(1) 读者与知识受众的含义

20 世纪初年的中国图书馆界,多仿日本语而将图书馆的读者称为"阅览人"或"阅书人"。直至 1929 年 5 月徐能庸编译的《图书馆学九国名词对照表》,仍将英文 reader、德文 Leser、法文 Lecteur 等译为"阅览人",释曰:"常至图书馆中翻阅图书或研究学问者"[11]。20 世纪 30 年代以后,报纸杂志上"读者"一词渐渐流行,图书馆界方逐步弃掉"阅览人"或"阅书人"转而使用"读者"。不过,"**读者**"依然是专指到馆借阅书籍人群的一个集合名词,它是一个有围墙边界的词汇。但是现代图书馆是平等、自由获取知识信息的一种制度安排,图书馆学把对服务对象的研究仅局限于到馆读者,这就显得落伍了。图书馆学不仅应该关注到馆的读者,也应该关注一切社会公众。我们应该将对到馆读者的研究延伸到一切有可能接受图书馆服务的知识受众上面。"**知识受众**"是在以往读者概念上借鉴大众传播学"受众"而形成的一个新概念。它指的是一切通过知识媒介接受知识、获取知识的人。虽然其概念外延较"读者"要广,但它也有明确所指。

学术语词的变化折射出学术观念的变化。新学术语词不仅能反映某种新认识或新思想,而且也是现实生活发展提出的一种必然诉求。譬如每一种新的知识媒介的出现都会产生使用新媒介的群体：书籍的出现产生了读者，广播的诞生产生了听众，电影、电视的发明产生了观众，互联网的普及培养出大批网民。如今人们获取知识不再依靠"文字阅读"这个单一途径，而是正由视觉捕捉向听觉捕捉、触觉捕捉、味觉捕捉以及全感捕捉的多元化方向发展。显然，建立在纸质印刷品基础上的"读者"概念，已经不能涵盖当代社会知识获取者的含义，这就像"图书"不能涵盖各种新型载体的文献一样。因此，我们有必要用新的概念来指称知识社会中的知识获取者。当然，从约定俗成的角度来看，我们依然可以使用"读者"这个词汇，但我们的意识却不能再因袭其旧了。

（2）读者与知识受众的基本权利

研究重心从图书转向图书馆，这是图书馆学的一变；从图书馆再转向知识和读者，这必将又是一变。而我们正处于这个变化期之中。在这个新的历史时期里，读者与知识受众的地位将得到突出与放大。所以对他们权利的研究——这一过去图书馆学教科书中没有的内容——就成为新的课题。**知识受众权利**是知识受众作为知识获取者这样一个特殊权利主体所享有的合法权利。虽然目前我国还没有公布图书馆法，但从宪法精神和各种普通法的规定中，我们可以"迁移"出一些原则，用以确定知识受众所具有的合法权利。知识受众的合法权利具有鲜明的人身特点，是与其人身紧密相连的；知识受众权利是知识受众在获取知识活动中所享有的权利。这些权利包括：平等获取知识权、自由选择知识权、知识信息知情权、知识服务保障权、批评建议和监督权等。

权利与义务是一个硬币的两面。权利主体在承担义务时也就转换成了义务主体。义务主体通过作为（作出一定行为）或不作为（不作出一定行为）来履行其应当承担的义务。**知识受众义务**是基于其合法权利而产生的合法义务，这些义务大多具有"不作为"方面的规定性。也就是说，他们履行的义务大多为"消极义务"，即不得实施法律法规所禁止的行为，并以此来履行自己的义务。具体而言，知识受众具有遵守知识服务机构专门法规的义务（如遵守图书馆法或图书馆规程的条款），具有爱护公共财产的义务，具有遵守公共秩序的义务等。在图书馆实践中，知识受众合法权益受侵害的现象远远超过了他们不履行义务的现象。宏观上因知识鸿沟的作用，西部贫困农民大部分从来没见过图书馆，更不用说能平等、自由获取知识信息；微观上有些图书馆因"读者歧视""霸王条款"等对读者个体造成的侵权也屡见不鲜。至于开放时间缩水、阅览空间挪用、乱收费和乱罚款、清规戒律杂多等我国图书馆界的通病，更是对知识受众的侵权行为。要彻底解决这些问题，图书馆学就要对此进行持续研究。

(3) 读者与知识受众的需求

读者与**知识受众的需求**是因自身知识缺乏而引起的精神上的需要和欲求。它属于一种心理感受,因此存在一定的了解难度。但它往往通过愿望、意向等外显方式表现出来,可以被人间接地认识或理解。这种需求具有对象性,它总是表现为对一定知识信息的追求。了解知识受众的需求,要先了解其成分、类型、结构等,不同成分、类型的知识受众,其知识信息的需求差异也很大。比如,我们要了解知识受众的成分,就要研究他们的性别、年龄、生理功能、民族、文化、职业等,因为不同成分的人的需求不同;我们要了解知识受众的类型,就可以依照用途把他们的需求划分为消遣需求、学习需求、研究需求,依照对象把他们的需求划分为"知识面"的需求、"知识线"的需求、"知识点"的需求,依照程度把他们的需求划分为潜在需求、现实需求等。研究需求类型有助于图书馆提供针对性的知识服务。

搞清知识受众的需求,不仅是提高图书馆等知识集合服务水平的法宝,而且有利于催生一些新型知识集合。例如有一本英语词典叫《频度英语》,它利用计算机把英语中使用频率最高的 4800 个单词抽出来,然后按使用频率的高低排序,甚至在词义解释上也将高频的义项排在前面。这部词典打破了按 ABC 字母排序的惯例,化解了学生背了前面忘了后面的头痛问题,也使学生能快速确定自己掌握的词汇量。与以往的英语词典相比，这种真实学习需求"激发"出来的词典就非常有创意。还有一本《唐诗鉴赏词典》(上海辞书出版社 1983)，初版时在出版界引起许多诟病，甚至被诬为"以名乱实"。但该书撰稿人多为一流专家，其融文学赏析读物和工具书为一体的编写体例满足了大众欣赏、查考古典文学的需求，所以多次重印，20 余年行销 200 余万册，甚至许多人把它当做生日、结婚等喜庆活动的赠礼。

(4) 读者与知识受众的服务

研究读者与知识受众的需求，是为了使图书馆与知识集合能提供优质的知识服务。进入 21 世纪以来，图书馆服务正在发生巨大变化，以往提供文献为主的服务形式正转向既提供文献又提供知识内容、解决读者问题、实现知识增值的**知识服务**上来。知识服务的研究正行进在两条并列轨道上：一是人文的探究，一是技术的开发。人文探究与技术开发是各种图书馆与知识集合实现优质服务的重要推力。以公共图书馆为例，馆藏免费向公众开放、为残疾人提供无障碍环境、用流动书车把书籍送到边远的乡村、为儿童组织故事会、举办元宵灯谜竞猜活动等，这些都是人文探索推动的结果；而多馆通借通还的智能借书卡的通行、网上电子文献的馆际互借、利用网络技术为读者推送定制参考项目、开放课件的远程传输、利用无线射频技术(RFID)实现的文献智能定位管理等,这些都是技术开发推动的结果。而且这些技术本身就蕴涵了人文关怀。人文探究与技术开发就像苍鹰的两翼,托起了图书馆知识服务的水平。

图书馆服务的创新改变了人们以往对服务的简单、感性的看法,使图书馆员意识到好的服务不仅取决于工作态度,还取决于新理论、新方法、新技术的支持。知识服务正在成为应用图书馆学中一个生机勃发的研究领域。

2.4　图书馆学的内容体系

受时代发展的影响,图书馆学正在发生变化。一方面,在图书馆实际工作中,网络技术、多媒体技术已经开始大面积普及、渗透,区别于传统"实物"形态的"虚拟"图书馆(数字图书馆)正在形成、扩张。另一方面,传统图书馆学向外合理延伸的新领域,如知识传播、知识产权、社会阅读等命题正在逐渐凸显出来。以往图书馆学内容体系已经"容纳"不了新变化带来的各种新现象,也无力反映这些新现象。因此,我们只能规划、构建新的内容体系来适应学科发展的需求。根据**合理继承、科学分类**和**成熟发展**三个原则并以其为指导,我提出了一个由两个门类六个分支组成的图书馆学内容体系(见下图),并以此概括当代图书馆学的大致研究内容:

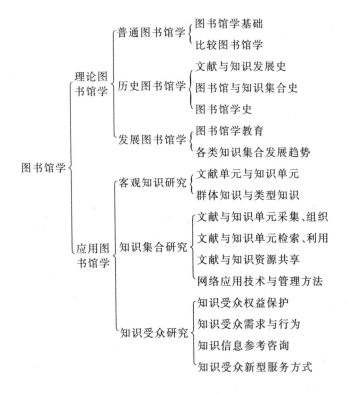

　　理论图书馆学是研究图书馆学一般原理的学科,它为整个
图书馆学提供基本理论和研究方法,是图书馆学的"思想发动
机"。正如 20 世纪初俄国学者阿累尼乌斯所说:"理论是科学知
识领域中最重要的推动力……理论研究可以指出应当把今后的
工作引向什么方向才能获得最大的成就。"[12] 理论图书馆学三个
分支的划分,是在一个时间轴上截取"过去(历史图书馆学)""现
在(普通图书馆学)""未来(发展图书馆学)"而形成的,只是将
"现在(普通图书馆学)"置于了首位。应用图书馆学是在图书馆

学理论指导下,运用图书馆学方法、技术研究和解决实践问题而形成的重要学科门类。它也由三个分支组成。三个分支借鉴了信息科学"信源→信道→信宿"的原理,表达出"客观知识→知识集合→知识受众"这样一个系统过程,其分类方法也含有"时间轴"意义。

图书馆学内容体系本身是一种复杂的逻辑结构。内容体系的建构是否合理,就其所包含的经验判断而言,要受到有关实践或事实的验证;就其所包含的价值判断而言,要受到哲学论点的辩难;就其所表达的逻辑判断而言,要受到内部一致性的检验。假如经不起这几方面的检验,人们就不会用它来指导自己的研究活动。

参考文献

[1]〔美〕丹尼尔·贝尔.后工业社会的来临[M].高铦,等译.北京:商务印书馆,1987:195—196.

[2]〔瑞士〕德·索绪尔.普通语言学教程[M].高名凯,译.北京:商务印书馆,1980:37—38.

[3]〔法〕皮埃尔·吉罗.符号学概论[M].怀宇,译.成都:四川人民出版社,1988:27—28.

[4]〔英〕卡尔·波普尔.通过知识获得解放[M].范景中,等译.杭州:中国美术学院出版社,1996:419.

[5] 赵红洲,等.论知识单元的智荷及其表示方法[J].知识工程,1991

(3):1—11.

[6] 〔英〕雷蒙德·威廉斯.文化与社会[M].吴松江,等译.北京:北京大学出版社,1991:15—16.

[7] 陆汝钤.人工智能[M].北京:科学出版社,1989:[上册]84.

[8] 王子舟.文献信息服务与文献服务区别论[J].图书馆理论与实践,1996(3):18—19,29.

[9] 网络与书编辑部.词典的两个世界[M].北京:现代出版社,2005:48—55.

[10] 温有奎.基于知识元的文本知识标引[M].情报学报,2006,25(3):282—288.

[11] 徐能庸.图书馆学九国名词对照表[M].上海:商务印书馆,1930(民国十九年):29—30.

[12] 田夫,王兴成.科学学教程[M].北京:科学出版社,1983:33—34.

学了图书馆学有什么用途

　　自助者图书馆助，自助者决不会贫困，因为他们志存高远，并且他们已经打开了世界主要财富宝库的大门——储藏书籍的图书馆。

　　图书馆最重要的好处在于，它不可能让你不劳而获。要想获得知识，必须自己努力，无一例外。

——安德鲁·卡内基

安德鲁·卡内基（Andrew Carnegie,1835—1919），美国钢铁大王。晚年为让更多的孩子有书可读，出巨资无偿兴办公共图书馆达2500所，推动了美国公共图书馆事业的蓬勃发展。

学了图书馆学有什么用途？对于这个问题，台湾图书馆学家王振鹄先生曾说过："图书馆学的效用，对国家社会而言，它是管理国家文化资源，推展社会教育的一项手段；对图书管理机构而言，它是一项资料处理的应用技术；对个人而言，它是一项治学的门径与研究的方法。"[1] 这段话精辟概括了图书馆学在宏观、中观、微观三个层面的作用。下面先从微观开始，对图书馆学的用途作一简要叙述。

3.1　读书治学的工具

良好的专业训练和良好的学术训练都离不开读书。读书有两种读法：被动地读和主动地读。按老师指定的书目读书就是被动地读，它能使你在建立必要的知识基础时少走弯路，但不利的地方是限制了你的视野；先生领进门，修行靠个人，自己根据兴趣读书就是主动地读，它能使你独立思考，不随波逐流。中国古代哲人使用的"自得"概念，就包含了主动读书、学习的意思。如孟子说："君子深造之以道，欲其自得之也。自得之，则居之安；居之安，则资之深；资之深，则取之左右逢其原，故君子欲其自得之也。"[2]北宋程颐说："学莫贵于自得。"[3]通过什么途径来实现"自得"，这里就存在个方法问题，而无论读书或治学，图书馆学都会为人们提供实用、有效的帮助。

(1) 读书治学的门径："从目录学入手"与"泡图书馆"

清代学者王鸣盛在《十七史商榷》"卷一·史记一·史记集解分八十卷"中说过："目录之学，学中第一紧要事，必从此问途，方能得其门而入。然此事非苦学精究，质之良师，未易明也。"[4]1又在"卷七·汉书一·汉书叙例"中说："凡读书最切要者，目录之学。目录明，方可读书；不明，终是乱读。"[4]53读书治学为什么要先了解目录学？原因在于生成于古代图书馆图书整理工作中的图书目录，它有个重要的宗旨是"**辨章学术，考镜源流**"，即古代一些重要的图书馆目录不仅记篇目，还载叙录（又称解题或提要），列大、小序。篇目提供了书名、作者、卷数、版本等信息，让你知道有怎样的书；叙录提供了一部书的作者情况、全书旨意、流传整理等知识，使你得以深入了解一部书的大概；大、小序则把某一大类以及其中某一小类书的产生、传播、变化的知识讲了出来,让你对所阅书籍的类型、性质、历史源流有所认识。

例如,历史上有一部叫《珍席放谈》的书,想了解它的概况,就可以读一下清乾隆年间的《四库全书总目》。《总目》"卷一四一·子部·小说家类二"[5]1194中记载该书曰:

珍席放谈二卷 永乐大典本

宋高晦叟撰。晦叟仕履无可考,所记上自太祖下及哲宗时事,则崇宁以后人也。是书《宋史·艺文志》不著录,惟《文渊阁书目》载有一册,世无传本。今散见于《永乐大典》者,尚可裒辑成编。谨采集排赘,厘为上下二卷。书中于朝廷典章制度沿革损益及士大夫言行可为法鉴者,随所闻见,分条录载。如王旦之友悌,吕夷简之识度,富弼之避嫌,韩琦之折佞,其事皆本传所未详,可补史文之阙。特间加评论,是非轩轾,往往不能持平。又当王氏学术盛行之时,于安石多曲加回护,颇乖公议。然一代掌故,犹藉以考见大凡,所谓识小之流,于史学固不无裨助也。

这条书目记录,有篇目有叙录(即提要)。篇目告知我们书名、卷数、版本;叙录考证作者的时代、此书的流传、内容特点、学术价值。由于该书属于小说家类,故我们可以推知它是一部小说作品。如果我们还想知道它属于哪一种小说,这种小说有什么特点,那我们可以看看《四库全书总目》"子部·小说家类"的小序(类序)。《总目》"卷一四〇·子部·小说家类一"的小序[5]1182说:

> [前略]迹其流别,凡有三派:其一叙述杂事,其一记录异闻,其一缀辑琐语也。唐宋而后,作者弥繁,中间诬谩失真,妖妄荧听者,固为不少。然寓劝戒、广见闻、资考证者,亦错出其中。班固称:小说家流,盖出于稗官。如淳注谓:王者欲知闾巷风俗,故立稗官使称说之。然则博采旁搜,是亦古制,固不必以冗杂废矣[后略]。

《珍席放谈》的篇目、提要收在《总目》里"子部·小说家类"的"杂事"小类中。何为"杂事"?《总目》"杂事"小类后面的案语[5]2204说:

> 记录杂事之书,"小说"与"杂史"最易相淆。诸家著录,亦往往牵混。今以述朝政军国者入"杂史",其参以里巷闲谈、词章细故者则均隶此门。《世说新语》古俱著录于小说,其明例矣。

读了《总目》的小序、案语,我们就明白了《珍席放谈》属于记事的"杂事"一派小说,而不算是"异闻"或"琐语"。而这一类的小说,如果是记载政治、军事大事的,它还可以入到历史类;而记述身边人物、小事的,则降低身份入到小说类,它处于"进可入历史、退可入小说"的地位,所以历史参考价值也很大。

明末学者陆世仪《思辨录辑要》曾说:"凡读书须识货,方不错用功夫。"[6]而识货的最好方式,显然是善于使用目录。书海就像繁华的城市,而书目则像完备的城市交通图册。通过书目我们可以即类求书,因书究学。余嘉锡先生从小博览群书,16岁时读张之洞《輶轩语》中的"今为诸生指一良师,将《四库全书总目提要》读一过,即略知门径矣"一段话,不禁雀跃说:"天下果有是书耶?"[7]终于在一年后买到此书,遂每日夜读不厌,从此走上治学正轨,成为著名目录学家。不仅余嘉锡先生,鲁迅、陈垣等学者,他们的读书治学也都是从目录学入手的。

现存著名的古代图书目录,大多出于图书馆的图书整理、藏书建设工作,如汉代班固的《汉书·艺文志》,就是依刘向、刘歆父子在西汉皇家图书馆编制的书目《别录》《七略》整理而成;唐朝魏徵的《隋书·经籍志》,也是参考隋朝皇家图书馆遗留的一些梁朝至隋朝的藏书目录编制而成;至于《四库全书总目》,更是清廷为方便使用四库藏书而编制出来的大部头书目。由于这些目录对读书治学有着重要的指导作用,渐渐使得目录学发达起来,各种专门目录也纷纷产生。如**推荐书目**有张之洞的《书目答问》(1875)、梁启超的《国学入门书要目及其读法》(1923)等，**专科目录**有丁福保的《算学书目提要》(1899)、曹炳章的《中国医学大成总目提要》(1935)、王毓瑚的《中国农学书录》(1964)、孙楷第的《中国通俗小说书目》(1933)等，**地方书目**有孙诒让的《温州经籍志》(1877)、胡宗楙的《金华经籍志》(1925)等，**禁书目录**有陈乃乾的《禁书总录》(1932)、王重民的《四库抽毁书提要稿》(1931)等，**引用书目**有马念祖的《水经注引书考》(1930)、邓嗣禹的《太平广记篇目及引书引得》(1934)等。这些书目的编制已经脱离了图书馆工作，滋生于专家学者案头，但它们的编制方法继承了传统，并且资料来源也多依赖图书馆或藏书家藏书，其读书治学门径的功能没有改变。

在图书馆不发达的年代，人们读书治学依靠目录学。近代公共图书馆、学校图书馆普及以来，读书治学又增加了一条新途径："泡图书馆"。近代图书馆藏书是依照西方传进来的图书分类原则组织起来的，而西方图书分类法以科学知识分类为根据，呈现的形态是"知识树"，所以，**"泡图书馆"**本质上是了解"知识树"的一种方法，即熟悉某类或某专题有哪些好书、新书，由此而知晓最有价值和最新的学术思想和观点是什么。"泡图书馆"的关键是"泡"，就像泡茶、泡菜、泡病号、泡网吧一样，学问都在"泡"里。每个人的"泡"法都有不同，完全是个性化的。会泡图书馆的人，先要对图书馆的分类方法、藏书体系等有一个彻底的熟悉，然后再依照自己的需要去"泡"。如此方能体验出"知识发现"的乐趣。此外，"泡图书馆"还可以逐渐积累出许多有关书籍的知识与阅读经验，学会"相书"的本领，对书的新旧、版式、内容、价格等一望而知。有时，在"泡图书馆"的过程中，也许你会无意发现一个名人的签名、题记或手跋，甚至一张50年前的便笺、发票之类的物件，这会引起沉静中的你思绪万千，以至于若干年后还不能忘怀当时小心翼翼触摸书页的情景。

与"泡图书馆"相近的词组还有"**钻图书馆**"。同理，"钻"字是灵魂。"钻"中含有主动、毅力、技巧等含义。1951年，北京大学周燕孙（祖谟）教授讲"工具书使用法"一课，他在课堂上开示求学之门径时，大讲钻图书馆的好处。他说，不可光听老师讲解，要自学；自学的主要方法就是钻图书馆。时间长了，自能由博返约。不料周先生话音刚落，一位听课的高年级同学便把老师请了出去。片刻返回，老师面带愧色，立即检讨说，某同学批评，说现在已经解放了，不可再引导学生钻图书馆，脱离现实。所以刚才所说全部作废，并愿在此深刻检讨云云[8]。那个时代的大学者都是在金针度人，但学生被政治热情裹挟，已经不吃这一套了；现在我们又开始知道这一套很重要，可惜的是，那样的金针却已经没有了。

(2) 读书治学的方法：做笔记与查工具书

梁启超说：**抄录**或做**笔记**是极旧、极笨、极苦但又是极必要的读书方法，真正做学问的人总离不了这条路。大学者能旁征博引、分析细密，不是靠记忆而是靠抄录或做笔记，经过铢积寸累、困知勉行得来的。"大抵凡一个大学者平日用功，总是有无数小册子或单纸片。读书看见一段资料，觉得有用者即刻抄下（短的抄全文，长的摘要记书名、卷数、页数），资料渐渐积得丰富，再用眼光来整理分析他，便成一篇名篇。"[9]梁启超的话非常中肯，左思（太冲）的《三都赋》、赵翼（瓯北）的《二十二史札记》、陈澧（兰甫）的《东塾读书记》就是这样得来的。

抄录或做笔记，有图书馆学知识的人与没有图书馆学知识的人是不一样的。这一点梁任公讲到了却没有讲细致。有图书馆学知识的人会为每段抄录或笔记标识出关键词、详细出处等。清代的俞正燮（字理初，就是写过《癸巳类稿》和《癸巳存稿》，对棉花、缠足、围棋等历史考证详核的那位大学者），足迹遍布半个中国，"得书即读，读即有所疏记。每一事为一题，巨册数十，鳞比行箧中。积岁月，证据周遍，断以己意，一文遂立"[10]。这里的"每一事为一题"就是说俞正燮抄录或做笔记时，每段资料要先确定一个主题词（或关键词），有了主题词（或关键词），资料才便于有序保存和快速检索。主题词（或关键词）怎样抽取？这就要用图书馆学方法了。因为主题词（或关键词）含义太宽，该主题下面的资料内容就会太多，查阅起来费时费力；主题词（或关键词）含义太窄，有些相关的资料又放不进来。

或许有人认为，现在有了互联网、数字图书馆，想找什么用搜索引擎一搜就解决问题，下载、保存易如反掌，难道还用抄笔记吗？抄笔记者可谓愚不可及也。梁启超没见过电脑，但他下面的一番话好像是对电脑时代年轻人说的。他说，注意力是创新的要件，抄书做笔记是促醒注意及保存注意的最好方法。"当读一书时，忽然感觉这一段资料可注意，把他抄下，这件资料，自然有一微微的印象入脑中，和滑眼看过不同。经过这一番后，过些时碰着第二个资料和这个有关系的，又把他抄下，那注意便加浓一度。经过几次之后，每翻一书，遇有这项资料，便活跳在纸上，不必劳神费力去找了。"[9]他还说："无笔记则必不经心，不经心则虽读犹不读而已。"[11]梁启超在这里使用的是"经心"而不是"精心"，一字之差，意义大变。电脑时代，网上阅读使人的思维越来越零碎化、符号化、机械化，我们的双眼被大量信息流牵引奔跑，已经不能驻足思考，不能安静想象，经心之物也越来越少。如果我们读书时认真抄笔记，顺便还能将自己的心得记录下来，经过这样一番手脚后，那种知识、思想方可算是你自己的。所以，抄笔记的读书方法不应废，只是以前我们用笔抄，现在我们可以用打字输入的方法抄。工具变了，方法的本质未变。

再说**查工具书**。图书馆馆藏依照文献的生成状态可分两部分：普通书籍（包括电子化的全文本）和工具书（包括各种数字检索工具）。前者出于著述，要有新见解或成一家之言，所以过去被称作为己之学，大多属于原生态文本知识；后者出于编纂，汇聚资料而无学术发明，所以过去被称作为人之学，大多属于再生态的知识集合[12]。从读者使用目的来看，普通书籍主要是用来浏览阅读，使人增加知识含量和修养；而工具书则是用来翻检查阅，帮助人解决疑难问题和培养知识获取能力。用一句话概括，**工具书**就是具有特定适用性、明确规范性、必要知识性、较高权威性的专门供人查考的知识信息集合。工具书的这种特殊性质，使它成为人们读书治学须臾不可离的利器，享有"学海津梁""案头顾问"和"无声老师"等美誉。它不仅能给人解疑释难、提供资料，还能传播思想和文化。

查工具书，就要事先学会使用。字典、词典的查用比较简单，但是有些工具书的使用不太容易，如查古代政书、类书，查各种表谱、图录等，这就需要图书馆学的指导。另外，查字词我们知道找字词典，但查近代人物传记资料、图书版本的流传、各种统计资料，这还需要我们了解不同类型的工具书以及它们的各种功能。所以，学会使用工具书，对我们读书治学帮助很大。"中文工具书使用法"在以往汉语言文学专业里曾是一门重要的选修课，图书馆学专业除了开设此课，还有"西文工具书使用法"的专业课。

互联网兴起之后，搜索引擎因其检索功能强大，现已成为人们经常使用的一种检索工具。无论概念、名言、典故、人物、事件、数据、图录、表谱，我们都可以通过"百度"或其他搜索引擎顷刻间搜索出来。因此，搜索引擎已经在很大程度上形成了对传统工具书的替代。据中国互联网络信息中心（CNNIC）2007 年 7 月发布的第 20 次互联网报告，我国 1.62 亿网民中，经常使用的网络服务是浏览新闻（77.3％）、搜索引擎（74.8％）、即时通讯（69.8％）、网络音乐（68.5％）[13]。不过，至少截至目前，传统的书本型工具书还有它不可替代的作用。其一，网上搜索出来的各种资料，其信息源的权威性难以判断或界定，拿来使用容易出现错误；其二，网上查找到的资料有时没有详细出处，不方便核对原始文献及引用；其三，使用搜索引擎获得一些有用搜索结果的同时，也会得到大量垃圾信息；其四，有些资料的查找是搜索引擎还无法解决的，如查阅一个甲骨文的字义，换算历史上某年月日的公历或干支等。所以，学会使用各种纸本工具书，仍然是读书治学必要的辅助手段。

但是，我们也应该看到各种纸本工具书的网络版以及新型多媒体数据库的涌现，正在挤压传统纸本工具书的生存空间。这些网络工具书有使用便捷、互动性好、信息更新快等特点。尤其是一些新兴的数字型网络工具书，如"维基百科""百度知道"

"新浪爱问"等,这些网站成立不久,就迅速聚拢起数目相当的用户群。其中"维基百科"(http://www.wikipedia.org)的全部知识条目都由网民免费编写与自由编辑。这部开放的网上百科全书,是世界上成长速度最快、更新最快的一部在线

"维基百科"的图标

百科全书,也是知识话语权下放、草根力量上行的唯一一部在线百科全书。而"百度知道"(http://zhidao.baidu.com)则是"人人可以提问,人人可以回答",它将人脑中的隐知识搜索出来转化为显知识。网民置身于这个问答社区中,仿佛置身于一场庞大但不觉枯燥的知识游戏中。"新浪爱问"(http://www.iask.com)是门户网站介入搜索业务竞争的产物,它的功能与"百度知道"略同,人们可以提任何问题(如"全世界的手语都一样么?""一只普通的马桶一直漏水,一小时将浪费多少水?"等等),然后面向网民征集答案。"新浪爱问"不仅可以对中国大百科全书进行条目检索,还向社会招募"爱问知识人专家",以实现大家帮助大家,建立一个健全的、互动的用户社区,最大限度从人的头脑中获得问题答案[14]。

搜索引擎正在日益向"智能知识助手"的目标发展,它就像一本巨大无比的工具书,能够在互联网的知识海洋里打捞你所

需要的东西。学生再也不用死记硬背那些庞杂的概念、定义、数值等"知识点"，而是将大脑更多用于思考问题、钻研问题。甚至旧的知识忘光也不要紧，只要掌握了查找知识的本领，那你就得到了教育的精髓而受益终身[15]。短短几年的搜索引擎发展史告诉我们，未来人们查"工具书"的方法将越来越简单化、多样化和趣味化，查找效果也会越来越优化。随之而来的新问题将是：我们如何利用新型检索工具？如何提高自己寻找知识和评价知识的能力？如何把"教育"转向"智育"？

(3) 读书治学的规范：慎用资料与正确引注

20 世纪 90 年代以来，受社会道德失范、学术界急功近利风气的影响，我国学术研究中一稿多投、注释作伪、数据作假、抄袭剽窃等行为愈演愈烈。学术腐败事件也经常被披露于媒体，如窃取学术荣誉、权学（包括钱学和色学）交易、滥用学术权力等。其结果是毁坏了学术共同体的尊严和声誉，劣币驱逐良币——优秀的学者和学术成果越来越少，国家的学术创新能力越来越低。学术研究的健康发展，需要每个从事学术活动的个体接受学术规范知识、学术规范训练。而图书馆学恰恰提供了慎用资料、正确引注的学术规范知识。

慎用资料是指要辨别资料的真实性、可靠性，慎重地参考、使用。比如胡适说过一句有关"为学"的经典名言，到网上搜索，一种版本是"为学要如金字塔，要能广大要能高"。其他版本则有"为学要如金字塔，要能博大要能高"；"为学要如金字塔，要能广博要能高"；"为学要如金字塔，要能广阔要能高"；"为学要如金字塔，既能广大又精深"，真是让人眼花缭乱。"广大""博大""广博""广阔"意思都相近，但我们要引用，就必须搞清哪一个是正确的。有图书馆学知识的人，第一步会判断出胡适这句话可能出于一篇谈读书的文章，然后查名人谈读书方法的书籍，就可知道它出自胡适《读书》一文。第二步到图书馆查《胡适全集》（安徽教育出版社，2003），你会在《胡适全集》第3卷所收的《胡适文存三集》中检出该文，得知这句话的用词是"广大"二字。但是，该文下面还有一条注释："原载1925年4月18日《京报副刊》，收入《胡适文存三集》时，作者作了修改。"于是不得不进行第三步：再按图索骥找到《京报副刊》。最终查出原话竟是"为学当如埃及塔，要能博大要能高。"[16]《胡适文存三集》最初是1930年9月由上海亚东图书馆出版的，胡适对这句话的修改也在该年。三个步骤才解决了一个问题，不由得让人感叹：搜索引擎毕竟也有不如图书馆的地方！网络虽然提供了快捷、宽泛的搜索资源，可是它不能保证提供权威、深度的搜索结果。

慎用资料要花些工夫，可能有些人觉得浪费时间不值得。但若不如此，则会生出许多麻烦。例如，2004年10月，中华书局出版了《齐白石辞典》，该辞典第 127 页的"娄师白"词条写道："娄师白（1918—），国画家。……'文化大革命'中，曾改名'娄批白'，并声明与老师划清界限。'文化大革命'后又改名为'师白'。现为北京画院画师。"[17]后来齐白石的弟子、画家娄师白以侵犯名誉权为由，将中华书局告上法院，要求中华书局公开更正错误内容并道歉，收回所有已经出售或赠予的辞典并予以销毁，索赔 50 万元精神损失费。在法院庭审中，齐白石的孙子齐展仪虽然说他在"文革"期间看到过娄师白写的大字报，下面署名"娄批白"。但因没有留存当年的大字报，也没有照片，所以法院认为其证言不足取信，一审判决中华书局在媒体上刊登致歉声明，收回、销毁侵权辞典，重新印制辞典，并要求中华书局支付娄师白精神损害抚慰金 30 万元。中华书局上诉后，经二审法院努力调解，原被告双方最终达成和解。中华书局承认其出版的《齐白石辞典》侵害了娄师白先生的名誉，承诺重新印制《齐白石辞典》5000 册，并将重印的 1000 册赠送娄师白，而娄师白也放弃了 30 万元精神损害抚慰金赔偿[18]。此例说明，作为一种专题知识集合、一种传承文化的工具书，资料来源只有经过严格鉴别、深入查核，才能做到内容准确翔实。偶一疏忽都可能酿成大错，付出昂贵的代价。

正确引注是指正确地引用他人的学术成果以及做出规范的标注。引注规范与方法是图书馆学研究的一个重要内容。学术引注的意义在于：通过归誉或溯源保护他人著作权，避免重复前人的研究成果，说明学术继承与发展的关系，为自己提供证据和说明，有利于与他人的商榷，纠正自己的研究工作，为读者提供查找相关资料的线索，利于文献计量学分析、统计等。要做到正确引注，必须遵循引注伦理。我们经常提及的引注规范主要有以下几条：

① 引用了他人学术成果必须做引注，否则就是学术失诚，造成抄袭或剽窃。

② 引用他人学术观点、材料要真实、准确，不能为满足自己的需要随意曲解、改动。

③ 尽可能地找到引用资料的原始文本，如果不得已转引，则必须做出标注。

④ 引用资料要使用权威性的来源媒介及版本，如引用《史记》最好用中华书局的版本。

⑤ 不能过度自引，否则有冀图增加自己作品引用量，获取不当社会评价的嫌疑。

⑥ 要杜绝伪引出现，包括转引当直引、无关引用、译著充原著等。

⑦ 反对轻易崇引，如不切实际需要地引用权威的作品，以抬高自己的"门面"。

⑧ 引用未公开出版的文献必须征得原作者同意，否则会伤

及他人隐私或被引文献发表权。

正确地引注，必须做出规范的标注。一般情况下我们将引文标注分**脚注**（页下注）、**尾注**（文后注）、**夹注**（文中注）等。欧美国家有关引用标注的手册、指南之类的书籍很多，我国则主要有国家标准《文后参考文献著录规则》等。《文后参考文献著录规则》（GB/T7714-1987）从 1987 年开始正式实施，2015 年经修订又出了新的《信息与文献 参考文献著录规则》（GB/T7714-2015）[19]，它是目前进行正确引注的权威参考依据。

黄侃先生说："学问之道有五：一曰不欺人，一曰不知者不道，一曰不背所本，一曰为后世负责，一曰不窃。"[20]达到这样要求的一个重要方法，就是严谨、正确地做好引用与标注。引用标注不是雕虫小技，更不是一个纯技术问题。引用标注是否严谨、正确，不仅反映了引用者的学术态度，也反映了引用者的学术素养和学术能力；不仅是判别一个人是否受过良好学术训练的简单测验手段，也是鉴别一个国家是否建立起学术规范、形成制约学术投机制度的试金石。现行的国家标准《信息与文献 参考文献著录规则》是图书馆学专家领衔编制的。在国内学术界，图书馆学界也总是率先使用新标准的专业领域。所以学了图书馆学知识的人理应在正确引用与标注上做出表率。

3.2 图书馆业务的技能

图书馆学专业内容是高素质图书馆员的必备知识。以文献分类学为例,它既有基本理论,也包含基本技能。文献现象十分复杂,许多文献分类难题是不能轻易解决的。我国图书馆学家刘国钧先生在1953年出版过一本《图书怎样分类》的小册子。刘先生为了写好这本书,每周都到北京图书馆的分编部门去半天(他当时担任北京图书馆顾问),了解图书分类工作中所遇到的具体难题是什么,然后一一记录,仔细研究,最后整理出307条图书分类规则。如其中第251条称:"凡关于个别人物的碑铭墓志等,都作为个人传记归类;但这些实物的拓片则归入考古学;如果作为习字范本,就归入法帖(艺术部门)。"[21]碑铭墓志可以分别入到传记类、考古类、艺术类,这么做的理由是什么?这样的分类为何就是正确的?如果我们不学文献分类学,恐怕就不知所以然。因而想做一名优秀的分类馆员很不容易,必须具备以下几个条件:① 必须掌握文献分类法的原理、编制方法和使用方法;② 必须具备广博的知识基础和较高的文化水平;③ 对图书分类与图书馆各种业务的关系,以及图书馆的性质、任务有透彻的理解;④ 了解服务对象的成分、结构、需求、兴趣等;⑤ 有责任心和精益求精的工作态度。

再比如参考咨询学，这也是图书馆学专业的一门必修课。图书馆的参考咨询服务已经有一百多年的历史，它从最初的"帮助读者"，发展为形成专门业务的"情报（信息）服务"；从传统的着眼于"帮助读者使用馆藏"，发展到今天的注重"提供适当的情报源"，实现"知识信息转移"；从以往的"手工检索"服务，发展为现在的"计算机检索"服务和"网络参考咨询"。如今，大型图书馆的参考咨询服务工作不仅包含解答咨询、书目指导、信息检索内容，还承担情报研究、读者培训的任务。许多咨询工作具有相当大的难度。例如，过去某单位选编学习资料时，发现列宁的《青年团的任务》中的一段话有两种版本，含义相反。列宁说："资本主义旧社会留给我们的最大祸害之一，就是书本与生活实践完全脱节，过去有些书把什么都描写得好得不得了，其实大半都是最令人厌恶的胡言乱语，虚伪地向我们描绘共产主义社会的情景"，这段话的后部分，另一译本却是："……虚伪地向我们描绘资本主义社会的情景"。该单位向图书馆参考咨询馆员求助，咨询馆员发现《列宁选集》、单行本《青年团的任务》的译文如前，而《列宁全集》《列宁文选》的译文如后。于是想到可能是翻译时所凭原本不同。经过深入查考，得知《青年团的任务》最初发表在 1920 年 10 月 5 日至 7 日的《真理报》（Правда）上，原文是 лживо рисовало нам коммунистическое общество（虚伪地向我们描绘共产主义社会的情景）；而 1920 年俄文原版《青年团的任务》

单行本、1941 年俄文第 4 版《列宁全集》的原文是 лживо рисовало нам капиталистическое общество（虚伪地向我们描绘资本主义社会的情景）。而且俄文第 4 版《列宁全集》篇末有注曰做过校订，因而，咨询馆员认定俄文第 4 版《列宁全集》的原文含义应该是最为可靠的[22]。此例说明，馆员如果没有扎实的专业素养、广博的知识基础、熟练的技术能力，一般难以胜任作为图书馆工作精髓的参考咨询服务。

上海图书馆馆长吴建中先生认为，图书馆学的专业知识以及图书馆工作的训练，能使图书馆专业人员具备其他行业人员所不具有的优势：逻辑思维能力、参考咨询能力、宏观规划能力等[23]。这种判断很有道理。依凭我的图书馆经验以及长期的观察，综合吴建中先生的见解，图书馆专家具备的优秀素质和品质应该包括：

① **逻辑思维能力**。这受益于文献分类学的训练。分类学是人类认识世界的一个最基本的方法，它帮助你运用科学方法对事物进行分类，寻找事物之间相同或相异的特征，变混沌的世界为有序的、可理解的世界。而文献分类要比其他事物的分类复杂很多，因此，有文献分类学基础的人一般来说逻辑思维能力都很强，尤其擅长把无序知识资源有序化。

② **鉴别区分能力**。图书馆是百科知识的家园，图书馆员就像园丁一样，每天要接触或处理各种不同的文献单元、知识单

元,久而久之就养成了辨别文献、区分知识的特殊能力。所谓
"操千曲而后晓声,观万剑而后识器"。如上海藏书家黄裳以前
买到一部没有书名的曲选残本,因未见他书著录,不知是何书,
后逢版本学家赵万里先生去沪,请赵先生看,他一眼就认定这是
明代的《太和正音谱》。

③ **参考咨询能力**。美国图书馆学家路易斯·肖(Louis
Shores)把人们查询知识的能力称为参考(reference)能力,它是
继 3R(reading 阅读、writing 写作、arithmetic 计算)之后的第 4
个 R。因为他在年轻时候就听人说"懂得如何能查找到所需要的
知识,等于掌握了知识的一半"[24]。尤其是网络及搜索引擎时代
的来临,人们和图书馆的交流方式正在发生改变。美国加州公
共图书馆的技术咨询师艾拉·布雷(Ira Bray)表示,图书馆收到
的咨询问题数量正在下降,问题的难度正在增加[25]。

④ **平等民主意识**。图书馆作为公益事业,它免费向一切人
开放,不分年龄、性别、身份、职业、种族等,来到图书馆的人没有
贵贱之分。同时,无数知识文本汇聚在图书馆里,它们没有高下
之别,都有自己独立的身份和存在位置,被赋予保持各自尊严、
相互平等的地位。所以长期置身于图书馆环境的馆员,他们的
平等、民主意识都比较强。

⑤ **服务奉献精神**。图书馆学与图书馆工作是为他人作嫁衣
裳,正如顾廷龙先生所说,为了传布文献,图书馆要对文献进行

整理、编纂、出版，所谓"专为前贤形役，不为个人张本"；即便是馆员为人借书找书，终日与书为伍，却无法从容阅读，"就像一个厨子，为人烹调盛宴，自己却无法尽情享用"[26]。故而，没有奉献精神的人是做不了也做不好图书馆工作的。

学了图书馆学专业，即使今后不在图书馆工作，图书馆学给他的影响、对他良好素养的形成也是很重要的。图书馆学不仅为图书馆、信息中心工作提供良好的职业技能，而且这种技能有着广泛的实用性。它可以教我们低成本、高效率地找到所需要的信息或知识，教我们怎样在传播过程中对知识进行增值，套用美国经济学家阿维纳什·迪克西特（Avinash K. Dixit）说经济学的一句话：学图书馆学就是购买以后在许多职业和生活道路上可以运用的期权[27]。

那么，是不是学好图书馆学就可以做好图书馆工作以及胜任其他机构的文献信息管理工作呢？这种认识多少有些狭隘。图书馆学家杜定友先生早在 1925 年就指出：与图书馆学有连带关系之学识还有统计学、新闻学、文学、哲学、教育学、社会学（史地）、心理学、演讲术、广告术、论理学（逻辑）、外国语三四种等等，他把这些有连带关系之学识称为**图书馆学的辅助学**，认为没有这些学科的知识，也是做不好图书馆工作的[28]。1928 年夏，胡适到上海东方图书馆暑期讲习班做过一次图书馆学方面的讲演，他强调："图书馆的中心问题，是要懂得书。"如果光懂得检字法、分类法、管理方法而不懂得书，那是没用的，成不了馆长，只能做馆员[29]。胡适所谓的"懂得书"，就是要懂得书的内容及形式等各方面的知识。而要达到这个目标，图书馆员就必须博览旁采，对众多门类的科学知识有个大致了解。

图书馆界也有人说，现在更需要专才而不是全才，或者说小型图书馆在业务上需要全才，大型图书馆在业务上需要专才。其实，专才固然需要，但全才、博学者对于图书馆来说也很需要，就是大型图书馆也如此。首先，人类知识相互之间是有关联的，一个人只有经过一个由博返约的过程才能成为有用之才。"博"是根基，"约"是树干。《中庸》所言"致广大而尽精微"，胡适所说"为学当如埃及塔，要能博大要能高"就是这个意思。我们希望馆员专业知识能够掌握得牢固、深入，但一味地求精求深，却有失之褊狭的危险；而广博的知识，能够培养人开阔的视野与胸襟，见人之所未见，容人之所不容。其次，图书馆是百科知识的总汇，这一职业特性也要求馆员知识面必须宽广。即使专业图书馆的馆员也应如此，因为任何一个专业图书馆除了收藏专业文献外，都要收藏一定数量的文、史、哲、语言、艺术、法律、计算机等方面的文献。总之，在图书馆这个特殊的职业领域，百科全书式的人物不可或缺。

3.3 文化教育事业的参谋、助手

美国图书馆学家杰西·谢拉（Jesse Hank Shera，1903—1982）曾说，图书馆是由文化浇铸出来的[30]。国内的图书馆事业，在民国期间由教育部掌之，中华人民共和国成立后又由文化部领导。可以说图书馆作为一个社会公益事业，它本身就是文化与教育事业的混成体，它左膀肩负着文化使命，右膀肩负着教育使命。图书馆学既要为保存文化、弘扬文化做努力，也要为促进教育、发展教育做贡献。

(1) 文化事业的参谋

文化是人类在特定社会环境下创造出来的生活方式，价值观念和行为准则是其核心内容。从宏观角度讲，一个国家的强大要靠经济实力的发展，而经济实力的发展要靠制度创新，制度创新则要靠文化的引领。文化是软实力，软实力决定硬实力的发展。从微观角度看，一个人的成长也离不开文化，文化使人有了自己的身份及归属，并决定了他的行为方式与价值取向。因为文化的主体是人，人创造了文化，文化反过来"化"人。文化的目的就是保存、丰富或塑造人的理想形象。文化不是石头而是流水，它有积淀、传承、创新的过程。由于文化主要是以语言文字为符号来传播的,所以它的积淀、保存主要通过书籍的承载与图书馆的收藏来进行。各种知识集合(包括图书馆)在文化上的主要作用就是保存与传承文化、选择与整合文化、保持文化的多样性、发展和创新文化。

① **保存与传承文化**。一个文字入了字典就不易被历史遗弃,一部经卷入了大藏经就不易散失,一本著作被收藏在图书馆也就能够避免随意散落的命运。就算因历史久远,许多书籍在流传中亡佚了,但只要当时图书馆的藏书目录保存下来,那么我们至少还可以了解古老的过去,人类知识大致有哪些类型和内容。如西汉以前的书籍至少 80% 已经失传了,因有班固根据当时国家图书馆藏书目录编成的《汉书·艺文志》存在,我们至今仍能得知汉代的学术文化大致分属"六艺""诸子""诗赋""兵书""数术""方技"等范畴,得知在班固所处时代,至少国家图书馆的藏书已经达到 13000 卷左右,它们大致都是些什么书。

② **选择与整合文化**。《隋书·经籍志》言总集有"采摘孔翠,芟剪繁芜"的功能。非但总集,其他类型的知识集合也都如此。以中国历史上卷帙最大的丛书《四库全书》为例,它在编修过程中,哪些书籍是要收录的,哪些书籍是不能收录甚至要禁毁的,这就是选择的问题。再以字典为例,"仏"字在隋唐时期是"佛"字的俗字,是写经生抄写佛经时为省力而采用的简写。如果"仏"字不收录到字典里,那么它就会因得不到上升为正字的机

会,慢慢消失在历史记忆中。"仏"字收与不收,这就是字典这种知识集合的选择问题。知识集合的选择是整合的前提,整合又是选择的结果。

③ **沟通与交融文化**。人类价值与文化的多元是客观存在的。这种存在使"交流""沟通""宽容"等词汇具有了实际意义。一位从来没有离开过自己乡村的老人,他与身边的亲属、邻居交流、沟通是没有大碍的,一旦来到一个遥远、陌生的地方,就会面临种种交流、沟通的问题。这些问题以前是不存在的,现在一下冒了出来。因而,实现不同价值、不同文化的交流、沟通,最好的方式是让它们互相碰面、接触甚至撞击。图书馆将表达各种思想、价值、文化的书籍汇聚一起,在书架上比肩而立,这就造就了文化的交流、碰撞。它告诉来到书架前的读者:你面临的是一个复杂的世界,这个世界存在差别,存在不同文化相互理解、学习、融合的可能性。

④ **展示与宣传文化**。许多公共图书馆是城市、社区的民众文化中心,它们不仅收藏普通文献,有的还收藏本地人士的著作和手稿、地方宗族谱牒、特产样本及目录、旅游胜地资料等,起到了本地文化窗口的作用。还有的图书馆因其建筑造型美观、富有地方特色而成为该地方的"文化标志",成为外地旅游者参观的景点。其他一些知识集合,如网上数字图书馆、多媒体专题数据库也都有展示与宣传特定文化内容的作用。

⑤ **发展和创新文化**。发展和创新文化的主体是人,人发明出新型知识集合本身就是文化的发展和创新。以百科全书为例,它的诞生和欧洲启蒙思想密切关联。狄德罗主编的《百科全书》刚一面世,法国当局就知道它是危险的:它传播知识来自理性而非教会和国家的理念;它示意知识是有秩序的,在人类知识树上,哲学是树干,神学只占了一个分支[31]。狄德罗的《百科全书》既是知识的汇编,又是哲学宣言。它的出版为启蒙运动的合法化立下头功。后来人们意识到百科全书在积累与传播科学、文化方面重要价值的时候,它又被人们誉为"颂扬文学、科学和艺术的最美的纪念碑""一座包含人类所有知识的完整图书馆""没有围墙的大学"等。人类文化因有百科全书而显得更加生动和丰富。

图书馆学研究图书馆、各种知识集合,并致力于它们的发展,实际上就是在承担自己应有的文化责任。而且现实中有很多迫在眉睫的问题急需解决。如我国文化体制改革以来,图书馆事业被纳入社会公益事业发展的轨道,那么是否还允许民间资本投资兴办经营性的图书馆? 非政府组织创办的公益性图书馆怎样和国家设立的公共图书馆协调业务关系? 再如,2002 年起国家启动的全国文化信息资源共享工程,截至 2007 年 4 月数字资源总量已达到 58TB(1TB 数据量相当于 25 万册电子图书或 926 个小时视频节目),各级中心和基层服务点主要依托图书馆,现在已有 6700 个点,服务网络也初步形成[32]。但由于资源结构和类型不太合适,农民受众很少,服务效果一直不佳。那么怎样调整资源建设方案,怎样构建合理的资源结构、类型体系才能吸引农民,才能让广大民众所喜爱?图书馆学者可以认真思考,提出合理建议,为社会文化的发展当好参谋。

无论国内还是国外,图书馆学为本国文化事业发展做出重要贡献的实例很多。我国图书馆学界在 1987 年至 1990 年开展的全国文献资源调查与布局研究,在经费不足的情况下,调动近万名图书馆工作者,调查了 514 个图书馆 2019 个研究级学科的文献收藏情况,收集了 6354 份读者意见表。这次调查不仅摸清了我国文献资源的整体状况,使各图书馆发现自己馆藏的优势和劣势,推动地方文献资源的协作与布局规划;而且建立了"全国文献资源数据库"和"全国文献资源调查用户评议数据库",在此基础上还对国家今后的文献资源建设的总体目标、指导思想、布局模式、布点方法等提出了符合国情的良好建议,为图书馆以及国家主管部门的决策提供了重要参考依据。该项调查实践还为图书馆学理论研究注入了新思想、新方法,如正式废止"藏书建设"的概念,用"文献资源建设"取而代之;其调查方法为 20 世纪 90 年代国内图书馆全面质量评估提供了参照依据等[33]。中国图书馆学者的这种原创思想和方法曾得到国际图书馆学界的好评。

（2）教育事业的助手

教育，用学术语言来表述，它"是人们尝试在任何一方面提升他人人格的行动"[34]；用文学语言表述，它"是各民族维持生存的要旨，也是任何社会减少恶行、增加善举的唯一办法"[35]。按照前后发生顺序或空间范围，教育大致可以分为家庭教育、学校教育、社会教育等（对于个体来讲，这三种教育往往是交互作用、同时并存的）。图书馆既是一种文化机构，也是一种教育机构，它本身也有教育功能。图书馆教育属于社会教育的一种重要形式。图书馆（包括各种知识集合）的教育有自己的诸多特征，其主要作用在于能够实施一种自动的教育、自修的教育、穷人的教育、全面的教育和终身的教育。

① **自动的教育**。在家庭教育、学校教育、社会教育中，父母、老师、领导、同事等，他们的作用都很大。唯独在图书馆教育中，教育者是"缺席"的。图书馆或者其他知识集合，主要通过文献知识来实施教育职能，文献知识是"死老师"，你必须主动找它、读它、研究它才能受益。受教育者是知识获取的主体，他可以随心所欲地挑选合自己口味的知识，以使好奇心、灵感、创造力等得到滋养和生长。

② **自修的教育**。图书馆是自学与深造的场所，百科全书等是自学与深造的"大学"，经常泡图书馆、查阅工具书，不仅可以

培养出较高的阅读能力，还可以提升人们的自学能力以及良好的情报意识。正是在这个意义上，图书馆才有"第二课堂"之美誉。

③ **穷人的教育**。人类教育的一个重要原则是公平原则，即任何人都有接受教育的权利。但在现实社会中，其他教育形式（如学校教育）很难完全体现这种公平原则。图书馆不设门槛，无论男女、长幼、贫富、贵贱，不分等级、信仰、文化、民族、肤色、国别，他们在使用公共图书馆时都是免费的。图书馆容纳穷人并赋予他们改变命运的权利，因此图书馆又被喻为穷人的精神避难所。

④ **全面的教育**。图书馆与其他各类知识集合囊括了人类现有知识，人们不仅可以从中学到与自己工作相关的专业知识，还能旁及其他；不仅能够得到科学知识，还能得到生活常识；不仅可以从事学习、自修，也可以随意浏览、消遣；不仅能够坚定人生信念，还能得到品德的涵养。

⑤ **终身的教育**。拥有丰厚人力资本的个体，他得到的收益也是丰厚的。1992 年诺贝尔经济学奖得主贝克尔（Gary Stanley Becker，1930—2014）说："现代经济要求人们在他们一生中的大部分时间内投资于获取知识、技能和信息。"[36] 图书馆与学校不同，它没有入学、毕业等年限之限制，读者可以一生利用它，所以图书馆教育是最为充分的终身教育形式。

图书馆教育不仅别具特色,而且其内容十分广泛,它可以帮助文盲提高阅读、计算、写作能力,激发儿童的智力,向公民传授基础知识,促进人们的独立思维和自由思想,培养群众良好的道德品质,开发大众的创造意识和审美观,帮助学生树立理性择业观以及做好就业准备等。目前,世界各国的图书馆都致力于开展丰富多彩的教育活动。如某些贫穷落后国家的图书馆把扫盲当做一项重要任务,认真向读者传授识字、写作和算术的基本技能;一些国家的图书馆(如南非)因很多人没有适当的居住空间,没有方便学习的电力设施,优先考虑为读者提供基础设施,如照明、桌椅等;芬兰的公共图书馆培训了一批 50 岁以上的人员,派他们到托儿所、幼儿园、学校为孩子们朗读书籍;还有的国家大力发展流动图书馆,利用适宜的交通工具将书籍送到需要它们的读者手里,如秘鲁用驴,肯尼亚用骆驼,印度尼西亚用自行车等;美国新泽西州有 10 个图书馆建立了计算机培训中心,面向读者开办各种主题的计算机培训课程[37];台北市图书馆每月为市民举办数十种读书会的活动[38];英国数百家公共图书馆成立了"公开学习中心"(Open Learning Center)[39]等等。可以说各国图书馆为支持国民终身学习采取了多种多样的服务措施。

1994 年联合国教科文组织公布的《公共图书馆宣言》称:"公共图书馆作为当地获取知识的门径,应为个人及社会团体的终生学习、独立决策和文化的发展提供基本的条件。"[40]图书馆如何履行好自己的文化、教育职责,为本国文化、教育事业做出积极贡献,这是图书馆学研究的永恒主题之一。当然,除了文化、教育使命外,未来的图书馆还被赋予了促进知识信息发展的使命,这在新的《公共图书馆宣言》里也有所体现,如何担负好这个使命,是未来图书馆学值得认真研究的重大命题。

参考文献

[1] 中国图书馆学会出版委员会.图书馆学[M].台北:学生书局,1980:1—2.

[2] 杨伯峻.孟子译注(上)[M].北京:中华书局,1960:189.

[3] [清]黄宗羲.宋元学案·伊川学案[M].北京:中华书局,1986:607.

[4] [清]王鸣盛.十七史商榷[M].北京:商务印书馆,1959.

[5] [清]永瑢,等.四库全书总目[M].影印浙本.北京:中华书局,1965.

[6] [明]陆世仪.陆桴亭思辨录辑要·卷四·格致类[M].丛书集成初编本.
    上海:商务印书馆,1936(民国二十五年):44.

[7] 余嘉锡.四库提要辨证序[M]//余嘉锡文史论集.长沙:岳麓书社,1997:
    549—554.

[8] 白化文.仰望周燕孙(祖谟)先生[M]//白化文.人海栖迟.北京:北京燕山
    出版社,2005:115—120.

[9] 梁启超.治国学杂话[M]//饮冰室合集·专集之七十一·国学入门书要
    目及其读法.上海:商务印书馆,1936(民国二十五年):第15册.

[10] [清]张穆.癸巳存稿·序[M]//[清]俞正燮.癸巳存稿.上海:商务印书
    馆,1957.

[11] 梁启超.学要十五则[M]//饮冰室合集·专集之六十九·国学入门书要目及其读法.上海:商务印书馆,1936(民国二十五年):第15册.

[12] 知识集合大多是加工知识而不是生产知识的结果,它的学术含量通常被人认为不高,比如索引编制。这也是图书馆学学术地位不高,甚至被人怀疑不是科学的重要原因。工具书的学术价值不被人承认,就必然使得工具书不能在我国学术上形成灿烂气象。其实,索引等工具书的价值在清代就已被学者注意到了。章学诚曾认为校书者如果有了丰富的文献索引可供参考,"此则渊博之儒,穷毕生年力而不可究殚者,今即中材校勘,可坐收于几席之间"。([清]章学诚.校雠通义通解[M].王重民,通解.上海:上海古籍出版社,1987:38.)王力先生也曾说:索引等工具书,"学者资之为治学之利器,编者不能藉之以获名,此为人之学也"。(齐思和.荀子引得序[M]//荀子引得.上海:上海古籍出版社,1986.)过去工具书少,学者为解决一个知识点问题而不知要耗费多少光阴,现在各种工具书多了,节省了学者们的时间,提供了触类旁通的条件,生于今世不可谓不幸。

[13] 中国互联网络信息中心.中国互联网络发展状况统计报告[EB/OL].(2007-07-18)[2007-08-09].http://www.cnnic.net.cn/index/0E/00/11/index.htm.

[14] 姚雪.网络百科新时代:人人问我,我问人人[N/OL].中华读书报,(2006-01-09)[2007-04-05].http://tech.sina.com.cn/i/2006-01-09/1647814933.shtml.

[15] 朱春雷.从搜索引擎的发展看教育改革之迫切[EB/OL].(2007-03-25)[2007-04-03]http://blog.csdn.net/zjzcl/archive/2007/03/25/1540663.aspx.

[16] 胡适.读书:胡适之先生在平民中学讲[N].啸尘,笔记.京报副刊,1925-04-18.

[17] 湘潭市《齐白石辞典》编委会.齐白石辞典[M].北京:中华书局,2004:127.

[18] 马晓毅.娄师白名誉侵权案是怎样达成和解的[N].光明日报,2006-12-15(02).

[19] 全国信息与文献标准化技术委员会.信息与文献 参考文献著录规则:GB/T7714-2015[S].北京:中国标准出版社,2015.5.

[20] 黄侃,黄焯.蕲春黄氏文存[M].武汉:武汉大学出版社,1993:220.

[21] 刘国钧.图书怎样分类[M].北京:开明书店,1953:123.

[22] 詹德优.信息咨询理论与方法[M].武汉:武汉大学出版社,2004:4—8,145.

[23] 吴建中.图书馆学情报学专家的优势[EB/OL].建中读书,(2006-12-22)[2007-01-11].http://wujianzhong.bokee.com/index.html.文中的①、③内容主要引自吴先生博客。

[24] 吴建中.21世纪图书馆展望:访谈录[M].上海:上海科学技术文献出版社,1996:82.

[25] 佚名.互联网时代图书馆未过时,搜索引擎仍存局限[EB/OL].搜狐·IT频道·互联网,(2006-09-30)[2007-04-15].http://it.sohu.com/20060930/n245614897.shtml.

[26] 顾廷龙.顾廷龙学述[M].刘小明,整理.杭州:浙江人民出版社,2000:15,7.

[27] 〔英〕迈克尔·帕金.走近经济学大师[M].梁小民,译.北京:华夏出版社,2001:61.

［28］杜定友.图书馆通论［M］.上海:商务印书馆,1925(民国十四年):42—44.

［29］胡适.中国书的收集法［J］.中华图书馆协会会报,1934(5):1—8.

［30］〔美〕杰西·H.谢拉.关于图书馆学的基本原理［J］.孔青,况能富,摘译.
图书馆学通讯,1982(2):65—68.

［31］〔美〕罗伯特·达恩顿.启蒙运动的生意:《百科全书》出版史(1775—1800)
［M］.叶桐,顾杭,译.北京:生活·读书·新知三联书店,2005:6—8.

［32］谌强.文化共享工程惠及逾亿基层群众［N］.光明日报,2007-04-12(02).

［33］全国文献资源调查与布局研究课题组,中国人民大学图书馆.全国文献
资源调查与布局研究成果汇编［G］.北京:中国人民大学出版社,1991:
61—63.

［34］〔德〕沃尔夫冈·布列钦卡.教育科学的基本概念:分析、批判和建议
［M］.胡劲松,译.上海:华东师范大学出版社,2001:75.

［35］〔法〕巴尔扎克.《人间喜剧》前言［M］.丁世中,译//巴尔扎克全集(第一
卷).北京:人民文学出版社,1984:10.

［36］世界银行.全球知识经济中的终身学习:发展中国家的挑战［R］.国家教
育发展研究中心组,译.北京:高等教育出版社,2005:73.

［37］国际图联公共图书馆专业委员会.公共图书馆发展指南［M］.林祖藻,
译.上海:上海科学技术文献出版社,2002:3,37,42.

［38］耿相新.台北的读书会［N］.中华读书报,2006-11-08(16).

［39］吴建中.21世纪图书馆新论［M］.2版.上海:上海科学技术文献出版社,
2003:175.

［40］联合国教科文组织.公共图书馆宣言［M］//肖东发.中国图书馆年鉴
(2001).北京:北京图书馆出版社,2001:593.

图书馆学是如何产生与发展起来的

　　学问无国界，图书馆学怎么会有"中国的"呢？不错：图书馆学的原则是世界共通的，中国诚不能有所立异；但中国书籍的历史甚长，书籍的性质极复杂，和近世欧美书籍有许多不相同之点。我们应用现代图书馆学的原则去整理它，也要很费心裁，决不是一件容易的事。从事整理之人，须要对于中国的目录学（广义的）和现代的图书馆学都有充分智识，且能神明变化之，庶几有功。这种学问，非经许多专门家继续的研究不可，研究的结果，一定能在图书馆学里头成为一独立学科无疑，所以我们可以叫它做"中国的图书馆学"。

——梁启超

　　梁启超(1873—1929)，现代社会活动家、人文学术大家。担任过清华国学研究院导师以及松坡图书馆馆长、京师图书馆馆长、北京图书馆馆长等职，为中国的图书馆事业奔走呼号。他在图书馆学、文献学方面的主要著述有《西学书目表》(论文)、《佛家经录在中国目录学之位置》(论文)、《古书真伪及其年代》等。

许多古老的书籍历经数千年仍能完好地摆放在案头,供我们阅读,这不得不归功于前人在书籍流传中做出的种种努力。其中历代图书馆学者对古代典籍的注解与对图书版本的校订是这些努力中最伟大的劳动。有了历代的注解,无论世界怎样演变,后人还可以读懂那些古代典籍;有了图书校订过程中形成的定本,传抄时代大量同书异本的问题才被克服,后人才能读到接近原本或正本的典籍。这种发生于图书馆中的图书整理活动,不仅培养出对书籍有精深研究的专家,同时也逐渐生成一套图书馆知识体系。图书馆学的建立是在 19 世纪初年,但它的知识体系的形成过程却经历了两千多年的历史。

4.1 经验积累出来的学问

无论在中国还是在西方,早期图书馆的主要工作就是整理图书。如希腊化时代托勒密王朝的**亚历山大图书馆**(约公元前290年建于亚历山大城),是当时西方最负盛名的图书馆,藏书最多时达70万卷。第一任正式馆长是以弗所的芝诺德图斯(Zenodotos of Ephesos,约前325—?)是位语言学家,对诗歌有深厚的造诣,他编纂了荷马的语汇,整理、校对出了《伊利亚特》和《奥德赛》;他身后的第五任馆长拜占庭的阿里斯托芬(Aristophanes of Byzantium,前257—前180)是个语法学家、文献学家、词典编纂家,他不仅继续校订了荷马等人的著作,还编纂了希腊辞典[1]16—22。芝诺德图斯和阿里斯托芬的校订工作,为荷马史诗权威版本的形成奠定了基础,为其今后的流传起到了积极的影响。因为,荷马史诗最初只在职业讲述者、荷马氏族、吟游诗人中口传,300年后,大约在公元前550年才被书吏收集起来,抄录成书并公开在希腊雅典出售。荷马史诗成了雅典的圣经(*biblion*)以及第一本识字课本、第一部小说、第一个教育工具。雅典人人都读,它使雅典有了文化[2]。荷马史诗广泛的传抄必然导致同书异本的泛滥。亚历山大图书馆收藏的荷马史诗就来自不同的地方,图书馆必须对馆藏众多的同书异本进行校订,否则难以确

现今的亚历山大图书馆新馆

定出合理的正本。书籍的校订、校勘、校点是亚历山大图书馆的主要日常工作,定本整理出来再由书吏们抄成若干复本,然后还可以出售。这些工作使得亚历山大城保持了其在当时书籍贸易市场上的垄断地位。

与亚历山大图书馆的工作极为相似的是,中国古代图书馆早期也是以图书整理为要务。如西汉皇家图书馆**天禄阁、石渠阁**等处,从汉武帝广开献书之路(前124)始,"百年之间,书积如山"[3]。书籍多了,图书馆的藏书整理工作就迫切、繁重了。汉成帝河平三年(前26),成帝诏朝廷中的专家刘向(前79—前8)、任宏、尹咸、李柱国等校书,主要在同书异本中整理出定本。如刘向在校《战国策》一书时,发现版本众多,有的叫《国策》《国事》,还有的叫《短长》《事语》《长书》《修书》等,因其多为战国辩士游说所辅之国遗留下来的记录,故刘向总其名为《战国策》,删其篇章重复、纠其文字错误,最终确定出一个33篇(当时的书主要是竹简做的,因而书的单位叫"篇",还不用"卷")的定本,然后重新抄写。通常校订图书会碰到许多难题,如文字讹误、简编错乱、内容重复等,反复不断地解决这些问题,就会逐渐生成一些原则性、方法性的知识。这些知识完全出自实践中的摸索,属于经验上的学问、技能,还不可能转变为用文字描述的、体系化的外显知识。当然,这类学问、技能的某些内容,通过当时人们的只言片语,现在还能窥其一斑,如早期孔子删诗书,他讲的"述而不作""多闻阙疑"等(中国古代校书活动并非从刘向等人开始),就是讲校书要尽量体现出古书的本来面貌,不要掺杂己意;保留古书上的疑惑之处,不要擅自更改。这种古人传下来的图书整理原理,到今天还是古籍整理工作要奉行的准则。

古代图书馆大规模的图书整理活动会结出一个重要的学术果实——全新的藏书目录。如亚历山大图书馆的第二任正式馆长昔兰尼的卡里马克斯(Callimachos of Cyrene,约前305—约前240),他是一位文学家、目录学家,在任的时候(约前260—约前240)对已经整理的藏书进行了编目,书目名称叫《**皮纳克斯**》(*Pinakes*,又名《各科著名学者及其著作目录》),卷帙浩繁,达120卷。这部书目已经失传,但从现存残片看,这是一部有分类的提要目录。该书目的大类已涉及修辞、法律、史诗、悲剧、喜剧、抒情诗、历史、医学、数学、自然科学和杂类等,每一类下著者依姓名字母排序,每一姓名之后有著者简介及作品的评述[4]。卡里马克斯的这部目录巨著,成为后世图书馆目录的楷模,直到中世纪还有人仿效它来编制目录。所以,说卡里马克斯是目录学最伟大的先驱绝非溢美之词。

我国西汉刘向等人的图书整理工作产生的书目叫《七略》,《七略》主要完成于刘向之子刘歆(约前53—23)之手,它是在刘向的书目《别录》的基础上形成的,分为七个部分:辑略、六艺略、诸子略、诗赋略、兵书略、术数略、方技略。"略"有分界、概要的意思。① "辑略"是汇集以下六略总要而成的综述,相当于今天的前言;② "六艺略"是第一个大类类名,其下收录了古代六经方面的书籍;③ "诸子略"是第二个大类类名,收录了古代诸子九流十家的书籍;④ "诗赋略"是第三个大类类名,收录了古代诗词歌赋的书籍;⑤ "兵书略"是第四个大类类名,主要收录了兵书;⑥ "术数略"是第五个大类类名,收录了天文、历谱、五行、蓍龟等方面的书籍;⑦ "方技略"是第六个大类类名,收录了医经和房中之类的书籍。刘歆《七略》共有 6 大类(即六略),38 小类,著录图书凡 13269 卷。《七略》到了唐代以后就失传了,但东汉班固编的《汉书·艺文志》是以其为底本,取其大要而成的,基本保留了《七略》的原貌。

图书分类、编目是一项非常复杂的学术工作,如刘向、刘歆父子费数十年方得以完成《七略》。长期的校书、编目经验能够催化出许多好的学术心得、见识和方法,将其融入编目实践,就会产生伟大的目录。《七略》作为我国第一部国家图书馆的藏书目录,它在学术上的贡献是巨大的:其一,确定了当时文献的六分法,即"辨章学术",有利于学术文化的传播与彰显;其二,"辑略"对各类文献起源发展的描述,即"考镜源流",起到了学术史的作用;其三,对有的著作做了互注、别裁,把知识看成相互联系的"知识树"。互注是指一书涉两类则在两类里都著录,如"兵书"类有《伊尹》，"道家"复有《伊尹》；别裁是指一书中部分内容有单行本，主题又单一，则单行本按其性质入类，如"儒家"有《孙卿子》33 篇（即荀卿、荀况，因避汉宣帝讳而改），"诗赋"里又有《孙卿赋》10 篇。从此，校理图书、编制书目的学问就慢慢形成了我国古代的校雠学。我国的校雠学涵盖版本考订、文字校勘、图书辨伪、古籍辑佚、文献编目等内容。而西方把校理图书的学问单独称为图书学（science of books），而将编制书目的学问叫做目录学（bibliography）。图书学与目录学构成了西方古代图书馆知识体系的基本范畴。

通过上述图书馆学史的梳理，我们可以看到图书馆学最初来源于经验知识，它在古代属于经验学科。经验学科与形式科学有很大区别：它不是以假设、公理、逻辑为基础，而是以实践、实用为基础；它的学术价值更多地不是以理论形态表征出来，而是以实用工具形式体现出来；它的发展更多地借助人的隐性知识，而不是凭借人的显性知识。古代的图书馆知识体系在馆员中传承的方式主要是子承父业或师徒相授，如刘向父子相传校雠之学。清代学者章学诚说："古者校雠书，终身守官，父子传业，故能讨论精详，有功坟典，而其校雠之法，则心领神会，无可传也。"[5]及至今日，国内外著名的图书馆学家大多不是靠书本学习、理论研究养成的，而是靠工作实践与学术摸索相结合养成的；他们的学术成果多数属于"为人之学"，即比次、编制型的"述作"，而不是"为己之学"，即创造、发现型的"著作"。

4.2　研究轴心的几次迁徙

(1) 图书整理时代的轴心:图书(古代至 19 世纪)

　　无论是中国还是西方,古代图书馆都很发达。皇室、贵族、寺院(修道院)各类图书馆数量繁多。因手抄书籍十分贵重,欧洲中世纪修道院图书馆的藏书数量一般只有数十册到一二百册,但僧侣的抄书、护书,使得柏拉图、亚里士多德、埃斯库罗斯、索福克勒斯、欧里庇德斯等古希腊著名学者、作家的著作得以有效保存。由于拥有这些重要的优秀知识宝藏,修道院图书馆以及后来兴起的大学图书馆,一直是研究学问的中心。图书馆知识体系在修道院图书馆、大学图书馆也慢慢得到丰富与积累。最早提出"图书馆学"(Bibliothek-wissenschaft)概念的德国图书馆学家**施雷廷格**(M. W. Schrettinger,1772—1851),起初就是本尼狄克特派的一名修道士。他在修道院图书馆工作,后来又在慕尼黑王室图书馆任职。他对图书校订、分类编目十分在行。施雷廷格在 1808 年至 1829 年间完成的两卷本的重要著作《图书馆学综合性试用教科书》(*Versuch eines vollständigen Lehrbuchs der Bibliothek-Wissenschaft oder Anleitung zur vollkommenen*

Geschäftsführung eines Bibliothekars in wissenschaftlicher Form abgefasst），标志着具有科学形态的近代图书馆学的建立。从这一时间起，图书馆学也开始进入科学体系当中。

在近代图书馆学时代，图书馆学的研究轴心或内容重心还在图书上，主要的任务是图书的整理、编目、书籍史研究等。如世界上第一个图书馆专业培训机构——格

格丁根大学图书馆的泡利娜教堂（Pau-linerkirche），世界上第一个图书馆学专业的系列讲座曾在这里举办。

丁根大学图书馆讲座，它是 1886 年由格丁根大学图书馆馆长齐亚茨科（K. Dziatzko，1842—1903）开办的，当时所开授的图书馆学课程有目录学、抄本史、印刷史、古文书学、图书馆经营法等科目。目录学、抄本史、印刷史、古文书学是研究图书的传统知识体系，只有图书馆经营法是新图书馆的发展引申出来的新内容。因此，格丁根大学图书馆讲座讲授的图书馆学，基本上还是以图书为研究轴心，有很强的学术性，它是以培养有能力佐助科学研

究的图书馆馆员为目标的。如古文书学(Palaeography)的主要
内容就是解释古代公文、书翰、敕令、特许状、遗嘱等内涵,判定
其年代、真伪等[1]208。据说学者钱锺书1935年到英国牛津大学
留学攻读英国文学时,牛津大学的必修课程之一"古文字学"里
就有版本、校勘等学习内容。钱锺书因贪读小说,不喜此类枯燥
的东西,考试时因没能辨认出15世纪以来字迹密麻潦草的手稿
内容,还得了个不及格,后来经过补考才过关[6]。

在图书整理时代,图书馆知识已经产生了大量的名词术语。
图书馆知识的基本概念有图书、校雠、注释、目录、版本、辨伪、分
类、索引、书目、藏书、图书馆、藏书家、图书出纳等众多名词。此
时期图书馆知识的基本概念有一特点,即它们在概念语词的表
达上还极不规范,带有很强的"自发形成"特色。如"图书"这一
概念,中外各国均有各种繁杂的称谓。在中国传统文献中,以载
体特征为依据的称谓有简册、竹帛、方策、缥帙、梵夹、黄卷、印本
等,以内容特征为依据的称谓有书、文翰、典籍、经籍、文献、簿
册、籍账等。在西方国家,图书的称谓也是多种多样,希腊语把
写了字的莎草纸叫做 byblion 或 biblion,把莎草纸卷本称 kylin-
dros,罗马人称 volumen,英语中 volume 现仍是卷册的意思。此
外,英语"图书"的概念还有 book、codex(希腊、罗马时经典手
稿)、leaflet(小册子、散页印刷品)、literature(作品、著作)、docu-
ment(公文、资料、文献)、record(文件、档案)等众多称谓。意大

利、西班牙两国的 libro,荷兰语之 boek,瑞典语之 bok,丹麦语之 bog,俄语之 кника,它们都是"图书"的意思。这些国家有关书的称谓也有众多。在图书整理时代,图书是图书馆知识中最重要的概念,它构成了图书馆知识中基本概念群的核心。

近代图书馆学不仅富有古典学术特质,而且具有浓郁的历史气味,举凡图书抄写史、印刷史、装潢史、校勘史、藏书史、目录学史、图书馆史等,都是当时图书馆学的重要研究内容。近代图书馆学的这一传统,对后来的图书馆学影响很大,如曾经在 1921 年担任过普鲁士国家图书馆馆长、1928 年担任过图书馆学院院长的著名德国图书馆学家米尔考(Fritz Milkau,1859—1934),在 20 世纪三四十年代出版了他的宏著《图书馆学手册》,全书分三册:《论手稿与图书》(1931)、《论图书馆经营》(1933)、《论图书馆史》(1940)。他的著作以"史"为核心,从历史、语言学的角度对图书馆学做出了清晰的阐述,是当时德国图书馆学的集大成著作,至今仍为德国图书馆学教育中重要的基础教材之一。

(2) 图书馆经营时代的轴心:图书馆(20 世纪)

现代图书馆学形成于 20 世纪初年,它的直接背景是世界各国公共图书馆的普遍兴起。尤其美国掀起的一场公共图书馆运动,对西方国家各城市普遍建立图书馆起到了推波助澜的作用。19 世纪末 20 世纪初,美国钢铁大王**安德鲁·卡内基**斥巨资先后在美国、加拿大、英国捐办了 2500 余所公共图书馆。这一壮举成为欧美公共图书馆运动最为动人的一幕。公共图书馆的兴建及其规模的扩大,导致图书馆如何筹建、经营(即管理)以及迫切需要的专业人员如何培养等一系列问题开始凸显出来。20 世纪初年,在欧美国家图书馆学校的课程设置里,图书馆经营以及图书馆业务流程的课程(如采访、分类、编目、参考咨询等)越来越占据重要位置,图书馆学的研究轴心从图书转向了图书馆,研究内容的重点从图书整理转向了图书馆经营。图书馆学也从过去的"图书整理时代"步入了"图书馆经营时代"。

在图书馆经营时代,图书馆学不但出现了大量新词汇、新概念,其学科中的基本概念群也发生了改变,即在以往基本概念范围外,一些新的概念纷入基本概念之中。如公共图书馆、图书馆经营(即图书馆管理)、图书馆推广、馆藏、读者、阅读、图书馆教育、馆际互借、图书馆法等等。过去基本概念群中的某些词汇,如校雠、注释、辨伪等缓慢退出基本概念范畴而成为一般概念。而此时的"图书馆"上升为基本概念中的核心概念。图书馆学的研究重心从以往对图书、目录的关注,转移到图书馆与管理图书馆的各种规范上来。19 世纪末,英国的图书馆学就叫做"图书馆管理学"(Library Economy),直至 20 世纪初年这个名词还在英国继续使用。而美国图书馆学家 M. 杜威创办的图书馆学校,全称即为哥伦比亚学院图书馆管理学校(School of Library Economy at Columbia College)。最初开设的几门课程之中就有"图书馆管理"(Library Economy)。我国 20 世纪 20 年代以来仿欧美体系编写的图书馆学专著,书名中也多有"图书馆经营"(相当于今日的图书馆管理与行政)或"图书馆管理"之类的名称。

由于图书馆工作对规范化要求越来越高,这就迫切需要图书馆学对本学科概念进行梳理及科学定义。比如,图书这一概念此时就有了被规范、定义的要求。如何科学定义图书,减少其内涵与外延上的混乱,以便于统计和管理已成为当时重要问题之一。以往人们一般认为图书是用文字记载知识并装订成册者,然而这样的概念十分模糊。联合国教科文组织 1964 年要求各国采纳一条统计学意义上的定义,即图书是"非定期的、49 页以上的出版物"。这才在相当程度上解决了图书概念规范的问题。不过,加拿大、芬兰、挪威的法规采纳了 49 页,丹麦要求是 60 页,爱尔兰、意大利、摩纳哥是 100 页。相反,比利时满足于 40 页,捷克斯洛伐克 32 页,冰岛 17 页。而英国的定义则从财源上考虑:凡价格在 6 便士以上的出版物均可称为书[7]。把书籍看成物质的东西而非文化交流的手段,这不能不说是一个遗憾。不过,正是有了这样一个蹩脚的定义,图书才能与报纸、杂志,乃至一些散页文献(传单、广告等)区别开来,便于分类管理与统计。这些规定的出现,可谓顺应了图书馆规范化管理及图书馆学专业化、科学化发展的要求与趋势。

现代图书馆学将研究重点从图书整理转向图书馆经营，这是图书馆学研究范式的第一次转变。这一转变不是急剧式的，而是渐进式的。早在 1821 年，德国图书馆学者 F. A. 艾伯特首次提出了"图书馆管理学"（Library Economy）一词。1839 年，法国学者 L. A. C. 海塞出版了《图书馆管理学》，他认为图书馆学的宗旨是解决如何最有效地管理图书馆。1859 年，英国的爱德华兹出版了《图书馆纪要》二册，其第二册即为《图书馆管理》，对 17—19 世纪以来的图书馆管理经验进行了全面总结。现代图书馆学偏重经营的内容体系，加之图书馆专门教育的出现，改变了以往知识与技能的"师徒相传"方式，这对图书馆员职业化、图书馆学专业化起到了极大促进作用，同时也扩大了以往图书馆学的研究范畴。它要求图书馆学研究不仅要关注图书整理也要关注图书馆的经营，这无疑顺应了社会发展的需求。

(3) 信息技术时代的轴心：信息（20 世纪末年至今）

从 20 世纪 60 年代起，即第二次世界大战结束后不久，世界科学技术的发展进入了一个高峰期：分工越来越细，专业越来越多；边缘学科、交叉学科、横断学科纷纷问世；文献发展呈现出数量膨胀、内容交叉、文种多样、类型复杂、分布分散、失效加快等特征。科学技术的迅猛发展，一方面使得大量科学文献涌现，给图书馆带来了巨大压力，另一方面因新技术（如计算机、先进通信技术)的广泛应用,图书馆工作方式也发生了重大改变。50 年代,情报学为克服"知识爆炸"而从图书馆学中分化突起,也给图书馆学带来极大震动。进入 80 年代以后,数字化技术、网络技术、光电通信技术不但催生出大量电子出版物,也催生出虚拟图书馆这一新的形式。图书馆学虽仍十分重视图书馆的研究,但如何采用新的信息技术改变图书馆生存状态,一时间成为人们更为关注的主题。信息技术组成了图书馆、图书馆学变革的物质基础,同时信息科学、系统科学等横断学科的思想也形成了推动图书馆、图书馆学变革的理论基础。图书馆学研究轴心从过去的"图书馆"开始向"信息"发生转移,研究内容的重点也从图书馆经营管理转向信息技术。

在信息技术时代,图书馆学的基本概念发生了与以往不同的变化,一些新的词汇开始出现并进入基本概念群,如信息、情报、数据、知识、文献信息、联机检索、终端用户、图书馆网络、资源共享等等。有些概念在某一年代里甚至成为图书馆学研究者十分热衷谈论的词汇。例如"网络"一词,它在 16 世纪已进入了英语词汇之中。17 世纪中它还用以表示"结构",当时也只用于植物与动物。19 世纪(如 1839 年)才用来表示运河、河流这样有分支系统的联合事物。然而到了 20 世纪 70 年代,"网络"已变成欧美图书馆学中的一个时髦名词而出现在大量论著之中。它在图书馆学著述上下文里,或表示图书情报协作组织,或表示文献情报交流系统,或表示计算机联机检索[8]。80 年代以来,信息、情报、知识、文献等是图书馆学者们使用频率较多的词汇。在图书馆学基本概念群中,"信息"因其内涵的重要意义越来越显著,进而逐步成为核心概念。而且"信息"一词也曾衍生出文献信息、信息资源、信息交流、信息检索、信息服务、信息管理等广为研究者们使用的主题词。它一度成为统摄图书馆学概念体系的轴心。而图书馆学中曾经十分重要的概念"图书",此时也被"文献"一词取代。现在它只表示书籍的含义,文献则成了囊括印刷书籍、声像资料、电子出版物的十分宽泛的概念,并且得到图书馆学共同体的一致认可。

当代图书馆学研究重点向"信息技术"发生转移的一个重要事实,是图书馆学专业课程中技术的成分越来越大。如美国许多大学图书馆学专业的课程,在 20 世纪 80 年代已经加进了计算机运用、图书馆自动化、联机数据库、电教中心管理等诸多与信息技术相关的课程,形成了所谓"3C+1"(即收集、编目、传播之上再加计算机,计算机是为前三者服务的手段)的格局。为了克服学科发展危机,许多大学的图书馆学学院还改名为图书馆学与信息学院(School of Library Information Science,80 年代我国多译之为图书馆学情报学院)。进入 20 世纪 90 年代,美国大学的图书馆学与信息学院开设的技术课程几近所有专业课程的 1/3,如信息技术导论、数据库管理、系统设计与评估、在线数据库搜索与服务、数据通信与网络、多媒体设计与制作、数字图书馆、人机交互等。除此之外，美国图书馆学研究力量向信息技术倾斜，图书馆业务专设技术部门，图书馆人员招聘也热衷于吸收信息技术人才。这种倚重技术的图书馆学发展趋势，在20世纪90年代以后的中国也蔚然成风。如目前我国图书馆学专业课程中，信息技术的比重已经达到所有课程1/3以上的水平；专业研究刊物上，有关技术的文章也占据了大量篇幅，甚至某些刊物还专门侧重发表技术文章；各类型的图书馆几乎都设置了技术部门，并且技术部门已经被人誉为"图书馆的心脏"。

技术的发展不仅提高了图书馆工作的质量和水平，也使图书馆服务的深度、广度得以拓展。同时，拥有技术含量的图书馆学专业也培养出了适合宽口径就业的人才队伍，图书馆某些传统意识得到了改造，如资源共享观念、系统化思维、情报视角、市场意识等。但是也有人指出技术狂热会给充满人文底蕴的图书馆学乃至图书馆事业带来毁灭。因为图书馆本质上是一个人文主义的事业，它不仅是孵化学者的巢穴，更是全体公民的精神家园。

图书馆学在图书整理时代、图书馆经营时代与信息技术时代，其研究轴心与研究内容重点都有不同，这说明图书馆学在自身学科史的不同阶段中，学科的主题有着区别。新时代的社会需求总会在科学理论和思想之中反映出来并留下深深的印迹。

那么未来时代图书馆学的研究轴心与研究内容重点将会是什么呢？未来社会是知识社会，我在 2001 年提到，在知识社会中，与知识关联的命题将成为图书馆学关心的主题。"知识"将成为图书馆学基本概念群中的核心概念，成为图书馆学新的研究轴心[9]。

4.3　不同国家图书馆学的特点

（1）德国图书馆学的科学辅助学旨趣

德国图书馆学十分强调图书馆学的学术性。德国学者施雷廷格虽然最早使用了"图书馆学"（Bibliothek-wissenschaft）这一词汇，但在 19 世纪末，德国学术界曾尽量避免使用这一词汇，而更多地使用"图书馆事业"（Bibliothekswesen）以及"图书馆管理学"（Bibliothekslehre）。因为 wissenschaft 同于 science，有科学、科学研究之义，当时德国人对"科学"存有一种仅限于纯粹科学的强烈观念，他们对于图书馆学是否属于科学范畴心怀疑虑。因此，格丁根大学图书馆讲座是以"图书馆辅助学"（Bibliothek-shilfswissenschaften）名义设立的[10]。普鲁士文化部授予齐亚茨科的是"图书馆辅助学"教授职称，而不是直截了当地称"图书馆学"教授[11]。所谓的"**图书馆辅助学**"，实际上是被当做从事其他人文、社会科学研究的辅助学问来对待的。20 世纪之后，当德国人渐渐将有系统的知识体系大都称为科学时,"图书馆学"(Bibliothekswissenschaft)一词才流行开来。它是在 Bibliothek 与 wissenschaft 之间用一个"s"连接起来所构成的词汇,施雷廷格的"Bibliothek-wissenschaft"反而使用得较少。

德国图书馆学以学术图书馆为经验基础,如格丁根大学图书馆是 19 世纪世界上最为先进的学术图书馆,它藏书丰富(1900年达 53 万册),不仅业务井井有条,字顺、分类、主题目录齐备,而且开放时间每天 10 小时,学生教师可自由借阅馆藏书籍。凡到过格丁根大学图书馆的学者无不交口称赞。早在 1801 年,歌德参观完该馆曾留下这样的话:"我们仿佛站在巨大的资本面前,它静悄悄地把数不胜数的利钱捐赠给我们。"[1]142—144 学术图书馆是科学研究的基础设施、辅助工具。建立在学术图书馆实践之上的图书馆学,必然具有科学研究辅助学的特点。此外,德国著名的图书馆学家,往往本身就是大学者。如 1854 年至 1865 年任波恩大学图书馆馆长的里奇尔(Friedrich Wilhelm Ritschl,1806—1876),他是一个古代语言学家,人们通过他对古希腊亚历山大图书馆的研究,才开始了解到这一古代图书馆的光辉范例。格丁根大学图书馆馆长齐亚茨科则是里奇尔的学生,他后来成为著名的图书馆学家,所修订的编目条例和编辑的《图书馆工作者论丛》在德国影响甚巨。

德国图书馆学早期主要以目录学与图书史为中心,有偏向纯研究和纯学术的特点。例如 20 世纪 50 年代以后的卡尔施泰特的"图书馆社会学"（Soziologie der Bibliothek），其理论色彩十分浓厚。**彼得·卡尔施泰特**（Peter Karstedt，1909—1988）早年在大学中攻读法学和国家学，1932 年以论文《现行刑法及其修正中的渎职罪概念》在莱布尼茨大学获博士学位。1933 年 10 月他通过了德国图书馆员资格考试，后供职于卢伯克市立图书馆，前后长达 26 年，"二战"以后出任该馆馆长。卡尔施泰特在 1954 年出版了《图书馆社会学之研究》一书，引起学术界极大重视，该书很快销售一空。卡氏在书中将自己的理论命名为"图书馆社会学"，他从"历史社会学""体系社会学"和"知识社会学"三个方面进行具体阐述。"历史社会学"研究图书馆发生、发展的社会原因，"体系社会学"研究图书馆对其所归属的社会形象所发挥的功能和作用，"知识社会学"则研究知识与图书馆所属社会形象之间的相互关系。如卡氏的历史社会学认为，图书馆发生和发展的社会学原因在于"社会形象"（创建图书馆者）是否永久。家族、君主的私人图书馆与建立者本人紧密相连，这些图书馆往往随着所有者的死亡而逐渐消失，而只有那些由抽象社会形象建立起来的图书馆，才具有生命上的连续性。即社会形象越抽象，图书馆的生命力就越强，其公开性也越大（利用公开、所有权属公共、经费来源于全社会）[12]。卡氏的思想，理论色彩十分浓厚，这对于图书馆学在德国成为一门独立发展的科学具有积极推动作用。他的著作在英语世界也有广泛的影响。

(2) 英国图书馆学的管理学派特征

与德国不同的是,英国图书馆学主要是以公共图书馆为实践基础逐步生长出来的,它更重视图书馆管理方法的完善与应用。前面已说过,公共图书馆是从英国率先发展起来的。尤其是英国议会在 1850 年通过了世界上最早的国家法案《**公共图书馆法**》(*The Public Libraries Act*)之后,英国的公共图书馆事业获得了迅速发展(到 1900 年已有公共图书馆 360 所)。

英国图书馆学的代表人物大多是公共图书馆的馆长,他们的思想对英国图书馆学的发展起到了重要推动作用。如不列颠博物院图书馆(不列颠图书馆的前身)馆长**帕尼齐**(Anthony Panizzi, 1797—1879),他设计出的可容书 6 万册的圆形阅览大厅、编著的文献编目条例《91 条著录规则》(1841),在世界上享有盛誉。帕尼齐关于图书馆应向任何人开放的思想、实现呈缴

英国图书馆学家帕尼齐

本制度以及图书馆人文管理的一套方法都为其后英国图书馆学界所珍视与继承,也因此人们将帕尼齐誉为"图书馆员的拿破仑"。

与帕尼齐齐名的另一位英国图书馆学家**爱德华兹**(Edward Edwards,1812—1886),出身低微,是靠自学而成才。自学场所就是不列颠博物院图书馆,后来一度在不列颠博物院图书馆工作,与帕尼齐是同事。他对 1850 年英国颁布的"图书馆法"贡献良多。1851 年,爱德华兹成了依据图书馆法而建立的第一所市图书馆——曼彻斯特市图书馆的馆长,期间他写成了他的代表作《图书馆纪要》(*Memoirs of Libraries*,1859),该书分上下两册,上册为《图书馆史》,下册为《图书馆经营》。书中阐述了爱德华兹公共图书馆理论的两个原则(图书馆不应受政党影响,图书馆是公益事业)以及图书馆采购、藏书、寄赠、分类、索引、管理制度等诸多内容广泛的专题知识。爱德华兹后被誉为英国图书馆学和公共图书馆运动的先驱。原不列颠博物院院长邦德(1815—1898)说:"他的伟大才能和工作能力是显著的","在公共图书馆管理方面,我不知道其他具有如此广泛见解的人"[13]。

英国图书馆学的发展往往与那些著名的图书馆馆长有密切关联,他们就像一块块可数的里程碑,如帕尼齐、爱德华兹、布朗、萨维奇、塞耶斯等人,这些馆长们的先进思想是根据图书馆的发展实际而提出来的,他们的著作弱于理论分析而长于管理实务。布朗(James Duff Brown,1862—1914)的《图书馆管理手册》(1903)曾作为基础教材在英国广泛流行,先后数次重印。萨维奇(Ernest Albert Savage,1877—1966)这位爱丁堡市图书馆馆长最有名的论著是《综合性图书馆中的专业图书馆工作及其他论文》(1939),该文集是二次大战以前英国最有创见、对实践促进作用最大的图书馆学文献,它批评了英国公共图书馆传统的组织模式和结构,提出应采用专业分部(室)阅览制。而塞耶斯(W. C. Berwick Sayers,1881—1960)在担任克罗伊登图书馆馆长期间写的《儿童图书馆》(1912),则被视为英国该主题第一本著作[14]。在英国人看来,图书馆学是包括图书馆工作各个方面的一门学科,因此,图书馆学最初在英国使用的名称是"图书馆管理学"(Library Economy),而且一直使用到 20 世纪。相对而言,美国却从 19 世纪中叶开始流行"图书馆学"(Library Science)[15]。

(3) 美国图书馆学的实用主义倾向

美国图书馆学主要取法于德国、英国,尤其受英国的影响较大,初期也是偏重实务。如以编制出《杜威十进分类法及相关索引》(*Decimal Classification and Relative Index*,1876)而获得国际荣誉的图书馆学家**杜威**(Melvil Dewey,1851—1931),他在 1887 年开办"哥伦比亚学院图书馆管理学校"时,采取的就是实用主义态度。杜威的图书馆学思想核心就是如何提高图书馆管理的时间和成本效益。他办学的目的就是培养专业的图书馆管理人才,故其课程亦偏重于图书馆经营之实际并以实用技术为主(如图书馆经营、书籍保管、书目、分类法、目录著录、参考咨询、外语等)。杜威在其分类法第一版导言中曾经宣称:他不是追求什么理论上完整的体系,而只

美国图书馆学家杜威

是从实用的观点来设法解决一个实际问题[16]。显然,这是一种实用主义图书馆学或可称为"实用学派图书馆学"。

20世纪30年代,美国芝加哥大学图书馆学院的一些教授,受本校社会科学实证研究风气的影响,开始对实用主义的图书馆学进行改造。他们强调图书馆学的科学研究规范,坚持从各种社会科学中获取学术资源,重视图书馆与社会的互动关系,关注读者阅读现象,高扬理论图书馆学大旗,由此开创了新的图书馆学研究范式,形成了著名的**"芝加哥学派"**。"芝加哥学派"是一个前后默契的学术集体,有韦普尔斯、伯埃尔森、巴特勒和谢拉等人。巴特勒(Pierce Butler,1886—1953)在其《图书馆学导论》(*An Introduction to Library Science*,1933)序言中说:"图书

馆人明显束缚在自己朴素的实用主义的框框里。就是说,使直接的技术过程合理化,仅以此满足对知识的关心。其实,企图使这种合理化普及以形成专业的理论的尝试本身大概是结不出果实来的,我想甚至是危险的。"[17]该书共有 5 章,分别探讨了图书馆学科学化、知识的社会化、知识吸收的心理、知识的历史变迁等重要命题,从科学学、社会学、教育学、心理学、历史学等诸多角度论及图书馆活动的各主要领域。巴特勒的学生谢拉(Jesse Hank Shera,1903—1982)在晚年写就《图书馆学引论》(*Introduction to Library Science*,1976),对图书馆发展史、图书馆与社会、读者与图书、图书馆自动化、图书馆学新方法、图书馆事业结构、教育与研究、图书馆与情报服务等专题分别进行了系统的阐述。他还提出了"**社会认识论**"(Social epistemology),关注知识的交流和消耗、知识与社会的互动、知识中介(图书馆)作用的发挥等。

然而,70 年代以后,信息科学与计算机技术的飞快发展,使得美国的实用主义图书馆学重又抬头。80 年代美国许多图书馆增设技术岗位,并将计算机的开发运用视为核心业务;大学图书馆学学院也纷纷改名为图书馆学与信息学院,大量增设计算机技术课程。90 年代因互联网的出现,图书馆界、图书馆学教育界又掀起数字图书馆研制的热潮。这些变迁促使图书馆学研究又绕回到实用主义的老路上,以技术应用为主的图书馆学研究成为新的主流。当然也有人指出图书馆学在实用研究与理论研究中应保持必要的张力。如美国巴克兰德（M. K. Buckland）教授说："为了发展理论，我们有必要超越技术层次，真正理解到，一个社会在取得文本记载知识的过程中，并非只有印刷技术在起作用。主题索引法的原理就先于计算机的发明和使用。""技术发展使原先只在理论上行得通的事物变为在实际中切实可行。而正确的理论允许我们能更有效地使用技术。另一方面，在应用技术时所产生的问题能激发我们深思，促进理论发展。"[18]

进入 21 世纪，美国的实用主义图书馆学又有了突变性的发展。为了追赶信息技术飞快发展的步伐，以及应对信息社会效应的不断扩张，2003 年一些著名的图书馆学情报学院发起了"**信息学院运动**"（Information Schools Movement，简称 iSchool 运动），它们将"Library and Information School"更名为"School of Information"或"College of Information"。"Library"一词正式离开了这些学院的名称之中。新的信息学院致力于以信息、技术和人的关系为中心的研究与实践，注重与信息有关的跨学科整合发展。但这种去图书馆学的专业发展趋势却让图书馆界感到它们与图书馆实践（职业）的关系更日趋淡化。

（4）俄罗斯图书馆学关注阅读的传统

俄罗斯图书馆学有着注重读者阅读的优良传统。1885 年，彼得堡大学的一个小组就提出过一项研究农民阅读的纲要。
1887年,普鲁加文(А. С. Пругавин)发表了《关于"民众阅读什
么"的调查资料提纲》,尔后**鲁巴金**(Н. А. Рубакин,1862—1946)
的《俄国读者公众初探:事实,数字,观察》(Этюды о русской
читающей публике:Факты,цифры,наблюдениа,1895)、《书林概
述》(Среди книг,1911—1915)更是社会各阶层阅读问题研究的
集大成之作。尤其是后
者,对约两万册的各学
科俄文书籍做了系统的
概述,许多条目出于专
家之手,如列宁就曾为
《书林概述》写过条目;
所以该书在俄国有广泛
的影响。鲁巴金早年生
活在一个藏书丰富的商
人家庭。从彼得堡大学
毕业后,他受"民粹主
义"思想洗礼,认识到通
过图书才能启发民智,

俄国图书馆学家、目录学家、作家鲁
巴金

于是将自己的13万册家庭藏书向市民开放,并建立了彼得堡乃
至俄国最著名的私人图书馆——**鲁巴金文库**。鲁巴金对图书

学、目录学深有研究。他首创了图书心理学,力求详细研究读者心理、读者阅读、作家与读者关系、图书对人的影响等,他还强调研究方法的重要性[19]。鲁巴金曾称:"我们俄国对读者的实验性研究,要比其他国家早得多。"[20]

如果说鲁巴金代表了一个时代的话,那么另一个代表时代的人物就是列宁。十月革命以后的苏联时期,**列宁**(В. И. Ленин,1870—1924)比世界上其他任何一个伟大思想家、政治家都更加关注图书馆事业。现保留下来的列宁的论文、演讲稿、书信、各类文件稿、手令等,至少有200余件都涉及图书馆问题,表现出了列宁的图书馆思想。列宁就民众识字、阅读和印刷品传播问题做出了许多指示之后,读者的阅读研究成了全国性的重要工作,大规模的读者阅读研究活动纷纷开展。如20世纪20年代各大图书馆对读者兴趣、选书动机、阅读目的开展的大规模调查分析;50年代克鲁普斯卡娅文化学院对列宁格勒市基本读者群需求的集中研究;60年代列宁图书馆开展的"中小城市生活中的图书与阅读"研究(1969—1972)和"苏联农村生活中的图书与阅读"研究(1972—1977)等等。苏联图书馆学家 H. C. 卡尔塔绍夫在1984年说过:"对阅读与读者兴趣进行研究一直是我国图书馆学研究的一个传统。目前,这方面的研究工作在国立列宁图书馆和各加盟共和国国家图书馆已经制度化。"[21]这一学术传统的发扬及制度化的结果,一是促进了苏联图书馆事业在发展中形成自己的特色,如读者工作(包括宣传图书、指导阅读)水平极高,以至于边远地区的牧民也能通过汽车图书馆得到他们所需要的书籍;二是较早开发出读者心理学、阅读心理学、读者工作等图书馆分支学科。

20世纪90年代苏联解体后,由于主流意识形态的瓦解,俄罗斯图书馆学的指导思想一度出现了"真空",一些专业杂志纷纷改名,如《苏联图书馆学》《苏联图书馆员》《苏联科技图书馆》等先后取掉了"苏联"一词,同时各种新名词、新术语也登台亮相,如"图书馆事业哲学""图书馆学范式""图书馆意识形态""图书馆社会使命""图书馆记忆功能""图书馆营销"等。功能学派、营销学派、情报学派以及过程学派的思想观点逐步在争鸣中显现出来。俄罗斯图书馆学研究呈现出多元化、多样化发展的趋势。但是,俄罗斯民族有着优良的阅读传统,过去每个家庭平均藏书近300册(1.4亿人口就有私人藏书200亿册)。他们也曾被认为是世界上最爱读书的民族。尽管近些年阅读人口有所下降,但悠久的阅读传统不会被他们轻易放弃。传统学术资源不会遭到忽视,重视读者阅读研究的图书馆学传统在新的历史发展形态下,也会得到更好的继承与发扬。

(5) 日本图书馆学的情报学派走向

日本的图书馆学研究在"二战"以前仅仅是欧美图书馆学

（重管理，轻理论）的一个翻版。"二战"时期，日本各地的"中央图书馆"的藏书有 59％毁于战火，市立图书馆的藏书有 80％毁于战火，当时图书馆事业的发展水平仅相当于欧美发达国家几十分之一的程度[22]。战后，美国教育代表团向日本提出教育改革及民主化建议。1951 年庆应义塾大学在文学系设立了日本第一个大学图书馆学专业。专业课采用了美式的面向公共图书馆实践的课程体系，并由美国教师授课。20 世纪 60 年代末，随着情报学的出现，日本的图书馆学教育及时地调整课程体系，以期快速地跟上美国图书馆情报学的发展步伐。1967 年 4 月，庆应义塾大学图书馆学专业改称图书馆情报学专业，并在研究生课程中加入了情报学研究课题。1977 年，大学标准协会将 1954 年制定的《图书馆学教育标准》修订为《图书馆情报学教育标准》，要求"图书馆学"与"情报学"消弭界限，融为一体，成为"图书馆情报学"，以适应社会发展的需要。

在图书馆学研究方面，椎名六郎的《新图书馆学概论》（1981 年第 9 版）和加藤一英的《图书馆学序说》（1982）也开始从情报交流的角度来阐述图书馆现象，如椎名六郎认为图书馆是情报交流的媒介，图书馆学与情报学均是以人类社会情报传播为研究对象的学科，是建立在所谓情报传递基础上的系统[23]。加藤一英则从科学本质、科学交流和系统的三个方面对图书馆事业进行了分析。而津田良成在 20 世纪 80 年代初编的图书馆学教科书,就直接命名为《**图书馆情报学概论**》。全书共分8章：① 图书馆情报学定义；② 情报交流；③ 情报的需求与使用；④ 情报载体；⑤ 情报的存贮与检索；⑥ 情报管理组织的管理与经营；⑦ 图书馆服务工作原理；⑧ 研究入门[24]。至此,日本图书馆学形成了"情报学派图书馆学"的基本特色。

进入20世纪90年代以后,日本的"情报学派图书馆

日本图书馆学家椎名六郎（1896—1976）

学"受信息技术的影响得到了更快的发展。1996年底,日本学术审议会经过讨论,决定在"特定研究领域推进分科会"中设置"情报学部会",推进情报学(信息学)及其相关政策的研究。1998年,京都大学大学院成立了情报学研究科,增设智能情报学、社会情报学、复杂系科学、数理工学、系统科学6个专业,强调从心理学、认知科学的角度探讨人类个体信息处理结构,强调从社会和经济的角度探索人类集体活动中的信息处理结构。2000年4月,该研究科又更名为"国立情报学研究所"。2005年日本两大

图书中盘商之一的东贩推出的该年度十大畅销书排行榜,《个人情报保护》一书名列第五[25]。2006年6月日本科技振兴机构拟投资3亿日元(约合2000万元人民币)成立一个中国情报中心,专门搜集中国的科技资讯,以供研究机构使用。这些迹象表明,情报学(信息学)的研究在日本图书馆学乃至社会科学界已被视为21世纪的重点研究学科,情报(信息)实践也是广被社会重视的一种不可忽视的社会活动。

(6) 印度图书馆学的人文主义色彩

印度一位图书馆学研究者曾说:"印度《奥义书》中把人称为'思想的机器'。用于擦洗这部机器(即思想)并使其始终保持闪闪发光的工具就是图书。"[26]在古代印度,书籍主要收藏在寺庙与宫廷之中,加之学术界有口述传统,这就降低了民众对文字的依赖性。从19世纪西学传入后,印度才开始有了公共图书馆。尤其是1947年印度独立后,各邦州纷纷建立起自己的公共图书馆,并制定了免费开放政策。

印度虽然是一个发展中国家,但对图书馆学的贡献是举世公认的。而这个贡献与著名的图书馆学家阮冈纳赞的努力密不可分。**阮冈纳赞**(S. R. Ranganathan,1892—1972)在大学时攻读数学,于1917年获得数学博士学位,1924年任马德拉斯大学图书馆首任馆长。他曾经赴英国学习过图书馆学,师从图书馆学专家贝里克·塞耶斯,回国后倾其毕生精力从事图书馆工作。阮冈纳赞一生撰写论文1500余篇,出版专著62部。阮冈纳赞在其1931年出版的《图书馆学五定律》(*The Five Laws of Library Science*)中提出了**"图书馆学五定律"**:①"书是为了用的"(Books are for use),这一

印度图书馆学家阮冈纳赞

观念宣布了现代图书馆是开放的,它与古代图书馆重藏轻用不同;②"每个读者有其书"(Books are for all),表明书不是少数人的专利,图书馆应为所有人服务,而不论其地位、性别、民族、肤色等因素的差异;③"每本书有其读者"(Every book its reader),说明图书馆的采访、编目、排架、参考、推广等一切业务工作不是为了图书馆本身,而是为了读者;④"节省读者的时间"(Save the time of reader),要求图书馆工作要讲究效率以及采用更加合理的工作程序;⑤"图书馆是一个生长着的有机体"(A library is a growing organization),即指明图书馆是一个活的系统、组织,与

之相关的图书、读者、工作人员、管理方法等都在不断发展[27]。

阮氏的"图书馆学五定律"强调的是人（即读者），深刻揭示了图书馆工作与图书馆学的最终目标。其"读者第一"的人文思想，使得印度图书馆学拥有了浓郁的人文关怀色彩。此后，阮氏的"图书馆学五定律"在世界各国图书馆界广为流传，至今还有许多图书馆学研究者喜欢套用五定律的方式来表达自己的思想。如 1995 年，

美国图书馆学家戈尔曼

美国图书馆学家克劳弗德（Walt Crawford）与戈尔曼（Michael Gorman）在其《未来的图书馆：梦想、狂热和现实》一书中提出了"图书馆学新五律"：① 图书馆致力于人格养成（Libraries serve humanity）；② 重视各种知识传播方式（Respect all forms by which knowledge is communicated）；③ 明智地利用科技手段提高服务品质（Use technology intelligently to enhance service）；④ 确保知识的自由存取（Protect free access to knowledge）；⑤ 尊重过去，开创未来（Honor the past and create the future）[28]。

(7) 中国图书馆学的兼收并蓄风格

中国图书馆学是受西方影响建立起来的。19 世纪末至 20 世纪初年是**西方图书馆学的"信息"输入期**。首先,国人了解西式图书馆主要通过以下几个渠道:① 西方传教士来华介绍或创办图书馆,如英人马礼逊(Robert Morrison)在其《外国史略》一书中介绍葡、荷、法诸国的图书馆;清道光二十七年(1847)耶稣会传教士在上海徐家汇设立天主教藏书楼。② 国内有识之士编译西书时介绍图书馆,如魏源的《海国图志》中系统介绍了西方图书馆。③ 清廷使臣在西方实地考察图书馆,如同治五年(1866)斌春等游历欧洲时参观图书馆[29],其后志刚、郭嵩焘等数批使臣到欧洲后都去图书馆参观过。其次,国人了解西方图书馆学,则主要通过一些译介书刊,如光绪三十五年(1909)孙毓修从《教育杂志》1 卷 11 期开始连载《图书馆》一文,谢荫昌翻译的日人户野周二郎的《图书馆教育》(奉天图书馆发行所,1910),顾实编写的《图书馆指南》(上海医学书局,1918)等。有的内容直接译自日人书刊,有的则取日本、欧美之成法而编撰。其中顾实在《图书馆指南》中屡次提及"图书馆学",称图书馆学是图书馆经营的学问,是"养成关于图书馆之专门的知识"[30]。

西方图书馆学的"知识"输入期是从 20 世纪 20 年代开始的,这也是中国图书馆学的建立时期。其主要标志有三:① 1920

年,美国人韦棣华女士仿照美国图书馆学教育模式在武昌文华大学创办了中国第一所独立的图书馆学教育机构——文华图书科(Boone Library School)。从此中国有了专门的图书馆学教育学校。② 1921 年前后,沈祖荣、胡庆生、戴志骞、徐燮元、杜定友、洪有丰等一批接受美国图书馆学教育的留学生毕业后纷纷回国,在国内学术界兴起图书馆学宣传、教育、研究活动。③ 1923 年,杨昭悊的《图书馆学》一书由商务印书馆分上、下册正式出版。该书是中国第一部以"图书馆学"为书名的著作,内容虽多取日、美两国之成法糅合贯通而成,然而却努力使理论与实用相结合,中国与外国相结合,供馆员参考与供一般民众了解图书馆学相结合,用科学方法阐述了图书馆的定义、范围以及研究方法等,实开中国图书馆学通论之先河。

西方图书馆学传入中国之后,中国图书馆学家面临的首要问题就是如何用西方的公共图书馆制度改造中国的藏书楼体制,如何将西方图书馆学这种"新知"与中国传统的校雠学这种"旧学"实现"对接"。例如中国古代藏书楼对书籍的分类,使用的是"经史子集"四部分类法,而美国图书馆则大多使用按科学知识门类体系分类的杜威十进分类法,中国的新式图书馆到底应该用哪一种分类法,或者怎样进行切合实际的改良? 面对这样的问题,梁启超先生提出了一个解决良方。民国十四年(1925)6 月 2 日,梁启超在中华图书馆协会成立仪式上发表演

讲,专门提出了"**建设中国的图书馆学**"的命题。他指出:

① 读者和读物是图书馆的两个要素,美国民众识字率高,各类读物普及,这是美国兴办群众图书馆的有利条件;中国民众识字率低,各类读物不普及,而对图书馆有迫切需要的为学生、教授与研究者,因此中国当务之急不是兴办群众图书馆而是学术图书馆,待条件成熟方可力办群众图书馆。

② 学问无国界,中国诚不能有所立异。但中国的书籍历史悠久,有区别于西方书籍的特点,所以整理中国的书籍要研究现代图书馆学的原则,也要掌握我国校雠学(广义目录学)的知识,且能神明变化之,如此方庶几有功。

③ 不能简单地把外国分类法搬来类分中国的书籍,用四部分类法分现代书籍固然穷屈不适用,但用杜威十进分类法分中国书籍,其穷屈比四部更甚。故要综合中外古今分类法探索出一部科学的实用于中国图书的新分类法。

④ 中国古代编目中的优良传统要继承下来,如章学诚倡导的"互注""别裁"的方法,就可以施用于新的书目编制中去。

⑤ 中国古代有编纂大型类书的文化传统及好的经验,新式图书馆要加以发扬,利用自身文献资源优势编纂大型类书,以解决读者查考资料的需求。

⑥ 图书馆管理人才的养成,不能光靠一所图书馆学校,要在大图书馆里设立学校,一面学理论一面从事实习。

⑦ 在经费奇缺的情况下，各地应该集中资金办好一两所面向民众开放的模范图书馆，尽量不要多设"阅书报社式"的群众图书馆。这样会积蓄人才、经验，以助未来图书馆事业的分支发展[31]。

中国的图书馆学基本上是按照梁启超的思路去发展的。例如中国图书馆分类法的发展，就走过了一条从"仿杜"（仿照杜威十进分类法等西法来编制新法，如 1917 年沈祖荣、胡庆生编的《仿杜威书目十类法》），到"改杜"（改造杜威十进分类法等西法来编制新法，如 1925 年杜定友编的《世界图书分类法》），再到"自创"（结合中外分类法原理、经验来自编新法，如 1953 年《中国人民大学图书馆图书分类法》、1958 年的《中国科学院图书馆图书分类法》和 1975 年的《中国图书馆图书分类法》）的路径。这一路径体现了中国图书馆学引进和继承并重、融合与创新共存的发展特色[32]。再比如，美国的图书馆学在应用与理论之间有很大的排斥张力，但中国的图书馆学家受传统文化中整体化思维方式的影响，在图书馆学建立之初就力图弥合这种冲突，如杜定友先生在《图书馆通论》（1925）一书中吸收了国内外图书馆学的合理观点，明确提出"理论"与"实用"是一个整体的两个层面，只有二者合成，才能成为"图书馆学之专门学识"[33]。他指出："凡是成为专门的学科，至少要有两个根本的条件：第一是原理，第二是应用；而应用是根据于原理而来的。"[34]尽管后半个世纪以来，中国图书馆学界关于理论与应用（实践）的纷争很多，但这种纷争毕竟是希冀解决二者如何更好结合的问题，而不是要不要理论的问题。

《中国图书馆分类法》(第四版)

按照史学家许倬云先生的说法，西学导入中国并在中国落户大致有三种模式：生成而不同新学科的"接轨"型、直接借用而产生出新学科的"移植"型、完全替代中国已有类似学术的"取代"型。如西方考古学（重田野挖掘）传入中国时，中国已有金石学（对古董的研究、欣赏），李济等老一辈专家，受过西方人类学、考古学训练，又继承了金石学的传统，终于在河南殷墟的考古发掘中获得巨大成就，建立了中国考古学。这是"接轨"型学科产生的范例。再如地质学，中国的舆地之学属于人文地理范畴，严格地说没有偏重于找矿的地质学，因而在李四光、丁文江、翁文灏等专家引进西方地质学之后，中国才有了真正的地质学。这就属于典型的"移植"型。而西医传入中国后大行其道，把中医排斥到边缘地位，这就是最好的"取代"型学科建立的例子。当然也有某种学科的形成属于混合型的，如数学在中国的生根开花就与中国原有算学有

关。算学的目的是功利的(满足天文历算需要)、方法是机械化
的(强调快速运算),而数学的目的是纯粹科学的(追求事物本质
联系)、方法是公理化的(强调逻辑演绎),二者相互碰撞后,算学
放弃了自己的算术符号,吸收了数学的符号与理念,马上形成了
中国的数学。这是"移植""接轨"结合型的范例[35]。中国图书馆
学的建立,显然属于这种"移植""接轨"结合型的模式。尽管"移
植"的成分大于"接轨"的成分,但它仍是"一方参酌欧美之成规,
一方稽考我先民对于斯学之贡献"而形成的"合于中国国情之图
书馆学"[36]。

参考文献

[1] 杨威理.西方图书馆史[M].北京:商务印书馆,1988.

[2] 〔英〕卡尔·波普尔.通过知识获得解放[M].范景中,李本正,译.杭州:中
国美术学院出版社,1996:145—159.

[3] 出自《文选》卷三十八任彦升"为范始兴作求立太宰碑表"李善注,见:〔梁〕
萧统.六臣注文选[M].影印宋本.北京:中华书局,1987:720.

[4] 〔埃及〕穆斯塔法·阿巴迪.亚历山大图书馆的兴衰[M].臧惠娟,译.北
京:中国对外翻译出版公司,1996:69.

[5] 章学诚.校雠通义[M].王重民,通解.上海:上海古籍出版社,1987:38.

[6] 孔庆茂.钱钟书传[M].南京:江苏文艺出版社,1992:76—78.

[7] 〔法〕罗贝尔·埃斯卡皮.文学社会学[M].于沛,等译.杭州:浙江人民出
版社,1987:5.

[8] 〔美〕杰西·H.谢拉.图书馆学引论[M].张沙丽,译.兰州:兰州大学出版社,1986:271—279.

[9] 王子舟.图书馆学的基本概念与核心概念[J].中国图书馆学报,2001(3):7—11.

[10] 中国图书馆学会出版委员会.图书馆学[M].台北:台湾学生书局,1982:56—57,70—71.

[11] 杨子竞.近代德国的图书馆与图书馆学[J].国外图书情报工作,1990(3):16—19.

[12] 李广建.卡尔施泰特和他的图书馆学思想[J].湖北高校图书馆,1987(1):66—69.

[13] 爱德华及其《图书馆纪要》[M]//袁咏秋,李家乔.外国图书馆学名著选读.北京:北京大学出版社,1988:315—321.

[14] 孙光成.世界图书馆与情报服务百科全书[M].成都:四川民族出版社,1991:484.

[15] 《不列颠大百科全书》(1974年15版)中的"图书馆学"条目。见:袁咏秋,李家乔.外国图书馆学名著选读[M].北京:北京大学出版社,1988:34—35.

[16] 杜威及其《十进制图书分类法》[M]//袁咏秋,李家乔.外国图书馆学名著选读.北京:北京大学出版社,1988:326—332.

[17] 巴特勒及其图书馆学思想[M]//袁咏秋,李家乔.外国图书馆学名著选读.北京:北京大学出版社,1988:345—351.

[18] 〔美〕巴克兰德 M K.图书馆信息科学的理论与实践[M].严吉森,译.上海:复旦大学出版社,1994:25—26.

[19] 〔苏〕萨哈罗夫 В Ф,等.图书馆读者工作[M].赵世良,译.沈阳:辽宁人民出版社,1988:120,160.

[20] Чубарьян О С. Общее библиотековедение [М]. Москва: Издательство 《Книга》,1976:19—20.

[21] 〔苏〕卡尔塔绍夫 Н С.苏联国家图书馆在促进读书活动中的作用[M]//国际图书馆协会联合会第 48 届至 50 届大会论文选译.北京:书目文献出版社,1987:362—367.

[22] 李国新.日本图书馆法律体系研究[M].北京:北京图书馆出版社,2000:8,45.

[23] 〔日〕石塚正成.图书馆通论[M].抚顺市图书馆学会编译组,译.沈阳:辽宁省图书馆学会,1984:[序言]18.

[24] 〔日〕津田良成.图书馆情报学概论[M].楚日辉,等译.北京:科学技术文献出版社,1986.

[25] 戴铮.2005 年日本十大畅销书[N].中华读书报,2005-12-21(04).

[26] 〔印度〕科·斯·迪斯潘德.图书馆教育的结构:几个值得一试的想法[M]//图书馆与情报科学纵横谈.戈松雪,编译.北京:书目文献出版社,1987:91—100.

[27] 〔印度〕阮冈纳赞.图书馆学五定律[M].夏云,等译.北京:书目文献出版社,1988.

[28] Crawford W,Gorman M. Future libraries:dreams,madness and reality [M]. Chicago:American Library Association,1995:7—8.

[29] [清]张德彝.航海述奇[M]//走向世界丛书(第一辑).长沙:岳麓书社,1985:506.

[30] 顾实.图书馆指南[M].上海:医学书局,1918(民国七年):22.

[31] 梁启超.中华图书馆协会成立会演说辞[J].中华图书馆协会会报,1925(民国十四年),1(1):11—15.

[32] 俞君立.中国文献分类法百年发展与展望[M].武汉:武汉大学出版社,2002:前言.

[33] 杜定友.图书馆通论[M].上海:商务印书馆,1925(民国十四年):42—44.

[34] 杜定友.图书馆学的内容和方法[J].教育杂志,1926(民国十五年)(9):1—15.

[35] 许倬云.中国现代学术科目的发展[M]//问题与方法:南京大学人文社会科学高级研究院年刊(2006年).南京:南京大学出版社,2006:343—349.

[36] 中华图书馆协会.办刊宗旨[J].图书馆学季刊,1926(民国十五年),1(1).

图书馆学大家及其贡献有哪些

图书馆的中心问题，是要懂得书。图书馆学中的检字方法、分类方法、管理方法，比较起来是很容易的，一个星期学，几个星期练习，就可以毕业。但是必定要懂得书，才可以说是图书馆专家。

——胡适

　　胡适(1891—1962)，现代人文学术大家，新文化运动的领袖。在文学、哲学、史学、教育学、伦理学等诸多领域均有建树。主要著作有《中国哲学史大纲》及选编本《胡适文存》《胡适论学近著》《胡适学术文集》等。

　　古代曾经有过的事物，在今天有很多都消失了。图书馆是伴随人类文明产生、发展漫长过程中最古老的事物之一，在当今却依然延续着生命。而且，图书馆不仅是一个国家、民族特有的事物，也是跨越不同种族、地域，播布全世界的一种普遍文化现象。所以古今中外著名的图书馆学家宛如璀璨群星，仅侯汉清等人编译的《外国图书情报界人物传略》(上、下册，山西图书馆学会，1984)就收录有世界著名图书馆学家153位；台湾严文郁《美国图书馆名人传略》(文史哲出版社，1998)也列举美国图书馆界杰出领袖50名。因为此二书对世界著名图书馆学家介绍详备，加之前面在论述各国图书馆学史时已经述及一些国外重要图书馆学家，故为节省篇幅，下面仅择要介绍一些中国图书馆学家(截至现代)，他们大多已经有了历史定评。至少就贡献和影响力而言，我们是不能忘记他们的。

5.1　文献整理编纂家

从得到材料证实的角度看,中国古代最为著名的图书馆文献整理编纂家,首先当属西汉时期的**刘向、刘歆父子**。刘向(前79—前8),原名更生,字子政。他是汉帝刘氏宗亲,汉成帝时官光禄大夫(皇帝顾问、特使)。河平三年(前26),成帝诏一些专家到皇家图书馆天禄阁、石渠阁校书,刘向校经传、诸子、诗赋三类的书,步兵校尉任宏校兵书,太史令尹咸校数术书,侍医李柱国校方技书。据《汉书·艺文志》记载,校书过程中,"每一书已,向辄条其篇目,撮其指意,录而奏之"。是故刘向不仅为校书的总负责,而且还要为每种整理完的书籍写一篇叙录。这些叙录不仅厘定篇目,记述校雠,而且还介绍作者,撮评书旨等。后来刘向把这些叙录汇集一起编为《别录》。绥和元年(前8)刘向去世,终年72岁。他从54岁开始校书,前后共历18年。他去世后,朝廷又命一直辅助父亲校书的刘向之子刘歆(约前53—23)嗣其业,刘歆在《别录》的基础上编出了一部皇家图书馆藏书的分类目录《七略》(其内容与贡献前文已叙)。《别录》《七略》唐人著述犹有征引,宋后则不复见。今流传下来的《别录》也仅有数篇,如《战国策叙录》《晏子叙录》《孙卿叙录》等10篇,在清人严可均编的《全上古三代秦汉三国六朝文》中还可以看到;而《汉书·艺文

志》是参照《七略》编出来的，我们从中可以了解《七略》的大致
面貌。

　　刘向、刘歆父子20余年的校书活动及《别录》《七略》的完成，
标志着古代校雠学（治书之学）的形成，并确立了校雠活动的完
整程序。范希曾先生说："合众本以校一书，撮指意而为叙录，寻
流派而别部居，乃校雠不易之步次。自刘向迄纪昀，莫之或违。
故必尽此三事，而后校雠之业始成。"[1] "合众本以校一书"是求
文献的本原、真实，以利知识保存；"撮指意而为叙录"是揭示、报
道文献，以利知识传播；"寻流派而别部居"是确定文献的学术性
质进而给予分类，以利文献功能的发挥。中国校雠学的优良传
统得以建立，向、歆父子厥功甚伟。不过，当时有校雠学之实尚
无校雠学之名，而且刘向《别录》里提到的"**校雠**"这个概念主要
是指校订书籍，还不曾包括撰叙录、分类例。如《别录》云："雠
校，一人读书，校其上下，得误谬为校；一人持本，一人读书，若怨
家相对，故曰雠也。"[2]向、歆父子之后，中国的文献整理工作即
校雠活动与校雠学又有所发展，宋代学者郑樵就是一位集大
成者。

　　郑樵（1104—1162），字渔仲，自号溪西逸民，世称夹漈先生。
南宋兴化军莆田（今福建莆田）人。自幼博览群书，勤于学问，在
夹漈山下刻苦读书30年（父亲身后给他留下三千余卷书籍），后
又"游名山大川，搜奇访古，遇藏书家必借留，读尽乃去"[3]。所

学涉及经史、文字、天文、地理、鱼虫草木、音乐、艺术、校雠、金石等。他所著《通志》200卷、500余万字，有本纪、世家、列传、载记、四夷、世谱、年谱、二十略等，是一部综合历代史料而成的通史，后人将其与唐代杜佑的《通典》、元代马端临的《文献通考》并

校雠俑（西晋）

称"三通"，为古代重要政书。其中，总天下学术、条其纲目而编就的《二十略》被《四库全书总目》评价为《通志》全帙的菁华所在[4]。《通志·二十略》里的《校雠略》详细探讨了图书分类、编目、著录、求书等图书整理问题。如《校雠略·编次必谨类例论》主张分类有助于学术、图书的传袭，认为"学之不专者，为书之不明也。书之不明者，为类例之不分也。有专门之书则有专门之学，有专门之学则有世守之能。人守其学，学守其书，书守其类。人有存没而学不息，世有变故而书不亡"；《校雠略·编次必记亡书论》要求图书编目要记亡书，"古人编书，皆记其亡阙。""及唐人收书，只记其有，不记其无，是致后人失其名系，所以崇文四库

之书，比于隋唐亡书甚多，而古书之亡尤甚焉。""古人亡书有记，故本所记而求之。魏人求书有《阙目录》一卷，唐人求书有《搜访图书目》一卷，所以得书之多也"；《校雠略·求书之道有八论》提出的"求书八法"（即类以求、旁类以求、因地以求、因家以求、求之公、求之私、因人以求、因代以求）与郑樵的"求书遣官、校书久任"的思想，是中国古代最完备、最成体系的文献采访理论[5]。

郑樵的校雠理论包含了与"治书"有关的"求书"内容，扩大了刘向"校雠"的范围；强调剖判学术类别可以使人由委溯源，知其学术源流。由此形成了自己独特的"校雠"思想。清代学者章学诚云："自刘、班而后，艺文著录，仅知甲乙部次，用备稽检而已。郑樵氏兴，始为辨章学术，考镜源流，于是特著《校雠》之略。"[6]《校雠略》一出，专学之名乃得以成立。刘向校书是官方之举，郑樵编纂是个人行为，但郑樵的目的却是要提高古代图书馆工作的质量与学术水平，正如他在《通志·总序》中指出："册府之藏，不患无书，校雠之司，未闻其法。欲三馆无素餐之人，四库无蠹鱼之简，千章万卷，日见流通，故作《校雠略》。"[7]汉唐以来及至北宋，皇家图书馆的主要工作是校雠，图书馆中专有校书郎一职，而且职员人数颇多。因此，对于图书馆来说，校雠学的意义非同一般。

及至雕版印刷术普及，手抄书籍渐少，抄本错字的问题逐渐不再明显，校雠活动也渐渐不再成为图书馆的主要工作。宋明以来图书馆整理图书的活动又出现了一个新动向,即丛书编纂的热潮。如明代程荣汇集汉魏六朝 37 种书籍而为一编的《汉魏丛书》,清代乾隆年间内廷收录 138 种书籍而编成的《武英殿聚珍版丛书》等,可谓官私皆有要举。尤其是**《四库全书》**的编纂,不仅是我国古代图书馆发展史上的盛举,也是学术文化史上的大事。乾隆三十七年(1772)清高宗弘历为彰显自己"稽古右文"的政治态度[8]而下令征集图书,次年开设四库全书馆。组织了300 多名学者、3000 多抄写装订人员纂修抄写(仅从各省就征集了近 5000 种书),前后历 20 年。《四库全书》有 3000 多种,近 8 万

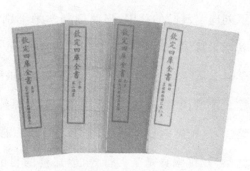

文津阁《四库全书》

卷。书成后共抄 7 套,先在京城皇宫中的文渊阁、圆明园的文源阁、沈阳的文溯阁、承德的文津阁各储一套,此四阁后被人称"内廷四阁"或"北四阁";后又在江南扬州的文汇阁、镇江的文宗阁、杭州的文澜阁各储一套,称"南三阁"。七阁都是依宁波范氏天一阁(明代私人图书馆)的样式建成的,是当时国内质量最上乘的图书馆建筑。"北四阁"藏书主要供皇室使用,"南三阁"出自江浙为人文渊薮的考虑,按照乾隆的谕令,"该省士子,有愿读中

秘书者，许其呈明，到阁抄阅"[9]，即可以公开阅览。后来文源、文汇、文宗三阁毁于战火。现存 4 部书，文渊阁本在台湾，其余 3 部分别在国家图书馆（文津阁本）、浙江省图书馆（文澜阁本）和甘肃省图书馆（文溯阁本）。《四库全书》保存文献的贡献非常巨大，仅从《永乐大典》中辑出的佚书就有 385 种。

重大的图书整理活动总会结出重要的学术果实。《四库全书》的编纂还产生了几部重要的藏书目录，如由纪昀主编的《**四库全书总目**》200 卷、《四库全书简明目录》20 卷等，这些书目继承了刘向、郑樵的校雠学思想，在目录编纂体例、文献分类、提要撰写和文献考订等方面均继承了以往的优良学术传统并有所发扬。清代嘉道年间学者周中孚《郑堂读书记》中评价《总目》云："窃谓自汉以后，簿录之书，无论官撰私著，凡卷第之繁富，门类之允当，考证之精审，议论之公平，莫有过于是编矣。"[10]《总目》可以说是中国古典书目的集大成之作，它促进了古代图书馆目录以及校雠学的发展。

由于丛书增多，晚清有些藏书目录、荐书目录在书籍分类时，于传统的经史子集四部类目之外，还特设"丛书"一类。如清代张之洞所编的《书目答问》，就在经史子集之后设了"丛书"类（包括"古今人著述合刻丛书""国朝一人著述丛书"）。用张之洞的话说，"丛书最便学者，为其一部之中可该群籍，搜残存佚，为功尤巨，欲多读古书，非买丛书不可。其中经史子集皆有，势难隶于四部,故别为类"[11]。民国时期,商务印书馆张元济印行的《四部丛刊》,是专门影印宋元旧本以及明清精刻精抄本的一套丛书,初印始于1919年,收四部书323种2100册(再版时增加12册),1934年又印成续编81种,1936年又出三编73种,各分装500册。此外张元济还影印了《百衲本二十四史》《涵芬楼秘籍》《续古逸丛书》等重要古籍丛书,使古籍善本得到传播,为学者研究提供了极大方便。不过,明清以来直到张元济的丛书编纂,其主要目的是嘉惠士林,而张元济之后的图书馆学家兼出版家的王云五先生,他的丛书编纂则是为了服务大众,普及新式图书馆。

王云五(1888—1979),字之端,号岫庐;原籍广东香山(今中山),出生于上海。因家境贫寒、体弱多病,11岁始入私塾学习。14岁在五金店当学徒,半工半读在夜校学英文。后在中国公学等校教授英文。民国十年(1921),经胡适推荐进入商务印书馆。1924年,在王云五建议下,原只为商务员工服务的商务印

图书馆学家、出版家王云五

书馆的图书馆"涵芬楼",改成供大众阅览的"东方图书馆",王云五兼任馆长并加入了中华图书馆协会。王云五在商务印书馆工作初期,编印出版了许多小丛书,大受社会欢迎。后来他想,如果能利用东方图书馆的丰富馆藏,编印出一套丛书,全国各地方、各学校、各机关,甚至于许多家庭购买一套,这不就是把整个的大规模图书馆化成无数的小图书馆吗,况且装备丛书的小图书馆,管理也容易,人们可以用极低的代价读到人人当读的书籍。于是他开始酝酿出版丛书《万有文库》[12]。1929 年《万有文库》第 1 集 1010 种、2000 册开始刊行,1934 年第 2 集 700 种、2000 册开始刊行;至日本发动侵华战争前,第 1 集售出约 8000套,第 2 集售出约 6000 套。《万有文库》的出版开创了我国图书出版平民化的新纪元,当时全国公私立图书馆有近 3000 所,其中约有 1000 所系因购置一部《万有文库》而成为一个小型图书馆[13]。

集图书馆学家与出版家于一身的王云五先生,完全是自学成才,尽管在自己身份证学历一栏里仅填"识字"二字,但他却通过自学,得通英、法、德、日几国文字。他少年时期曾受惠于英国教师布茂林的私人图书馆。18 岁时,他以分期付款的方式买下一部英文版的《大英百科全书》,后花数年将此 35 巨册的书通读了一遍。在主持东方图书馆工作期间,王云五发明了四角号码检字法、编出了《王云五人词典》等词典,创立了中外图书统一分类法。王云五编的《中外图书统一分类法》(1928)与杜定友、刘国钧、皮高品等人编的分类法广有影响，是民国期间中国图书馆界最为广泛使用的分类法之一。后来他还想编一部集我国词语之大成的《中山大字典》，但因战乱等原因，只出版了一本《一字长编》，仅"一"字就有数十万字、三四百页的解释[14]。出版《万有文库》，是借助出版来促进图书馆发展的成功创意。图书馆事业与现代出版业相扶相助、共同繁荣，这是王云五先生的一个独特贡献。

王云五先生之外，顾廷龙先生在图书馆文献整理编纂上的贡献也很大。**顾廷龙**(1904—1998)，字起潜，号匋誃，江苏苏州人。他熟通版本目录学，同时也以书法驰名。1931年毕业于上海持志大学，1932年毕业于北平燕京大学研究院国文部，获文学硕士学位。随后即受燕京大学图书馆馆长洪煨莲之聘任哈佛燕京图书馆驻北平采访处主任，从此献身图书馆事业近70年，先后担任上海私立合众图书馆总干事（主持馆务）、上海历史文献图书馆馆长、上海图书馆馆长等职。在此期间，顾廷龙也运用出版策略，整理、影印了一批宋元善本、明清孤抄等，使得孤本不孤，秘本不秘，化身千百，泽惠学人。为了反映古代丛书大貌、便于学者检索丛书，他主编了**《中国丛书综录》**(1959—1962)这部大型工具书，收录全国41家大型图书馆所藏古籍丛书2797种，分总目（后附《全国主要图书馆收藏情况表》)、子目分类目录、子目书名索引和子目著者索引三大册。该书面世后受到学术界的热烈欢迎,《人民日报》曾发文称其为检查中国古籍的"雷达"[15]。顾廷龙先生第二个重要的"雷达"是他主编的**《中国古籍善本书目》**(1986—1998),全书分经部(1册)、史部(2册)、子部(2册)、集部(3册)、丛部(1册),共收录全国 781 个图书馆或文化机构所藏古籍善本 6 万种、约

版本目录学学家、书法家顾廷龙

13 万部。《中国古籍善本书目》为近几年大型古籍整理工程的顺利开展,如《四库全书存目丛书》《续修四库全书》《四库禁毁书丛刊》《中华再造善本》等,提供了十分重要的参考依据[16]。

5.2 经营服务拓展家

中国古代图书馆管理有方,积累了许多好经验。如隋朝皇家图书馆东都洛阳的观文殿(位于东都洛阳宫内中轴线上),藏书管理分品位、分种类。据《隋书·经籍志》载:"炀帝即位,秘阁

之书,限写五十副本,分为三品:上品红琉璃轴,中品绀琉璃轴,下品漆轴。于东都观文殿东西厢构屋以贮之,东屋藏甲乙,西屋藏丙丁。又聚魏已来古迹名画,于殿后起二台,东曰妙楷台,藏古迹;西曰宝迹台,藏古画。"[17]但当时的书籍是密闭不外借的,秘书学士虞绰常居禁中,以文翰待诏,曾借职务之便把图书馆收藏的兵书借出宫外给礼部尚书杨玄感,有人禀告炀帝,炀帝甚衔之。后来杨玄感叛乱事败,虞绰因与玄感过从甚密而被罢黜流徙[18]。西方新式图书馆传入中国以后,普及知识、作育民众、弘扬学术成为中国现代图书馆的指导思想,旧式藏书楼开始向新式图书馆转型,期间有许多图书馆学大家为新型图书馆的管理与服务做出了重要贡献。如柳诒徵、袁同礼、杜定友、顾颉刚、李小缘等诸位先生。

柳诒徵(1880—1956),字翼谋,号劬堂、知非,江苏镇江人。17岁考中秀才。1903年随缪荃荪赴日本考察教育。1915年至1925年,先后执教于南京高等师范学校、东南大学、东北大学、北京师范大学等,辗转

图书馆学家、史学家柳诒徵

于南京、沈阳、北京等地。1927年就任江苏省立第一图书馆馆长，该馆即为光绪三十三年（1907）两江总督端方创办的江南图书馆，后改名为江苏省立国学图书馆。他主持编纂的《**江苏省立国学图书馆图书总目**》共44卷、30巨册，有经、史、子、集、志、图、丛7部85类832属。丛部分五类，但丛书子目又分归各类，便于读者多途径检索。集部编次以作者卒年为断，便于确定易代之际的作者归于何朝何代。可以说这部书目在分类、编目上借鉴了古今方法，有继承有创新。顾廷龙先生主编的《中国丛书综录》，丛书子目分类部署的做法就借鉴了《江苏省立国学图书馆图书总目》。及至现在，柳诒徵主编的这部书目，美国大学图书馆中文部大多还各藏一部[19]。柳诒徵先生还有一创举，就是开"**住馆读书**"之先例。他主持制定的图书馆章程中，第九章专为"住馆读书规程"，规定"有志研究国学之士，经学术家之介绍，视本馆空屋容额，由馆长主任认可者，得住馆读书"[20]。取费与馆友相同，不事营利。当时一些年轻人，如蔡尚思、苏维岳、任中敏、吴天石、柳慈明、赵厚生、王诚斋、张叔亮等先后在国学图书馆住馆读书。据蔡尚思先生回忆，从1934年至1935年间，他住馆读书，当时年龄未及三十，每天读书16至18小时，从不间断，几乎读遍了集部书。"住房不收费，吃的是稀饭咸菜，生活是紧张而艰苦的，但读书之多，学问增长之快，在我一生之中都没有超过这个时期的。"[21]因此，蔡先生感慨曰："我从前只知大学研究所是最高的研究机构；到了 30 年代，入住南京国学图书馆翻阅历代文集之后，才觉得进研究所不如进大图书馆，大图书馆是'太上研究院'。对活老师来说，图书馆可算死老师，死老师远远超过了活老师。"[22]

"住馆读书"与蔡元培先生主持北京大学允许女生及校外生旁听之举有异曲同工之处。昔日住馆读书的有志青年，后来多成为知名学者。如任中敏是我国著名的词曲专家，他所刻的《散曲丛刊》《新曲苑》已是曲学研究者的必读之书；蔡尚思因多次撰文回忆其住馆读书之事，20 世纪 80 年代有读者写信询问现在可有这样住读的图书馆，蔡先生特咨询上海图书馆馆长顾廷龙，顾先生感慨地说："我实尚无所闻。"[23]

与柳诒徵这位土生土长的图书馆学家不同，袁同礼、杜定友等则是留洋受过美式图书馆学教育的图书馆学家，他们毕生献身于图书馆事业，在管理、服务上也做出过突出成绩。**袁同礼**（1895—1965），字守和，河北徐水人。1913 年考入北京大学预科英文甲班，1916 年毕业后到清华学校图书馆参考部工作，翌年任图书馆主任，并兼职教授英语。1920 年赴美国哥伦比亚大学插入历史系三年级读书，获文学学士学位后，又转入纽约州立图书馆专科学校，1923 年毕业获图书馆学士学位。1924 年回国，先后任广东岭南大学图书馆馆长，北京大学图书馆馆长兼目录学教授，北京北海图书馆部主任、副馆长、馆长，国立北平图书馆副

馆长、馆长,前后长达 20
余年。从 1925 年 4 月 5
日中华图书馆协会成立
起,袁同礼就一直充任要
职,曾被选为协会董事、董
事部书记、执行部长(执委
会主席)、协会理事长等。
1948 年受美国国会图书
馆邀请赴美访问研究,举
家迁居美国,相继在国会
图书馆东方部和斯坦福大

图书馆学家袁同礼

学研究所从事中国典籍的整理与研究工作。1965 年退休、病逝。
袁同礼毕生献身图书馆事业,最令人钦佩之事有两端:一为访求
书籍不遗余力;一为礼贤下士,造就学者。

　　他主持北平图书馆馆务期间,搜购了会稽李慈铭越缦堂、上
海潘氏宝礼堂、聊城杨氏海源阁、广东伦哲如等私人藏书家的珍
藏;派人传拓回各地古代碑铭 350 多种;派人远赴滇境访到西南
5 省的稀有方志以及 4000 余册古东巴图画象形文字经书;在国
外淘买西方学术名著的各种版本(如黑格尔、康德、莎士比亚著
作不同时期的主要版本等);探访流到欧洲的《永乐大典》;遣向
达、土重民等赴英、法拍摄敦煌卷子等。此外,因经费困难,袁同

礼还利用个人声望向国内外各文化机关、学校及文化界知名人士、政府要员等发信募集书籍。北图由此而收到了国内外捐赠的大量书刊资料，其中不乏珍贵资料。袁同礼先生对赠书者极其尊重，每次收到赠送书刊资料后，不论其价值大小，均专函致谢，并在每年《馆务报告》的"赠书人名录"中列出赠书者的姓名或单位名称以及所赠书名[24]。北平图书馆成为全中国藏书甲富，这与袁同礼的贡献密不可分。

由于袁同礼善于网罗人才，20 世纪 30 年代北图人才济济，为学术界啧啧称羡。当时先后在北图工作过的专家学者有向达、王重民、刘国钧、赵万里、徐鸿宝、谭新嘉、叶渭清（宋学与宋史）、梁廷灿、谭其骧、钱锺书、王庸（地图史料）、谢国桢（明史及明代笔记）、贺昌群（魏晋隋唐史学）、刘节（金石学）、孙楷第（小说目录学）、于道泉（藏学）、严文郁、张秀民、杨殿珣、汪长柄、李芳馥、顾子刚（西文专家）、吴光清、张申府（西方哲学）、梁启雄（梁启超幼弟）、李德启（满文目录学）、彭色丹喇嘛（蒙、藏文专家）、钱存训、徐家璧等人。有的人来北图之前仅是大学毕业生，袁同礼看到其人发表的文章，即邀他来馆工作。如张秀民远在厦门大学，写了《评四库总目史部目录及子部杂家》和《宋椠本与摇床本》两文，寄给了袁同礼并表示愿意到北图工作，袁同礼看后即以馆方名义去信争取他来北图工作。后来张秀民成为著名印刷史专家。又如刘国钧和袁同礼是同辈人，他留学美国又获博士学位。袁同礼听闻刘国钧对分类编目很有研究和见解，并正在编制中国图书馆分类法，即多次去函请刘国钧到北图任职，给他创造条件顺利完成了《中国图书馆分类法》和《中文图书编目条例》两个规范。王重民、向达从事中西交通史和敦煌学研究，袁同礼争取经费送派他们到英、法作为交换馆员，使其有机会获得深造。从 1930 年起，北图共有 20 多人被送到美、英、法、德等国以交换馆员身份进行培养，他们后来大都成为著名学者[25]。一些学者成名后未能回馆，而是执教于别的大学或到其他图书馆做馆长。于是有人对此有看法。袁同礼却表示：我们培植的人才，乃供整个图书馆事业和学术界的需要，所以"我宁舍己，将种籽撒播出去，将来所收获的果实一定更多"[26]。由于是专家治馆，北图的业务工作一跃而居全国之首。

　　袁同礼在图书馆研究方面精于书史与藏书史、目录学，曾有《永乐大典考》(1924)、《清代私家藏书概略》(1926)、《明代私家藏书概略》(1927)、《宋代私家藏书概略》(1928)等著述行世(后 3 种为论文)，以及《国会图书馆藏中国善本书目》(1957)、《西洋文献中的中国：高第〈中国书目〉续编》(*China in Western literature：a continuation of Cordier's Bibliotheca Sinica* ,1958)等书目著作。

　　杜定友(1898—1967)是广东南海人，出生在上海。少年时代在南洋公学读书，民国七年(1918)南洋大学新建图书馆而急需专业人才，校长唐文治派他到菲律宾大学学习图书馆学专业

（菲大由美国人主事）。民国十年（1921）杜定友以优异成绩提前一年毕业回国，获文学、教育学、图书馆学三个学士证书及一个高师毕业证（即中学教师资格证）。从此在上海、广州两地从事图书馆事业长达 50 年，先后担任过广东省立图书馆馆长、复旦大学图书馆主任、南洋大学图书馆主任、中山大学图书馆主任、上海市立图书馆筹备处副主任、广东省文献馆主任等职。他不仅图书馆学著作撰述最多，同时于图书馆管理实务也多有新创建。例如 1924 年在南洋大学图书馆率先发明使用颜色书标，以避免乱架过甚及提高排架效率；1925 年出版了适于中外文书籍统一分类的《图书分类法》，出版了编制索书号用的《著者号码编制法》，在国内产生很大影响；1926 年在上海组织学生编制出第一部报纸索引《时报索引》；1930 年，鉴于西式图书馆读者使用的卡片目录柜不能同时多人使用，于是发明可以挂壁翻看的明见式卡片目录；1932 年出版了以字形为检索入口的《汉字形位排检法》；1932 年推动成立中国图书馆服务社，次年又出版《图书馆表格与用品》一书，积极促进图书馆工作的标准化；1936 年主持中山大学图书馆新馆建设时，他的图书馆设计方案体现了旅馆化、家庭化、机械化思路，立志要建一所现代化的图书馆，以树南中国楷模；1941 年在抗战流亡中，为重组广东省立图书馆而大力收集地方文献，书、图、文件之外，连传单、标贴都在收集之列，最终使广东省立图书馆成为国内地方文献宏富的图书馆[27]。在图书馆业务、管理的拓展方面,杜定友先生可谓是"龙虫并雕",不分巨细,他是我国图书馆工作上创新最多的专家。

民国时期,还有许多图书馆学家的活动为我国图书馆事业的发展起到积极促进作用。例如,1927年出现的"**两个计划书**",不仅具有非凡未来眼光,也产生了良好的影响。史学家顾颉刚(1893—1980)在民国九年(1920)6月从北京大学哲学系毕业留校图书馆任职。民国十六年(1927)担任中山大学图书

史学家顾颉刚

馆中文部主任时,校方为谋扩充藏书,委托他到江浙一带购书。顾先生为此写就一份《购求中国图书计划书》,将拟采购之书分16大类,经史子集及丛书之外,还有档案、方志、谱牒、社会事件之记载、个人生活之记载、账簿、汉族以外各民族文籍、宗教书籍、迷信书籍、民众文学、著述稿本、实物图像等等,举凡有助于学问研究之材料尽在搜购之中。他是要以搜集科研材料的观念来办图书馆,使专家可做学问,民众可得知识,使恹无生气之图

书馆变为一种"新图书馆""一个有生命的图书馆"[28]。这个计划书打破了以往图书馆藏书不出四部、推崇古文圣道的观念,提倡以人类记载为收藏范围,希望将图书馆办成社会的头脑、学者的灵魂,在当时图书馆学界产生了极大影响。从此中国的大学图书馆以及大型公共图书馆的藏书范围开始有意识地扩大。另一位图书馆学者李小缘(1898—1959)于1925年获美国图书馆学学士、教育社会学硕士学位回国后,长期主掌金陵大学图书馆馆务,并积极参与中华图书馆协会的工作。1927年他写出了一份**《全国图书馆计划书》**,对国立图书馆(国家图书馆)、省立图书馆、公共图书馆、学校图书馆等的建立提出了很好的建议——每类图书馆的建设都分别依"总纲""组织""经费""举办事业""流通要则"等详细论述,不蹈空谈。其"附录"中甚至都拟好了"图书馆为吾人人生之必须品"等14条图书馆用标语[29]。这是我国现代图书馆事业发展史上第一份完整的纲领与蓝图。后来南京中央图书馆的建立,就受过此计划书的影响。

图书馆学家李小缘

5.3　学科理论创建家

在西方图书馆学传入中国以前,中国已有校雠学。古代校雠学实由刘向、刘歆父子开创,郑樵给予了体系化。然而真正将校雠学提升为一门学问,主要贡献还得归于清代学者章学诚。

章学诚(1738—1801),字实斋,浙江会稽(今绍兴)人。一生流离困苦,41岁才中进士,但终未入仕途。所著《文史通义》《校雠通义》于身后方获得很高的声誉。章学诚的校雠学思想、理论主要见于《校雠通义》一书。他的主要思想至今仍有很大学术价值,例如:① 关于校雠学之源流,他认为战国以前学术在官,官师合一,私门无著述。"官守之分职,即群书之部次,不复别有著录之法"。后来礼崩乐坏,官师分离,学流民间,私门出现著述。书籍散于天下无所统宗,故向、歆父子不得不进行校雠工作。② 向、歆父子开创的校雠之学,目的是通过"部次条别"(即分类归属)来实现"辨章学术,考镜源流",便于学者由委溯源,"即类求书,因书究学"。③ 有些书籍古有今无,有些书籍古无今有,故图书分类的类目设置要随时而进,不能拘泥以往;目录类次应该"道"先"器"后,即"形而上的"理论书籍应该排在"形而下的"实用书籍的前面。④ 图书著录遇到"理有互通,书有两用"者,应该在相关的类目之下"互著"(也称互注);一书之内有数篇内容涉及其他类别,并相对完整,也可以将这些篇章"别裁"出来,著录于其他类。⑤ 应该编制索引,"尽取四库之藏,中外之籍,择其中之人名、地号、官阶、书目,凡一切有名可治,有数可稽者,略仿《佩文韵府》之例,悉编为韵",成一工具书,以备校书之用[30]。尤其他的古代校雠学宗旨是"辨章学术,考镜源流"的观点,早已流播海内外,广为学人所知。

逮乎图书馆学在中国兴起,校雠学逐步被图书馆学吸纳进去,二者融合并被赋予了科学特质。这一旧学与新知的良好对接,首功在于梁启超先生。**梁启超**(1873—1929)字卓如,号任公,别号饮冰室主人,广东新会人。梁启超自幼在家中接受传统教育,1889 年中举。后结识康有为并投其门下,与康有为同为"戊戌变法"中的风云人物,时人合称之"康梁"。1916 年为纪念蔡锷他四处募捐筹建新型图书馆——松社,为了募集资金让松坡图书馆良性运转,梁启超甚至曾在《晨钟》上刊登过"为捐助松坡图书馆鬻字例"的广告,公开卖字。1920 年游欧回国,曾以带回的 1 万册书籍为基础建立图书俱乐部,1923 年合松社、图书俱乐部正式在北京北海快雪堂和西城石虎胡同七号官房成立了松坡图书馆,并自任馆长。1925 年底梁启超被北洋政府教育部聘为国立京师图书馆馆长。1926 年春,中华教育文化基金会又办一所北京图书馆(后改名北海图书馆),梁仍被聘为馆长。至此他一身兼三馆馆长,迫使自己将主要的精力投入图书馆事业,同时潜心研究图书馆学、文献学。1929 年梁启超因病逝世,时年 57 岁。

梁启超的图书馆学思想和理论主要集中在图书馆学原理、目录学和辨伪学等方面。① 关于图书馆的功用,梁启超在 1916 年 12 月 17—18 日《时事新报》上的《创设松坡图书馆缘起》一文中提出:图书馆不仅能保存国粹,普及学问,它还标志着一国的文明程度,关系着国家的存亡[31]。② 他呼吁建设中国的图书馆学。中国的文字、书籍有自身的历史和特征,文献研究、书籍管理也有特殊的方法,故应结合中西图书馆学知识创建自己的图书馆学。如在分类、编目中一方面借鉴西方的分类法、编目原则,也要把我国古代"互注""别裁"的优良方法吸收进来;要继承中国古代编制大型类书、丛书的传统(1927 年他自己曾拟订《中国图书大辞典》的编写提纲,后因逝世而无法实现)。③ 在目录学方面,他的《西学书目表》(1896)首创学(科学)、政(政经)、教(宗教)、杂(综合)四分方法,颇便初学者觅寻西学轨途;《读书分月课程》(1894)、《国学入门书要目及其读法》(1923)与《要籍解题及其读法》(1923)三篇书目,开专家推荐书目的新风气,曾在青年学生中广有影响;《佛家经录在中国目录学之位置》(1925)一文,是中国专科目录学研究的奠基之作。④ 在辨伪学方面,他专写了《古书真伪及其年代》(1927)一书,对伪书的成因、伪书的种类、伪书的辨别方法提出了一整套理论。梁启超图书馆学思想的核心是秉承传统、借鉴西学,重视学术史的挖掘、强调会通,求实用、讲实际。他对图书馆事业的热爱甚至感染了家人,他的女儿梁思庄就是受父亲的影响在美国专攻图书馆学,回国后长期任职于燕京大学图书馆、北京大学图书馆,最终也成为一名图书馆学家。

20世纪二三十年代,中国图书馆学的发展出现了第一次高潮。这一高潮是众多图书馆学家努力的结果。特别是一批留学国外专攻图书馆学的学者先后回国,在国内掀起新图书馆运动的波澜,如沈祖荣(第一位图书馆学留美生)、胡庆生、戴志骞、徐燮元、杜定友、洪有丰、袁同礼、李小缘、刘国钧、蒋复璁、查修、桂质柏(第一位获美国图书馆学博士学位者)、徐家麟等,其中除杜定友先生留学菲律宾、蒋复璁先生留学德国之外,其余皆清一色留学美国接受图书馆学教育学成归国者。此外还有些长期在国内从事学术研究的学者,如皮高品、钱亚新、吕绍虞等。他们为中国图书馆学的开创与发展做出了不可磨灭的贡献。第一代学者中在图书馆学理论方面最有影响力的人物是杜定友和刘国钧先生,他们二人被今天的图书馆学研究者简称为"南杜北刘"。

杜定友一生著述达600余万言,仅著作就有55种,是中国图书馆学家中著述最多的人,主要著作有《图书馆通论》(1925)、《图书分类法》(1925)、《学校图书馆学》(1928)、《校雠新义》(1930)、《图书管理学》(1932)、《汉字形位排检法》(1932)等。他在图书馆学基础理论、图书分类学、图书目录学、汉字排检法、图书馆管理、图书馆建筑、地方文献等领域皆有突出理论建树，如关于图书馆"三位一体"（书、人、法）及其不同时代重心不同的观点，图书馆学应由原理与应用两个层面组成的认识，中外书籍要统一分类的思想，字根的发现与字根学说的创立，以及给地方文献所下定义、所划范围（包括史料、人物、出版）等，都对中国图书馆学的发展产生过极大影响。杜定友先生图书馆学研究的最大特点是理论与实践能熔为一炉，创新意识非常强。

刘国钧（1899—1980），字衡如，出生于江苏南京。1920 年南京金陵大学文学院哲学系毕业后，留校图书馆工作。1922 年赴美国威斯康星大学攻读图书馆学课程，并于 1923 年 6 月取得硕士学位。后又攻读哲学课程，1925 年春获得哲学博士学位后返回国内。他先后在金陵大学图书馆、北

图书馆学家刘国钧

平图书馆、国立西北图书馆任职或担任馆长。1951 年后任教于北京大学图书馆学系并担任过系主任。刘国钧先生的代表作有《中国图书分类法》(1929)、《中国图书编目条例》(1930)、《图书

馆学要旨》(1934)、《什么是图书馆学》(论文,1957)、《中国书史简编》(1958)等,他在图书馆学基础理论、图书分类、图书编目、中国图书史、图书馆工作自动化等领域有着突出的建树。如认为图书馆学研究要细化成五个要素(图书、读者、领导和干部、建筑与设备、工作方法)才能深入的思想,好的分类法应具备四个部分(系统表、理论的基础、索引、分类条例)的论述,分类目录应是宣传图书、指导阅读的工具的观点,都有深刻的洞见及广泛的影响。1957年以后,因避免与当时社会意识形态的冲突,刘国钧先生的学术研究重点转入了图书史、图书分类领域,并写了一系列的中国书史著作。他还在"文革"后期(1975)率先介绍西方机读目录(马尔克),表现出开放的视野与伟大的预见。刘国钧先生图书馆学研究的最大特点是逻辑性极强,善于说明事理并提升理论层次,给人以条分缕析的深刻印象。

5.4 专业人才教育家

我国现代图书馆学教育是在美国图书馆学者推动下开始产生的。1913年,美国图书馆专家克乃文(Heriy Clemons)在南京金陵大学主持图书馆工作时,曾在该校文科专业开设了图书馆学课程。1920年,美国图书馆学者韦棣华女士在武昌开设了文华大学图书科(Boone Library School),1929年经教育部批准改办为独立的图书馆学专门学校,名称易为"文华图书馆学专科学校"(后人简称其为"文华图专",英文名称未变)。从此,中国的图书馆学教育事业弦歌不辍,至今仍在向前发展。其中韦棣华女士和沈祖荣先生是图书馆学界公认的民国期间的杰出教育家。

韦棣华(Mary Elizabeth Wood,1861—1931),出生于美国纽约州巴塔维亚(Batavia),来华前曾在纽约州巴塔维亚市的一个图书馆工作了将近 10 年。1900 年 5 月 16 日她到达武昌看望七弟(传教士)并留在中国任教。1903 年韦棣华在文华书院八角亭创办了一个图书室,自任总理。1910 年春,在武昌县华林文华大学校园内,

图书馆学教育家韦棣华

她建成了一所美国式开架借阅和基本免费看书的公共图书馆——**"文华公书林"**(Boone Library)。当时只有两名工作人员:总理韦棣华和协理沈祖荣(文华大学毕业生)。后来公书林还设了分馆,开办巡回文库,逐渐在武汉以及全国都有了很大的影响,对于中国现代图书馆的推进起到了龙头作用。后来韦棣

华感于图书馆专门人才的缺乏，萌发了创办图书馆学教育机构的想法。1914年她资助沈祖荣去美国纽约公共图书馆学校攻读图书馆学，从而使沈祖荣成为中国和亚洲第一个留学美国研习图书馆学的人士。沈祖荣1917年回国，除了在文华公书林工作外，还花了大量的时间在全国各地宣传美式图书馆，使得图书馆公开开放的理念逐步深入人心，成为新图书馆运动的主要干将之一。1917年韦棣华又派文华中学英语教师胡庆生赴纽约州公共图书馆学校攻读图书馆学，她自己也于1918年返回美国到西蒙斯大学图书馆学校进修。1919年韦棣华和胡庆生学成归国。鉴于国内当时图书馆有所发展，特别缺乏图书馆人才，于是韦棣华向文华大学提出创办图书馆学校。1920年3月文华大学文华图书科（Boone Library School）成立，韦棣华担任科主任，以文华公书林作为讲课场所及实习基地[32]。从其英文名称来看，韦棣华最初办文华图书科时就想将其办为一所独立的学校。

文华图专起初只招收文华大学在校大学生兼修图书馆学专业，学业两年。1926年有了独立经费后开始面向社会招收大学生。1929年文华图专独立，改称武昌私立文华图书馆学专科学校，图书馆学教育发展的速度加快，并开设过档案学专业。从1920年文华图书科正式成立到1953年8月并入武汉大学为止，文华图专为国内图书馆、档案馆界共培养了600多人。民国期间，国内重要图书馆的业务骨干中，文华毕业生几乎占去了半壁江山。韦棣华为办好文华公书林和文华图专，屡次回国学习图书馆学知识，四处募集经费，并躬亲管理，最后积劳成疾，于1931年5月病逝于武昌。其坚忍、刻苦的精神和坚定的信仰，支撑她为中国图书馆事业做出了杰出贡献。为纪念韦棣华女士，现在美国韦棣华基金会每年都支出约1万美元的奖学金奖励在中国高校就读图书馆学、情报学的优秀学生。

沈祖荣（1884—1977），字绍期，湖北宜昌人。1903年受湖北宜昌圣公会教堂推荐，就读武昌圣公会主办的教会大学文华书院（1916年升为文华大学）。1910年毕业后随从韦棣华入公书林任职，1914年赴美攻读图书馆学专业，1916年毕业，获图书馆学学士学位，1917年回国后全力协助韦棣华创办文华图专，投身图书馆教育事业，并终

图书馆学教育家沈祖荣与其夫人在庐山寓所

此一生。他继韦棣华之后担任文华公书林总理（馆长，1926年任）和文华图专校长（1929年任）。1925年参与组建中华图书馆协会并担任董事等要职。1929年沈祖荣作为中华图书馆协会唯

一正式代表前往罗马参加第一次国际图书馆与目录学会议（IF-LA），揭开我国图书馆界参与国际图书馆界事务与活动的序幕。在他主持下，文华图专于 1940 年增设档案专业，扩大教学规模，使我国有了全国唯一正式的档案管理专业和专门培养档案人才的机构。1951 年武昌私立文华图书馆学专科学校改为武昌公立文华图书馆学专科学校；1953 年武昌公立文华图书馆学专科学校整体并入武汉大学，并改名为武汉大学图书馆学专修科，学制仍为 2 年；1955 年学制改为 3 年；1956 年"武汉大学图书馆学专修科"改称"武汉大学图书馆学系"，同时学制改为 4 年。这期间，沈祖荣一直都是主要负责人。1977 年 2 月 1 日，沈祖荣与其夫人同日在庐山去世。

文华图专在韦棣华和沈祖荣的主持下，培养了许多图书馆学人才。如南京图书馆馆长汪长炳、上海图书馆馆长李芳馥、湖北省图书馆副馆长张遵俭、中科院图书馆副馆长顾家杰、四川大学图书馆馆长桂质柏、四川大学图书馆馆长毛坤、中山大学图书馆研究员周连宽、外交部国际关系研究所图书资料室主任陈尺楼，以及后来去台湾的蓝乾章、沈宝环（沈祖荣之子）、严文郁等都是文华图专毕业生，他们也都是国内著名图书馆专家。还有一些毕业生在国外图书馆就职，如美国哈佛大学燕京图书馆创始人和馆长裘开明（1921 年毕业，后发明燕京图书馆汉和分类法）、房兆楹（1930 年毕业，在哥伦比亚大学执教）、童世纲（1933

年毕业，普林斯顿大学东亚图书馆馆长及美国亚洲研究委员会东亚图书馆分会主席)等，在海外服务期间取得了巨大成就，得到了许多荣誉和奖励。另有一些毕业生成为我国著名的图书馆学家，如分类学专家皮高品、图书馆学教育家徐家麟、索引专家钱亚新、目录学家吕绍虞、参考咨询家邓衍林等。著名人类学家、博物馆学家冯汉骥，语言学家、外国文学专家戴镏龄，诗人王文山等也都曾是文华图专的学生。

新中国成立之际，图书馆学教育家王重民先生为中国的图书馆学发展做出了突出贡献。**王重民**（1903—1975），字有三，河北高阳人。1924年入北京高等师范学校（后改名北京师范大学）学习，曾师从陈垣、杨树达等。1929年毕业受聘于国立北平图书馆。1934年被派到法国、德国、梵蒂冈、英国等地图书馆收集与研究中国流失海外的图书资料，如敦煌遗书、太平天国文献、明清传教士著作

图书馆学教育家、目录学家、敦煌学家王重民

及中国古籍孤本秘籍。他抄录卡片、拍摄缩微胶卷、做提要或札

记,成绩斐然,享誉海内外。"二战"期间赴美为美国国会图书馆整理鉴定中国古籍善本。1941 年曾回国一次,参加抢运北平图书馆善本书送美国寄存工作。1947 年由美返回,仍任职于北平图书馆,并兼职北京大学中文系。他向北大校长胡适建议,当年在中文系创办了图书馆学专修科,当年 9 月开始招生(当时只招收北大中文系、历史系成绩在 75 分以上的毕业生)。1948 年底,王重民还代理国立北平图书馆馆长职务。1949 年北平解放之后,图书馆学专修科从中文系分离出来,王重民先生任主任。1952 年,他辞去北京图书馆副馆长职务,专职北大图书馆学专修科主任(直到 1956 年受教育部批准改为图书馆学系)。从图书馆学专业建立之初,王重民制订教学计划,延聘名师,毛子水、赵万里、袁同礼、于光远、傅振伦、王利器、刘国钧等一批著名学者先后来任教或授课,为北大图书馆学系的壮大奠定了扎实基础。北大图书馆学系迅速发展为新中国的图书馆学教育重镇,与武汉大学图书馆学系比肩而立,为新中国图书馆事业培养了大批精英人才。1957 年的反右斗争以及后来的"文化大革命"中,王重民遭到迫害和诬陷,于 1975 年 4 月 16 日含冤自缢于颐和园。

王重民先生的学术成就广为学界所知,他在敦煌学领域出版有《敦煌曲子词集》(1950)、《敦煌变文集》(1957)、《敦煌古籍叙录》(1958)等系列专著,在索引学领域有《国学论文索引》(初编、续编、三编)、《清代文集篇目分类索引》(1935)、《敦煌遗书总目索引》(1962)等鸿篇巨制问世,在目录学领域有《中国善本书提要》(1983)、《中国目录学史论丛》(1985)、《校雠通义通解》(1987)等名作传世。他的著作代表了这些学术领域在当时的最高水平,至今仍是图书馆学、中国史学入门者必修的经典作品。

以上四类图书馆学家的划分,只是一种粗略的分类。其实许多图书馆学家的成就是兼跨数类的,如梁启超、柳诒徵、王云五、顾颉刚、杜定友、刘国钧、王重民、顾廷龙等,其中梁启超、柳诒徵、顾颉刚、王重民等更是在其他学术领域成绩卓著,如梁启超的国学、柳诒徵的文化史、顾颉刚的中国史、王重民的敦煌学等。本书只是为了叙述的方便,依其对图书馆学的主要贡献分而述之,以示中国图书馆学的内涵精深和源远流长,不致今人数典忘祖。另外,还有一些文史学者,虽然没有长期供职于图书馆,但他们的研究成果与图书馆学密切相关。如史学家陈垣先生的《中西回史日历》(1926)、《敦煌劫余录》(1931)、《校勘学释例》(原名《元典章校补释例》,1931)、《中国佛教史籍概论》(1955)等,均为图书馆中常用的查考年代、目录、校勘、解题的工具书,理应属于图书馆学成果的范畴。其他学术大家乐于"染指"图书馆学的学术趣味,说明图书馆学本来就是一个开放的学科,人文社会科学本来就是相互联系的整体。这一点,对图书馆学入门者来说不可不察。

参考文献

[1] 范希曾.校雠学杂述[J].史学杂志,1929(民国十八年),1(1):1—3.

[2] [梁]萧统.文选·卷六·魏都赋[M].[唐]李善,注.影印清胡克家刻本.
上海:上海书店,1988:[上册]86.《文选》李善注引此条,尾缺"故曰雠也"
四字,特以《太平御览》补入。见:[宋]李昉,等.太平御览·卷六一八·学
部一二·正谬误[M].影印宋本.北京:中华书局,1960:[第三册]2776.

[3] [元]脱脱,等.宋史·卷四三六·郑樵传[M].北京:中华书局,
1977:12944.

[4] [清]永瑢,等.四库全书总目·卷五十·史部·别史[M].影印浙本.北
京:中华书局,1965:448.

[5] [宋]郑樵.通志二十略[M].王树民,点校.北京:中华书局,1995:
1803—1824.

[6] [清]章学诚.文史通义校注[校雠通义卷二·焦竑误校汉志第十二][M].
叶瑛,校注.北京:中华书局,1985:[下册]1009.

[7] [宋]郑樵.通志二十略[M].王树民,点校.北京:中华书局,1995:[总序]9.

[8] 乾隆三十七年正月初四日上谕[M]//[清]永瑢,等.四库全书总目.影印
浙本.北京:中华书局,1965:[卷首·圣谕]1.

[9] 乾隆五十五年六月初一日上谕[M]//[清]永瑢,等.四库全书总目.影印
浙本.北京:中华书局,1965:[卷首·圣谕]7—8.

[10] [清]周中孚.郑堂读书记·卷三十二·钦定四库全书总目二百卷[M].
北京:商务印书馆,1959:586—587.

[11] [清]张之洞.书目答问二种[M].北京:生活·读书·新知三联书店,
1998:250.

[12] 文库一词源于日本,除了有丛书的含义,也有图书馆的含义,如"红叶山文库"就是德川幕府在江户城里设立的图书馆。

[13] 徐有守.王云五先生与商务印书馆:述介王著《商务印书馆与新教育年谱》一书[J].东方杂志[复刊],1973,7(1):62—77.

[14] 王云五.我怎样读书:王云五对青年谈求学与生活[M].王学哲,编.沈阳:辽宁教育出版社,2005:177.关于王云五的《中外图书统一分类法》的使用情况,据许晚成《全国图书馆调查录》(上海:龙文书局,1935)统计,1935年左右,王云五的分类法是全国图书馆使用最多的,其次为杜威法、杜定友法等。

[15] 胡道静.顾老与古籍版本目录学[J].图书馆杂志,1998(5):5—6.

[16] 王世伟.论顾廷龙先生对中国现代图书馆事业的贡献[M]//历史文献论丛.上海:上海社会科学院出版社,2004:1—15.

[17] [唐]魏徵,等.隋书·四·经籍志[M].中华书局,1973:908.

[18] [唐]魏徵,等.隋书·卷七十六·虞绰传[M].北京:中华书局,1973:1738—1740.

[19] 柳曾符.柳诒徵:直接培育人才的图书馆模式[M]//陈燮君,盛巽昌.二十世纪图书馆与文化名人.上海:上海社会科学院出版社,2004:86—89.

[20] 转引自:徐昕.柳诒徵与国学图书馆[J].中国典籍与文化,1998(4):33—37.

[21] 庄焕先.著名学者谈利用图书馆[M].济南:山东大学出版社,1990:1—11.

[22] 蔡尚思.中国文化史要论[M].增订本.长沙:湖南人民出版社,1980:180.

[23] 顾廷龙.柳诒徵先生与国学图书馆[M]//柳曾符,柳佳.劬堂学记.上海:

上海书店出版社,2002:249—252.

[24] 罗益群.一事平生无龁龂,但开风气不为师:纪念中国新图书馆运动的推进者袁同礼先生诞辰一百周年[J].图书馆,1995(5):66—69.

[25] 焦树安.将毕生精力贡献给中国图书馆事业的袁同礼[J].国家图书馆学刊,2001(2):74—81,86.

[26] 戚志芬.为图书馆事业奉献一生的袁同礼先生[J].北京图书馆馆刊,1992(1):24—30.

[27] 王子舟.杜定友和中国图书馆学[M].北京:北京图书馆出版社,2002.

[28] 顾颉刚.购求中国图书计划书[J].文献,1981(总第8辑):19—25.

[29] 马先阵,倪波.李小缘纪念文集[M].南京:南京大学出版社,1988:15—36.

[30] [清]章学诚.校雠通义通解[M].王重民,通解.上海:上海古籍出版社,1987.

[31] 梁启超.创设松坡图书馆缘起[M]//饮冰室合集集外文.夏晓虹,辑.北京:北京大学出版社,2005:[中册]655—656.

[32] 梁建洲,梁鳣如.我国图书馆学、档案学专业教育的摇篮:记武昌文华图书馆学专科学校[J].四川图书馆学报,1996(5):64—80.

图书馆学专门方法有哪些

当计算机应用到与信息检索相关的不同工作中去的
时候,必然会对图书馆的工作产生一些改进,但是这些改
进的迹象并不明显,诸如索引、文摘、分类主题词以及制
定检索策略等方面,人的智能因素是计算机无法比拟的。

——兰卡斯特

兰卡斯特（Frederick Wilfrid Lancaster，1933—2013），美国图书馆学家、情报学家。先后在阿克伦公共图书馆、国立医学图书馆等任职，1970年任教于伊利诺伊大学图书馆学研究生院。主要著作有《图书馆服务的测量与评价》《走向无纸信息社会》等，他的学术贡献主要在情报检索词汇控制、系统与用户交流、系统效果评价等领域。

科学史表明,科学成果与科学方法是同生共长的,没有科学方法就不会产生科学成就。科学的发展,不仅表现出理论上的意义,也表现出方法上的意义,以至于方法论本身也成为科学的一个重要组成部分。**方法论**(methodology)就是关于方法的科学,它对方法进行分析、比较、评价、综合,是专门研究方法的一种知识系统。通常每门科学使用的科学方法可以划分为三个层次:① 最里一层的本学科专门方法,它们是独特的、具体的,具有较强的针对性、可操作性;② 处于中间层次的各门学科所通用的一般科学方法,如观察实验法、调查统计法、数学方法等,它们对各门具体科学大多通用,是对第一层次的概括与总结;③ 处于外围层次的哲学方法,是适用于一切科学的最普遍的科学方法,是对第一、第二层次的再抽象。有无专门科学方法是衡量该学科是否成熟的一个重要标志。以考古学为例,层位学方法、类型学方法就是考古学所具有的独特的专门方法,被我国考古学界誉为考古学中的"两把尺子"[1]。图书馆学专门方法的形成与长期的图书馆实践有密切关系。我国古代的某些文献整理方法和现代图书馆实践所孕育出来的一些科学方法共同组成了图书馆学专门方法的完整体系。下面从三个方面择要谈其六种。

6.1 知识的求原、求真法

(1) 知识的求原方法——版本鉴别法

图书馆收藏的知识文本浩如烟海,一书众本、同书异本现象很多。读书治学不求善本,往往事倍功半;添购馆藏不鉴版本,不免鱼龙混杂。《颜氏家训·勉学篇》曾经记载一例读书不注重版本而出笑话的事:"江南有一权贵,读误本《蜀都赋》注,解'蹲鸱,芋也',乃为'羊'字;人馈羊肉,答书云:'损惠蹲鸱'。举朝惊骇,不解事义。久后寻迹,方知如此。"[2]鲁迅在研究唐代小说时,对清人的唐人小说选本《唐人说荟》十分不满,指出其误人处有删节、硬派、乱分、乱改句子、乱题撰人、妄造书名、错了时代等七个方面[3],后来自己发愤重新根据好的版本编辑了一部《唐宋传奇集》。所以,如何在"同书异本"中找出其原本(又称祖本)、善本(精校精刻本),这就需要借助图书馆学的专门科学方法——**版本鉴别法**。版本鉴别的目的在于求文献内容的原本性,对同书异本现象进行探本溯源,即序其先后,审其异同,判其完缺,定其优劣,从而找出文献传衍的线索与规律。

图书版本的鉴别大致可以分为两类:一是某部书的版本特点和流传情况的研究,一是不同时代社会书籍版本基本概貌和特征的研究。前者是具体的个案研究,往往是某一学科领域专家在学术史研究过程中要下的"死工夫";后者是群体的综括研究,通常是图书馆学家鉴定一书版本年代以及撰写图书史要进行"安营扎寨"的地方。

胡适先生对《水经注》的考证,是有代表性的个案研究实例。清代考据之风盛行,治《水经注》有成者三人:全祖望(号谢山)、赵一清(号东潜)、戴震(字东原)。三人处于同一时代(戴震略小全、赵十余岁),他们有各自校订的《水经注》著作传世。后有学者发现戴书(武英殿刻本)与赵书雷同处十有九九,便据戴震曾入四库馆校书时赵一清校本已由浙江呈进四库馆,怀疑戴利用职务之便抄袭了赵本。此怀疑自乾隆四十五年(1780)由孙沣鼎提出以来,魏源、杨守敬、王国维、孟森、余嘉锡等踵武其后,皆断定戴袭赵。然而在"戴袭赵"几成定谳之时,胡适决定用实证方法重勘《水经注》案,一来为戴震平反,二来藉此公案的重审昭示治学中科学方法的意义。而重勘《水经注》案的第一步,就是要将《水经注》的版本源流搞清。为此,胡适在国内外不辞辛苦,努力搜求《水经注》的各种版本。民国三十七年(1948)北京大学50年校庆时,他甚至举行过一次《水经注》版本的展览,展出各种版

本达 41 种。从 40 年代初到 50 年代末,胡适在其一生中的最后
20 年,把全部精力倾注于《水经注》研究。他写过《〈水经注〉版本
考》以及各种版本《水经注》的跋、记数十篇[4]。经过对各种版本
的深入比勘,最终提出戴袭赵是诬枉的结论。不过,胡适的这个
结论,仍受到许多学者的批评,如大陆著名《水经注》研究专家浙
江大学教授陈桥驿(他在国内外搜求到《水经注》的各种版本 33
种),他的观点就与胡适相左,且论据也充分有力。胡适与陈桥
驿的观点不同,但他们对《水经注》的各种版本下过"死工夫"却
是相同的。

张秀民先生关于韩国庆州释迦塔出土的佛经是否为新罗印
本的考证,则是一个有代表性的综括研究案例。1966 年 10 月,
韩国学者在东南部庆州佛国寺释迦塔发现一卷版刻佛经《无垢
净光大陀罗尼经》。由于该塔是建于新罗王朝景德王十年(751)
的原物,故可知此卷佛经的年代下限不超过 751 年[5]。此经发现
不几日,当时的汉城报纸就有报道称其为新罗刊行的现存世界
最早的印刷品,因为它比当时中国有明确日期记载的最早雕版
印刷佛经《金刚经》(咸通九年,即 868 年)还要早一百多年。后
来,汉城高丽大学李弘植教授发表《从木版印刷看新罗文化——
在庆州佛国寺释迦塔发现的陀罗尼经》一文,考订它的年代约为
704 年。因为经文中有武则天的新"制字",武后下台在 704 年,
故李弘植教授认定此陀罗尼经在新罗的刻印年代约为 704 年[6]。

这个消息一经公布,在国外学术界引起了轰动。当时我国正处于"文革"动乱期间,与世隔绝。直到 1979 年 9 月钱存训随美国图书馆界访华团访问中国,才把此事告之上海图书馆馆长顾廷龙,并将韩国《无垢净光大陀罗尼经》及国外对此经的研究论文复印件赠送上海图书馆。顾廷龙先后与胡道静、张秀民联系,交流对此事的看法。张秀民先生是北京图书馆的中国印刷史专家,对雕版印刷书籍有深入研究。1981 年 12 月,他在浙江的《图书馆研究与工作》第 4 期上发表《南朝鲜发现的佛经为唐朝印本说》,认为韩国发现的《无垢净光大陀罗尼经》是唐朝印本,流传至新罗。理由是吐鲁番出土的唐代刻经有用武周新字的,而当时唐朝佛经流传新罗、日本是常事;韩国的木刻本《无垢净光大陀罗尼经》中有 60 多个写经体异体字,与日本僧人从唐朝携回的古文书(现存日本奈良正仓院)相同,况且《无垢净光大陀罗尼经》在武后末年(约 704)刚在唐朝译出,新罗不可能很快得到新译本并将其刻出。

《无垢净光大陀罗尼经》(韩国庆州发现刻印本)

由此我们可以看出,图书版本的鉴别对学术研究起着多么大的作用。那么,版本鉴别的方法都涉及哪些方面的知识呢?

大致说来以下知识积累是必不可少的：

① 要先掌握一些图书版本常识，如书籍发展历史（简帛书、经折装、蝴蝶装、线装等）、书籍版本常用术语（宋体字、朱丝栏、行款、书口、墨围、牌记等），这方面的知识可以阅读叶德辉的《书林清话》（中华书局，1957）、毛春翔的《古书版本常谈》（上海人民出版社，1977）、魏隐儒的《古籍版本鉴赏》（北京燕山出版社，1996）、李致忠的《古书版本学概论》（书目文献出版社，1990）等。

② 要对古今抄、刻、印书籍的各时代、各地方特点有较为熟悉的了解。如手抄本、木刻本、石印本各有自己的时代特点，所用的墨、纸以及字体等也有所不同。这方面的知识可以阅读大量的书影文献，如赵万里主编的《中国版刻图录》（文物出版社，1960）、潘承弼（景郑）与顾廷龙合编的《明代版本图录初编》（开明书店，1941）、上海图书馆编的《善本书影》（上海古籍书店，1978）、黄裳的《清代版刻一隅》（齐鲁书社，1992）等。

③ 要会查检各种图书目录等。书目是图书流传信息的"印记"，通过古今重要的图书目录，可以了解一部书籍什么时候产生，曾经流传到什么地方以及现在身在何处。如《汉书·艺文志》《隋书·经籍志》、宋代藏书家晁公武的《郡斋读书志》和陈振孙的《直斋书录解题》、明代的毛氏《汲古阁校刻书目》、清代的《四库全书总目》等。

④ 要经常翻阅古籍题跋著作。题跋是位于书籍前后的说明

文字,所谓"题者标其前,跋者系其后"[7]。阅读题跋有助于快速、准确了解一书的内容、作者、成书时间、学术价值等。以往有些学者酷爱读书,经眼既多,亦累积下平时写的许多题跋。将其汇为一书,于是就有了题跋的专著。2002年,国家图书馆选录馆藏古籍题跋类书籍67种,汇为《国家图书馆藏古籍题跋丛刊》30大册出版,几乎将明清以来的著名藏书家、版本学家的题跋著作一网打尽。读这类题跋书,对增长古籍版本鉴别的经验以及知晓古籍流传情况都会有很大帮助。

⑤ 要有较为广博的文史知识。如古代的职官制度、文体分类、避讳方式、宗教常识、地理状况、民族关系等,这方面的书籍可阅读清人黄本骥的《历代职官表》(上海古籍出版社,1980)、明代吴纳的《文章辨体序说》和徐师曾的《文体明辨序说》(二书合为一书,人民文学出版社,1962)、陈垣的《史讳举例》(中华书局,1962)、丁福保的《佛学大词典》(文物出版社,1984)、陈国符的《道藏源流考》(中华书局,1963)、谭其骧的《中国历史地图集》(地图出版社,1982—1987)、《中国大百科全书》"民族卷"(中国大百科全书出版社,1986)等。

有的读者会说,上面讲的都是古籍的版本鉴别,现在出版的书籍,似乎没有版本鉴别的必要。其实,**有书就有版本问题**。《鲁迅全集》至今已经出几十版(主要有上海复社1938年20卷本,人民文学出版社1958年10卷本、1973年20卷本、1981年16

卷本、2005 年 18 卷本）。每版都有区别，如人民文学出版社 1981 年版大量注释带有明显的意识形态色彩，而 2005 年修订版的注释则力求中性立场、客观陈述事实，修改 1981 年版的注释千余条，新增注释千余条，校勘改动（包括标点在内）达千余处，还增收了鲁迅佚文 24 篇、佚信 86 封等，因此成为迄今最完整、可靠的鲁迅著作版本。另外，福建教育出版社 2006 年 5 月出版的《编年体鲁迅著作全集（插图本）》（8 卷，陈漱渝、萧振鸣主编），以写作时间为次序，将鲁迅自 1898 年开始写作至 1936 年去世近 40 年的著述逐一编排成卷，它有利于依年序来认识鲁迅和检索文献。所以，不同版本的《鲁迅全集》对读者会产生不同的效果，读鲁迅的著作，就要了解不同版本的价值与作用，根据需要来做选择。

在盗版书盛行的今天，许多图书馆不慎采购进一些盗版书，这不仅影响了图书馆的馆藏质量，而且损害了读者的利益。识别盗版书，也需要掌握版本鉴别技能。还有，不仅一般印刷的书籍存在版本鉴别问题，即若今天的电子文本，也依然如是。

（2）知识的求真方法——文本校勘法

在写本时代，图书的传抄常会发生文字的讹、脱、衍、倒等错误，因此就要备众本、辨异同、订脱误、删重复、增佚文、存别义等。这些工作不仅繁重，而且还需饱学之士来担纲主持。古代大的藏书机构中往往要设专职人员从事校勘工作，如六朝隋唐时期官府藏书机构中专有校书郎（唐代还有"正字"）一职。雕版印刷术发明后，图书传抄错误减少，宋明以后，校书郎制度渐衰。但是校勘仍是图书馆工作乃至学者读书治学的重要内容。**文本校勘法**的宗旨在于求文献内容的真实性。它在当代文献整理、知识组织工作中也具有重要意义。凡馆藏珍善本、手稿的整理出版，利用古文献资料从事专题服务，确定入藏文献不同版本的优劣，以及把纸质文献的知识内容数字化等，均需要使用校雠的方法。也就是说，只要人们获取文献知识时十分看重知识记录的真实性，校勘的方法就会大有用场，图书馆学不可不使之发扬光大。校勘的方法主要有四种，它们是近人陈垣先生在借鉴前人经验并经校勘《元典章》而总结出来的，即对校法、本校法、他校法、理校法[8]118—122。

① **对校法**。以同书祖本与别本比较文字同异。前提是先确定祖本作底本，然后选择好别本作参校本。对校法主要是校异同不校是非，遇不同之处，则注于其旁，照式录之，不参己见。民国十九年（1930）陈垣先生与学生在校对《元典章》（原名为《大元圣政国朝典章》，记载元代典章制度的政书）时，以民国十四年（1925）在故宫发现的内府藏元刻本为祖本（底本），然后以清朝沈家本刻本为别本（参校本），二者对校，发现有些讹误分属两种情况：一是属于事先看不出来，只有经过对校才能发现的，如沈刻本"刑一"卷七页中"大德三年三月"，在元刻本中作"五月"，如

无元刻本断不知"三月"为误;二是明知沈刻本有误,不经对校则不知因何而误,如沈刻本"吏一"卷九页中"常事五日程中事十日程大事十日程",在元刻本中作"中事七日程"。有两个"十日程"显然不合事理,但没有元刻本的"七日程",就不知道沈刻本错在何处。所以,陈垣说:"凡校一书,必须先用对校法,然后再用其他校法。"[8]118—119

史学家陈垣(1880—1971)

② **本校法**。以本书内前后内容互证,抉摘异同。用本书的行文风格、知识表述特点等各种资料校勘本书。此法宜用于在没有得到同书异本(如祖本与别本)之前。陈垣先生校对《元典章》,沈刻本"吏六"卷四十页中"未满九个月不许预告迁转"句,其上下文里均作"九十个月"。故此知道"九个月"有误[8]120。北宋吴缜《新唐书纠谬》、清人汪辉祖《元史本证》都是善用本校法(汪氏称为"本证")的典范。如汪辉祖校《元史》,以纪、传、表、志相互考证,不出本书之外就能考证出哪些文字存在错误,哪些地方存在遗漏,哪些人名汉译存在不同等,使《元史》撰者无辞自解。

③ **他校法**。以他书来校本书,即对校、本校不能解决问题,而求之他书。举例说,《史记》卷六一《伯夷列传》载:"伯夷、叔齐,孤竹君之二子也。父欲立叔齐,及父卒,叔齐让伯夷。伯夷曰:'父命也。'遂逃去。叔齐亦不肯立而逃之。"[9]下文又言伯夷、叔齐隐于首阳山。但此段文字中说伯夷"逃去",叔齐"逃之",则似二人所逃为异地,不足以明其后偕隐于首阳山。台湾古籍校勘家王叔岷查唐写本《史记》,发现"叔齐亦不肯立而逃之"为"叔齐亦不肯立而追之",后又查到《太平御览》卷五一四引此句亦为"叔齐亦不肯立而追之"。故断定"逃之"为"追之"之误[10]。一个"追"字才能反映出伯夷、叔齐相偕而隐。这也说明北宋景祐年间刻本《史记》及其以后的版本都将"追"字错为"逃"字。

④ **理校法**。用事实与道理来校书。凡遇无本可据或数本互异而无所适从时,则应依情理断误。理校法起源很早。《吕氏春秋》卷二十二《察传》曾记载孔子学生子夏纠史书之误一事:"子夏之晋,过卫,有读史记者曰:'晋师三豕涉河。'子夏曰:'非也,是"己亥"也。夫"己"与"三"相近,"豕"与"亥"相似。'至于晋而问之,则曰'晋师己亥涉河'也。"[11]"豕"为猪,晋师与三头猪过河,显然句子有误。子夏使用的就是理校法。不过使用理校法风险较大,学者读古书,取不误之文而妄改之,则古书将遭大不幸。所以,理校法最不宜掌握,须用通识为之。

在具体校勘一种古书时,有时四种方法都要用到,综合起来,灵活使用(具体问题,具体解决)。如清人吴楚材、吴调侯编的名作选本《古文观止》,其中《国策·触詟说太后》中有"左师触詟愿见,太后盛气而揖之"句。清代学者王念孙认为"触詟"乃"触龙言"之误,他在《读书杂志》卷二之三《战国策》中说:"此策及《赵世家》皆作'左师触龙言愿见太后',今本'龙言'二字误合为'詟'耳。太后闻触龙愿见之言,故盛气以待之,若无'言'字,则文义不明。……《汉书·古今人表》正作'左师触龙'。又《荀子·议兵篇》注曰:'《战国策》赵有左师触龙';《太平御览·人事部》引此策曰:'左师触龙言愿见',皆其明证矣。又《荀子·臣道篇》曰:'若曹触龙之于纣者,可谓国贼矣。'《史记·高祖功臣侯者表》有临辕夷侯戚触龙,《惠景间侯者表》有山都敬侯王触龙,是古人多以触龙为名,未有名触詟者。"[12]后1973年长沙马王堆三号汉墓出土的帛书《战国纵横家书》,上面明白地写着:"左师触龙言愿见"[13]。至此王念孙的推理判断得到了坐实。王念孙的校勘之例就是他校法与理校法合用的典范。有学者称:"校勘之事,其不自言科学,而自有科学精神在焉。这种精神用最为简括的方式来表述,就是:严谨务实、考信求真,明辨博观、纠误证讹,力避无征、存疑补阙。"[14]

知识的求原法解决的是知识源的可靠性,知识的求真法解决的是知识源的真实性。二者相互联系又有区别。它们是从传统图书馆经验中逐步升华出来的图书馆学专门方法，不仅在图书馆文献整理中发挥着重要作用，同时也在读书治学特别是文史哲研究中发挥着重要作用。比如说，查找《史记》里的资料，为了快速方便，我们可以使用南开大学组合数学研究中心与天津永川软件技术有限公司开发的《二十五史全文阅读检索系统》，但做引用，则应该使用中华书局的铅印本《史记》。因为《二十五史全文阅读检索系统》里面的错误较多。如《史记》卷十九《惠景间侯者年表》中的"间"，在这个检索系统里就误作"闲"。因为原来繁体字文本中的"閒"字可以写为简体的"闲"或"间"，在文字转换时由于疏忽就发生了错误。所以我们写文章做引注，一定要注意知识源的可靠性与真实性。

6.2　知识的组织、检索法

（1）知识的组织方法——文献分类法

分类有区分、类集的功能，它既是认识、区分事物的一种逻辑方法，也是组织、管理事物的实用方法。拥有众多事物的大型集合体，如博物馆、超级市场等，其物品的组织和管理通常要采取分类方法。自然事物的分类是十分复杂的，而人工事物的分类则更加复杂。因为自然事物虽然众多，但它们的存在有相对稳定的底数,人工事物出于人类之手,随时以新面目纷出杂陈。作为人工的知识产品——文献,其复杂性远远超过了某种自然物。因此,文献的分类方法也就发展成最为复杂、精密的一种事物分类方法。图书馆只有对众多文献科学分类,才能组织成一个合理、严密的藏书体系。图书馆在对文献进行分类时,首先要有一个分类工具,即成型的分类体系(通常称"分类法"或"分类表"),其次要有一套分类规则。所以,**文献分类法**就是以分类体系为工具,根据文献所反映的学科知识内容与其他显著属性特征,依分类规则分门别类地、系统地组织与揭示文献的方法[15]。

分类体系在图书馆中的使用已有 3000 多年的历史。不过,真正具有科学意识及现代意义的分类体系则是 1876 年问世的《杜威十进分类法》(简称 DDC)。此后的 130 年来,国内外文献分类学家在 DDC 的基础上研究出来许多新的分类法(表),如《国际十进分类法》(简称 UDC)、《美国国会图书馆分类法》(简称 LCC)、《冒号分类法》(简称 CC)等。仅 20 世纪,中国就编制出新式分类法(表)约 200 种[16]。目前,我国图书馆界普遍使用的是《中国图书馆分类法》(修订五版,简称"中图法"或 CLC),它由编制说明、基本大类表、基本类目表(由一、二、三级类目组成)、主表(详表)、附表(辅助表)、字顺索引、使用手册等要件构成。分类法(表)的编制是难度很高的工作。如同位类的排列,什么情况下要依"复杂性渐增原则"排序(音乐→舞蹈→戏剧艺术→电

影艺术），什么情况下要依"复杂性渐减原则"排序（汽车运动→
摩托车运动→自行车运动），这都有一定原则同时又很难掌
握好。

　　一部书进入图书馆，成为整个藏书体系（即知识集合）中的
一分子，必须经过分类加工，即由分类馆员依照分类法（表）给
它赋予一个分类号，这个**分类号**因有明确类目之间隶属、并列
以及描述某类目含义的作用，决定了该书在图书馆整个分类体
系中所处的位置。但是，一本图书有了分类号，在排架时还会
产生一个问题：如果同分类号的书有很多种，那么此一本书的
固定位置应该在哪里？于是图书馆学家们又想出了一个方法：
在分类号之外再给一本书一个书次号，**书次号**是确定同类书不
同排列次序而编制的号码，如著者号（依著者名称取号）、种次
号（依同类书入藏顺序取号）。它与分类号组合在一起共同形
成了一本书的**索书号**（见下图），就像经线与纬线相交，给定了
一个坐标点一样。索书号给每本图书在馆藏体系中提供了唯

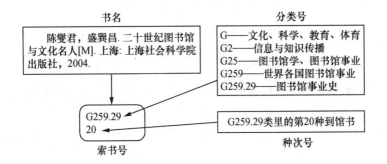

一的"家庭住址",读者通过索书号按图索骥就可以找到自己喜欢的书。

有时,将一本书分到十分恰当的类,也是很不容易的。这就要分类人员熟练掌握分类规则。例如,①《旅游服务心理学》入旅游类,而不入心理学类;《铁路会计学》入铁路管理类而不入会计学类,这是分类规则"图书应归入有最大用途的类"要求的;②《鲁迅日记》入个人传记类,而清人强汝询的《金坛见闻记》则入中国近代史太平天国类,因为分类规则要求:一般日记、回忆录归入个人传记类,但关于个别事件的日记、回忆录等则应按其内容性质分别归入各有关的类;③《敦煌学通论》入敦煌学类,而金身佳的《敦煌写本宅经葬书校注》入宗教的数术、迷信类,李应存、史正刚的《敦煌佛儒道相关医书释要》入中国医学类,周季文、谢后芳的《敦煌吐蕃汉藏对音字汇》入中国少数民族语言类,敦煌研究院的《敦煌壁画线描百图》入艺术类中的中国绘画作品类。因为"K870.6 敦煌学"只收总论性的文献,凡属专题研究的就入有关的类。这仅是简单的几个例子。

为书分类是一种类似博物学的工作。每一种分类都代表着对对象的一种理解。文献分类法是科学、经验、艺术相互糅合最为和谐与成功的一种方法,它的原理不仅能被图书馆学所用,也可以为其他学科所借鉴。

（2）知识的检索方法——目录查检法

网络时代,好的网络数据库往往能够提供多途径的检索渠道,如"中国铁道网·列车时刻表"的查询功能就有"站站"(始发——终点)、"车站"(某一车站)、"车次""票价"四个检索口,可以满足网民从不同需求来查询自己要了解的信息。不过早在手工时代,图书馆就已经这样做了。人们查找文献,根据自己的需要,既可以通过书名目录,也可以通过分类目录、著者目录、主题目录来进行。**目录查检法**就是通过款目(书目记录)的编制、组配,从书名(现称题名)、著者(现称责任者)、分类、主题等多方面向知识受众提供选择与检索文献途径的方法。设置多样性的目录体系来解决丰富的馆藏文献与特定读者需要之间的矛盾,这是目录查检法的精髓所在,目的是尽量为人们善用图书馆知识宝库多提供几把钥匙。

款目是图书馆目录体系建立的基础。图书馆员为每一本到馆新书进行编目,一书一条记录,揭示该书书名(题名)、著者(责任者)、分类、主题、出版、尺寸、附录等方面的内容。这一条书目记录就形成了一个款目。如果一个款目复制成四个,分别按书名(题名)、著者(责任者)、分类、主题排成目录,那么就形成了四体目录:**书名(题名)目录**(读者已知书名而来馆找书,那就直接可查书名目录)、**分类目录**(想了解某类书是否有适合自己的读物,读者可以查阅分类目录)、**著者(责任者)目录**(欲知道某作者有哪些书,那就去翻著者目录)、**主题目录**(要把关于某事物的著作都过过目,那就查主题目录)。这四体目录的载体形式以往都是卡片目录(国内许多图书馆只有前三体目录)。卡片目录 19 世纪后期兴起于西方图书馆界,它取代书本目录的主要理由之一,就是能比书本目录提供更多的检索途径以及可供多人使用。中国图书馆界在 20 世纪中采用的目录形式主要就是卡片目录。鉴于中国有重视"郡望"的传统以及为方便读者进行乡邦文献的检索,图书馆学家顾廷龙先生曾经提出要建立西方没有的第五种目录——**地域目录**,即在每一张款目上的著者后面标识出籍贯,然后再按籍贯编排出一套卡片目录[17]。这种本土化的观点对图书馆学界是一个良好的启示。然而,卡片目录体积大占空间,多做一套目录又耗时费力,因而顾先生的建议少有图书馆践行。不过,在机读目录盛行、卡片目录正在消亡的今天,这个建议无疑极具创新魅力和可行性。

机读目录(Machine-Readable Catalog,简称 MARC)是以代码形式和特定格式结构记录在计算机存贮载体上,能够被计算机识别并编辑输出书目信息的目录形式[18]。与卡片目录不同的是,它体积小,检索快且准,能够提供更多的检索点,便于集中编目与联机检索。机读目录也是从西方引进的"外来物种"。20 世纪 60 年代始创于美国国会图书馆,80 年代起我国也开始开发应用。目前国外著名的 MARC 格式有国际图书馆联合会制定的《国际机读目录格式》（简称 UNIMARC）、美国国会图书馆制定的 USMARC 格式。中国图书馆界以 UNIMARC 为基础，编制出了《中国机读目录格式》（简称 CNMARC）。现在国内大多数图书馆已经建立起计算机自动管理系统，普遍使用了机读目录。借助网络技术，图书馆的机读目录已经联网形成了"**联机公共目录查询系统**"（Online Public Access Catalog，简称 OPAC），读者可以从网上远程查找和借阅图书馆的书籍。检索途径除了传统的题名、责任者、分类、主题四个入口外，还可以进行截词检索、关键词检索、布尔逻辑检索、定题检索、文献类型检索、ISBN 或 ISSN 检索、出版地检索、出版时间检索、出版单位检索、丛书检索等等。

OPAC 的发展正在使读者的检索行为发生革命性的变化：对象多样化——由纸本文献到非书资料再到网络资源；内容细分化——由书籍到期刊论文再到各类索引、百科词条等；范围扩大化——由本馆到本地资源再到异地资源；方式灵活化——由简单匹配到布尔逻辑再到智能"傻瓜"检索[19]。特别是在 Web2.0 技术的支持下，OPAC 不仅能提供多种组合检索，而且检索结果可以按需排序（如年代、点击率）；读者不仅可以查看到所需资料的书目信息，还可以看到封面、摘要、目录等内容；不仅可以了解馆藏地点、借出状态，还可以编写标签和书评，对所阅书籍打分等;图书馆根据借阅数量可以公布图书借阅率排行榜;读者可以建立网络阅读圈与同好交流信息和思想。此时,知识受众访问 OPAC 已经不只是为了检索目录,而是为了建立一种有益的生活方式。与搜索引擎相比,图书馆的 OPAC 具不可替代性,这不仅因为其背景是庞大的馆藏优质知识资源,同时也因为它在技术与服务上有不断更新的能力。

今后的目录查检法正在从少数途径向多数途径拓展,从单一功能向多种功能延伸。只有充分掌握了目录查检法精髓的图书馆员,才能推进图书馆乃至各种知识集合的检索方式发生革命性的飞跃;只有充分掌握了目录查检法精髓的知识受众,才能在利用图书馆乃至各种知识集合时感到游刃有余。目录查检法的精髓不会随技术的变化而变化,正如美国学者泰克森(Tycko-son)在 1991 年发表文章称,铁路运输在 21 世纪仍可以使用 19 世纪的运输技术,从而重新找到自己能继续发展的特殊领域(主要运载货物而不是旅客);同样,要想拯救我们的目录,也可以用 18 世纪的理念在 21 世纪新技术飞速发展的条件下找到(卡片)目录新的特殊适用领域。图书馆目录应当在新技术条件下保持其核心理念,继续满足读者需求,而不是给读者提供的价值越来越低,以至于读者使用越来越少[20]。我们还应记住的是:目录不仅是检索工具,也是研究工具。人们可以通过目录研究出图书馆藏书的深度和广度。

6.3　知识的计量、分析法

(1) 知识的计量方法——文献计量法

知识是可以计量的,即能进行价值高下的比较。甲学术专著出版三年内被学术界引用过 100 次,而同时出版的乙学术专著(同类内容)在三年内只被学术界引用 20 次,二者的影响力显然不可同日而语。**文献计量法**就是运用数学、统计学方法定量地研究文献信息流的特征及其规律的方法。其主要应用的范围是探讨和发现文献增长规律以及文献老化、文献分布、著者分布、主题分布等现象和规律。由于文献是知识文本,而知识的无形性、不确定性和作用效果的间接性使得知识一般不能被直接测度,所以对文献的计量也只是间接地反映了对知识的计量,即测度的只是知识的绩效或知识的影响力[21]。下面仅举三个例子来说明。

① **核心期刊的测定**。1934 年,英国图书馆学家布拉德福(S. C. Bradford,1878—1948)根据文献集中与离散规律提出,某学科的大量文献相对地集中在少量的杂志上(核心区),而剩余的文献则依次分散在其他大量相关杂志上(非核心区);核心区期刊和相继各个非核心区期刊刊载的论文量相等,数量呈

1：a：a^2 的关系(a 是个常数)。布拉德福曾就应用地球物理学论文进行了统计分析,并将其划分出如下 3 个区:

分区	期刊数量	论文数量
1	9	429
2	59	499
3	258	404

表中 9：59：258＝1：5：5^2,符合 1：a：a^2 的关系。1 区的 9 种期刊显然就是核心区期刊[22]113—117。北京大学图书馆编制的《中文核心期刊要目总览》主要依据就是上述的**布拉德福定律**。后来图书馆学界将**核心期刊**认定为那些发表该学科或该领域论文较多、使用率(含被引率、摘转率和流通率)较高、学术影响较大的期刊。核心期刊在我国最初起的作用是指导图书馆采购期刊,即利用有限的经费建设优质馆藏,保障读者能阅读到专业论文最集中的期刊。后来因被用于填补学术论文评价手段的真空,而导致其功能逐步发生了变异。在 20 世纪末年,核心期刊竟然演变为评价期刊质量优劣、论文水平高低的标准,广泛应用于项目申报、职称评定、研究生毕业等方面,由此也滋生了种种学术不端现象。核心期刊一度被蒙上恶名,成为学术界的众矢之的。

② **文献老化的测定**。文献老化是指文献随其"年龄"的增

长,逐步失去了作为知识或情报的价值,以及因此越来越少地被科研工作者所利用的过程。测定文献老化的工具一个是文献半衰期,一个是普赖斯指数。**文献半衰期**是由美国科学家贝尔纳(J. D. Bernal)于 1958 年提出的,后来伯顿(R. E. Burton)和开普勒(R. W. Kebler)给出了一个具体定义与能够计算的数学方程式。按照伯顿、开普勒的理解,文献半衰期是指某学科(专业)现时尚在利用的全部文献中较新的一半是在多长时间内发表的。如某学科发表的成果,它们所引用的全部文献中的 50% 是在近10 年内发表的,那么该学科文献的半衰期是 10 年。换言之,经过 10 年,此学科全部文献的一半,其利用价值已逐步衰减。伯顿、开普勒曾计量出数学文献的半衰期是 10.5 年,化学是 8.1年,物理是 4.6 年,机械制造是 5.2 年,化学工业是 4.8 年等。

普赖斯指数是由美国学者普赖斯(Derek John de Solla Price,1921—1983)于 1971 年提出的,指在某一学科领域里,把发表年限不超过 5 年的引文数量同引文总量之比作为指数,用以衡量文献老化的速度与程度。这一指数被称为普赖斯指数。"普赖斯指数"越高,说明文献使用的材料越新颖,半衰期就越短,文献老化就越快。一般情况下,新兴学科的普赖斯指数高于成熟学科。各学科的普赖斯指数平均值大约为 50%[23]。这一方法既可用于测量某领域的全部文献,也能用于评价某期刊、某机构甚至某位作者、某篇文章。如中华医学会主办的眼科专业性学术期刊《中华眼科杂志》从 2001 年到 2004 年共刊出 926 篇眼科医学论文,其中有引文的论文 850 篇,引文率为 91.79%,篇均引文量为 8.05 条。经过统计分析,中文文献引用半衰期为 4.99 年,外文为 7.20 年;而 926 篇论文的引文普赖斯指数为 35.50%(见下表),低于各学科的普赖斯指数的平均值 50%,也低于《中华男科学杂志》2001 年至 2002 年的普赖斯指数(56.03%)。这个数据,表明该刊作者对近期文献的引用率较低,研究引用文献相对滞后[24]。

《中华眼科杂志》2001 年至 2004 年刊出论文的引文普赖斯指数

年份	引文总量 (条数)	近 5 年内引文量 (条数)	普赖斯指数 (%)
2001	1197	425	35.51
2002	1893	607	32.07
2003	2067	756	36.57
2004	2294	857	37.36
合计	7451	2645	35.50

"文献半衰期"和"普赖斯指数"都是从文献被利用的角度出发,来测量、分析文献老化的情况。众多数据表明,人文学科的文献老化很慢,理工学科的文献老化很快;基础学科的文献半衰期较长,应用学科半衰期则较短。而且学科积累的历史不同,科学发展的阶段不同,科学文献老化的速度也不同。我们可以根

据文献老化的快慢,来判断学科发展的速度,制定图书馆馆藏文献的发展策略以及剔旧原则。

　　③ **文献作者分布的测定**。衡量一门科学的发展,有两个重要的参数指标:一是在这门科学中所发表的文献;二是发表这些文献的科学家群体。从文献计量的角度,探讨科学家的著述规律及其与科学文献之间的数量关系,是文献计量学的重要研究内容之一[25]。1926 年美国科学计量学家洛特卡(Alfred J. Lotka)经过统计研究,提出描述科学生产率的频率分布规律,即写 2 篇论文的作者数量大约是写 1 篇论文作者数的 $1/4(1/2^2)$;写 3 篇论文的作者数量大约是写 1 篇论文作者数的 $1/9(1/3^2)$;也就是说,写 n 篇论文的作者数量大约是写 1 篇论文作者数的 $1/n^2$。所有写 1 篇论文的作者所占比例大约是 60%。**洛特卡定律**(Lotka's law)不仅揭示出科学生产率的不平衡性,也揭示了科学文献按著者分布的规律。有作者用洛特卡定律分析我国服装学科研究论文的科学生产率,指出 1996 年至 2005 年 10 年间的服装研究论文共 4637 篇,其中发表 1 篇论文作者(1557 人)占到了总作者的 65.48%,他们共发表了 1557 篇文章;发表 2 篇论文作者(362 人)占到了总作者的 15.22%,他们共发表了 724 篇文章;发表 3 篇论文作者(161 人)占到了总作者的 6.77%,他们共发表了 483 篇文章。发表 1 至 3 篇的作者占到总人数的 87.47%,总共发文 2782 篇,占论文总数的 60%。而发表 5 篇以上论文的作

者仅为 5.8%,其论文数占全部论文的 32.54%。这说明,我国近几年服装学中高产作者并不多,高水平的研究群体尚未形成;作为应用技术学科的中国服装学,目前发展还不成熟,仍属于新兴学科[26]。

(2) 知识的分析方法——引文分析法

引文分析原本属于文献计量法中的一种方法,如文献半衰期和普赖斯指数都是利用引文分析法而生成的文献计量理论。由于引文分析在文献计量学领域里是使用最广泛、最活跃的一种方法,它的研究成果占据文献计量学中的一半以上,所以渐渐成为图书馆学家们认可的、与文献计量法并列而称的一种图书馆学专门方法。众所周知,任何一种科学文献都是借鉴前人研究成果而形成的,这种借鉴一般又是经过引用文献(即引文)来表现的。英国学者兹曼(J. M. Ziman)说过,没有一篇科学论文是孤立存在的,它是被深嵌在某学科的文献系列之中的[27]。**引文分析法**是运用数学、统计学方法定量地研究文献引用与被引用的现象,以求寻找某些有价值的知识规律的方法。引文分析法主要有三方面的功能:其一是评价功能,因引文分析具有精确性、可靠性,它可以用来评价学术成果(著作、论文乃至期刊等)的影响力;其二是发现功能,因引文分析可以发现文献与文献之间的内在联系,进而可以揭示出期刊与期刊、学科与学科之间等方面的关系；其三是检索功能，因引文分析可以依主题将所有相关引用文献目录信息聚合起来，所以它可以建立由引文入手的检索渠道。以下分别就这三个方面各举一例。

①**"影响因子"分析法**。影响因子（Impact Factor）是在一定时期内期刊论文被引用量与可引用论文总数之比。其公式[22]296—298是：

　　某年某刊影响因子＝该年引用该刊前两年论文的总次数/前两年该刊所发表论文的总数

例如：

　　2005 年某刊影响因子＝2005 年引用该刊 2004 年和 2003 年论文的总次数/2004 年和 2003 年该刊所发表论文的总数

如果某专业中甲刊的影响因子为 0.90，而乙刊的影响因子为 0.70，那就说明在此专业里，甲刊的学术影响力大于乙刊。因为高影响因子期刊中的高质量论文一般说来要比低影响因子期刊中的高质量论文多，二者成正相关关系。之所以将统计时间定在前两年，是因为普赖斯的"研究峰值"说认为，在一般情况下,科学论文在发表后的两年间,其被引数量达到最大值[28]。另外,将"前两年该刊所发表论文的总数"作为分母,是为了消除因期刊发文量不同对期刊被引率的影响。如那些大型的、历史悠久的期刊要比那些小型、年轻的期刊发文量大,被引的可能性也大得多,如果仅仅用引用量来衡量一种期刊的影响力,那就有些偏颇了。影响因子法不仅可以用来衡量不同期刊的学术影响力,而且可以用来衡量一个专家、学科的学术影响力,其应用范围比较广泛。

② **自引分析法**。自引是引用文献时常见的引文方式。如某一作者的论文引用自己以前的文章,就可称之为同一作者文献的自引。同理,某一学科文献引用本学科的文献,就可称之为同一学科文献的自引。自引类型分作者、机构、期刊、学科、地区、语种等方面的自引。进行自引分析通常要先算出"自引率"。**自引率**的公式如下:

$$自引率 = 自引文献的次数 / 引用文献总次数 \times 100\%$$

例如:

$$某学科自引率 = 自引本学科文献的次数 / 某学科引用文献总次数 \times 100\%$$

通过自引率，可以分析出一些学科发展的特点。一般情况下，学科自引率大，说明该学科比较成熟、稳定，相对独立性较大，但同时也反映出该学科较少吸收外界的成果（即吸收能力弱）。如20世纪80年代有学者统计情报学的自引率为48％，图书馆学的自引率为78％，说明当时图书馆学的成熟度、独立性都比情报学要大，但吸收新科学成果的能力却相对较弱[22]342—343。当然，除了自引分析，还可以进行他引分析，如某学科在某时间内的引用文献，都涉及了哪些学科？哪个学科的引用率最高？那些引用率高的学科就是该学科的主要相关学科，它们在研究对象或研究方法、学科目标上有密切关联，可以互相借鉴。

③ **引文索引编制法**。由于文献与引文之间、引文与引文之间有着某种内在联系，那么根据这种内在联系建立起的"引文链"和"引文网络"就能供研究者进行文献深度追踪检索。1961年美国学者尤金·加菲尔德（E. Garfield，1925—2017）创建的《科学引文索引》（Science Citation Index，简称 SCI）就是通过引文进行文献深度追踪检索的著名检索工具。《**科学引文索引**》选录了国际上重要的学术期刊3500种作为源期刊，涉及的学科有数学、物理、化学、农学、林学、医学和生物、天文、地理、环境、材料、工程技术等。它把源期刊上论文所附的参考文献的作者（Cited author，被引证作者）、题目、出处等一一著录，并按照引证与被引证的关系进行排列，使人能从引证关系中查找到自己所需

要的文献。它能揭示作者何时在何期刊上发表了何文章,也能揭示某作者的文章近期内被哪些人引用过。目前中国图书馆界普遍使用的《中国期刊网》也具备这种从引证关系来查找文献的检索功能。如查找《中国期刊网》中收录的某篇论文,你不仅能看到该论文的题录、文摘、出处等信息,还能看到引用该文的"引证文献"(表示出该文研究工作的继续、应用、发展或评价状况)有多少;看到该文的"同被引文献"(与该文同时被作为参考文献引用的文献)有多少,观察到与该文共同作为进一步研究基础的论文发表状况。

总之,由于"引文是学者付给同行的硬币工资"[29],所以引文分析法对学术成果评价、学术发展揭示、学术知识检索都有重要作用。但是,使用引文分析法时要注意它存在的某些局限。如我们可以用影响因子来评述期刊,但用来评价论文作者的影响就不很适用了。期刊的影响因子通常涉及足够多的文章和引文,而个体作者按平均水平说,发表的文章数却少得多。由于新发表的文章没有足够的时间(特别是文科论文)被引用,因此期刊影响因子只是起到评价这些新发表文章及作者的替代作用,而不是直接的评价作用。评价论文的质量,最可靠最直接的做法还应是同行专家的评审[28]。

6.4　知识的导读、咨询法

(1) 知识的导读方法——提要揭示法

《红楼梦》第四十八回里讲到香菱学诗,一次她向林黛玉讨教。香菱道:"我只爱陆放翁的诗'重帘不卷留香久,古砚微凹聚墨多',说的真有趣!"黛玉道:"断不可学这样的诗。你们因不知诗,所以见了这浅近的就爱,一入了这个格局,再学不出来的。你只听我说,你若真心要学,我这里有《王摩诘全集》,你且把他的五言律读一百首,细心揣摩透熟了,然后再读一二百首老杜的七言律,次再李青莲的七言绝句读一二百首。肚子里先有了这三个人做了底子,然后再把陶渊明、应瑒、谢、阮、庾、鲍等人的一看。你又是一个极聪明伶俐的人,不用一年的工夫,不愁不是诗翁了。"[30]黛玉给香菱提供的学诗路径就是一种知识导读,这种导读法叫做专家导读法。凡是专家一对一或有针对性给特定读者群提出阅读书目与阅读方法建议的,都属于**专家导读法**。而图书馆学的知识导读方法通常与专家导读法不同,它所针对的读者往往没有明确的范围限定,它只是在知识文本上下工夫,力图将其有价值的内涵挖掘出来,并通过某种简单的方式导引读者使用。这种知识导读法就是提要揭示法。**提要揭示法**是用简要文字撮述文献要点以揭示其内容的一种导读方法。在中国古代，提要又有叙录、解题之名，它们都是对某一单元文献内容进行浓缩、精炼而述其梗概的简短记录。古代提要主要有以下几体：叙录体、传录体、辑录体与释录体等。

① 叙录体。《汉书·艺文志》载刘向校书，"每一书已，向辄条其篇目，撮其旨意，录而奏之"。刘向校书形成的提要（叙录）就是叙录体。如刘向写的《晏子叙录》：

> 护左都水使者、光禄大夫臣向言：所校中书《晏子》十一篇，臣向谨与长社尉臣参校雠太史书五篇，臣向书一篇，参书十三篇，凡中外书三十篇，为八百三十八章。除复重二十二篇，六百三十八章，定著八篇二百一十五章。外书无有三十六章，中书无有七十一章，中外皆有以相定。中书以夭为芳，又为备，先为牛，章为长，如此类者多，谨颇略榷，皆已定以杀青，书可缮写。

> 晏子名婴，谥平仲，莱人。莱者，今东莱地也。晏子博闻强记，通于古今，事齐灵公、庄公、景公，以节俭力行、尽忠极谏道齐，国君得以正行，百姓得以附亲。不用则退耕于野，用则必不诎义，不可胁以邪。白刃虽交胸，终不受崔杼之劫。谏齐君，悬而至，顺而刻。及使诸侯，莫能诎其辞。其博通如此，盖次管仲。内能亲亲，外能厚贤，居相国之位，

受万钟之禄，故亲戚待其禄而衣食五百余家，处士待而举火者亦甚众。晏子衣直布之衣，麋鹿之裘，驾敝车疲马，尽以禄给亲戚朋友。齐人以此重之。晏子盖短。（按，此下疑有阙文。）其书六篇，皆忠谏其君。文章可观，义理可法，皆合六经之义。又有复重，文辞颇异，不敢遗失，复列以为一篇；又有颇不合经术，似非晏子言，疑后世辩士所为者，故亦不敢失，复以为一篇。凡八篇。其六篇可常置旁御观。谨弟录。臣向昧死上[31]。

从《晏子书录》及现存数篇刘向的叙录原文看，他所作的叙录基本上含有四个内容：厘定篇目，记述校雠，介绍作者，撮评书旨。这是现存最早的叙录体提要。清代的《四库全书总目》提要，是叙录体提要的集大成者。

② **传录体**。传录体提要是以介绍作者生平活动及著述情况为主的一种提要体例。目前可知的最早的传录体提要是荀勖（？—289）于晋初编定的《文章叙录》，该书是较早一部著作家的著述书目，早已失传，今仅从《三国志》注和《世说新语》注中尚能看到其零星佚文。如《三国志·魏书》卷二十三《裴秀传》注引《文章叙录》：

秀字季彦。弘通博济，八岁能属文，遂知名。大将军曹

爽辟。丧父服终，推财与兄弟。年二十五，迁黄门侍郎。爽
诛，以故吏免。迁卫国相，累迁散骑常侍、尚书仆射令、光禄
大夫。咸熙中，晋文王始建五等，命秀典为制度，封广川侯。
晋室受禅，进左光禄大夫，改封钜鹿公，迁司空。著《易》及
《乐》论，又画《地域图》十八篇，传行于世。《盟会图》及《典
治官制》皆未成。年四十八，泰始七年薨，谥元公，配食宗
庙。少子颁，字遗民，袭封[32]。

此段文字，是《文章叙录》为裴秀的作品集而做出的一篇叙
录（提要）。这篇叙录（提要）列出了作者裴秀的姓氏名字、里贯
先考、生平事迹、所著篇章等，开传录体提要之先河。其后，西晋
秘书监挚虞（？—311）沿其体例编出《文章志》4卷。南北朝刘宋
时期，秘书丞王俭编《七志》，"于书名之下，每立一传"[33]，亦为典
型传录体提要。古人读书，十分重视对作者的了解，如孟子曰：
"诵其诗，读其书，不知其人可乎？"[34]刘向的叙录里有对作者的
介绍。班固撰《汉书·艺文志》，其《诸子》《诗赋》《兵书》诸略，遇
所录书之作者史有列传，必在书名下以小字注"有列传"三字。
其意在于让读者可与史传参照而阅，以便了解该著作者的生平
与时代。由此而知，传录体提要的方法有一定的思想渊源。魏
晋时期个人著作（即后世称文集）丛生，促使传录体提要应时
而生。

③ **辑录体**。辑录体是由抄辑序跋、史传、笔记等有关资料形成的一种提要体例。梁释僧祐编佛教经目《出三藏记集》时已有此体,后来元初马端临的《文献通考·经籍考》、朱彝尊的《经义考》使辑录体提要得以发扬。如僧祐《出三藏记集》卷六在介绍《四十二章经》时,专门抄录《四十二章经》的序[35]以起提要作用:

四十二章经序第一　未详作者

昔汉孝明皇帝夜梦见神人,身体有金色,项有日光,飞在殿前。意中欣然甚悦之。明日问群臣:此为何神也。有通人傅毅曰:"臣闻天竺有得道者,号曰佛,轻举能飞,殆将其神也。"于是上悟。即遣使者张骞、羽林中郎将秦景、博士弟子王遵等十二人,至大月支国写取佛经《四十二章》,在十四石函中[36],登起立塔寺。于是道法流布,处处修立佛寺。远人伏化愿为臣妾者不可称数。国内清宁,含识之类蒙恩受赖,于今不绝也。

在佛教史中,《四十二章经》一卷向被认为是第一部传进中土的佛经,故僧祐将其列为"第一";因该经之序不知何人所为,故《四十二章经序第一》旁著录"未详作者"。观其内容,主要是采用史传中"汉明求法"故事,来叙述迎取《四十二章经》的事件过程及其影响。

僧祐(445—518)是萧梁时期的名僧,著述颇丰。他撰述的《出三藏记集》十五卷,是古代著名佛教目录学著作,"三藏"者,经、律、论之谓也;"出"者,译出之谓也。该书十五卷分四部分:一撰缘记,二铨名录,三总经序,四述列传。分别记载了佛经及译经起源(第1卷),排列了历代译经的名录(第2至5卷),抄录了译出各经的序或记(第6至12卷),叙述了历代传经译经高僧的传记(第13至15卷)。所谓"缘记撰,则原始之本克昭;名录铨,则年代之目不坠;经序总,则胜集之时足征;列传述,则伊人之风可见"[37]。用史学家陈垣先生的话说:"本书之特色,全在第三方式之经序,为其他经目所未有,可以考知各译经之经过及内容,与后来书录解题、书目提要等用处无异。其后记多记明译经地点及年月日,尤可宝贵。"[38]

④ **释录体**。过去的目录学家谈及古代提要一般只讲前三体,未有人言及四体。殊不知古代所谓"解题"(或"题解")者,就是第四体。释录体提要就是"解题"一类的提要,专门用于解释作品题目的含义,以使读者能顺利"破门而入"。由于这类提要放在作品题目之后,通常置于作品集中,很少汇集起来单独演成目录,因此人们往往忽略了它作为一种提要体例的意义。

释录体提要出现于南北朝,主要流行于唐代及其后。如汉代乐府诗《古诗为焦仲卿妻作》(因古有以首句名诗的习惯,故又俗称《孔雀东南飞》），初见于南朝陈徐陵《玉台新咏》，后宋代郭茂倩《乐府诗集》、元代左克明《古乐府》、明代冯惟讷《古诗记》等皆收录，各本稍有异。该诗有 350 多句，近 1800 字（最短的选本也有 1765 字），为古代第一首长篇叙事诗。徐陵《玉台新咏》录此诗时不知作者，但题目下面有一段文字说：

汉末建安中，庐江府小吏焦仲卿妻刘氏，为仲卿母所遣，自誓不嫁。其家逼之，乃没水而死。仲卿闻之，亦自缢于庭树。时人伤之，为诗云尔[39]。

此段文字即为"解题"，就是释录体提要。它使人在阅读此诗时，大致知其创作于东汉献帝建安年间（196—220），是时人据庐江府（今属安徽潜山）发生的一个婚姻悲剧事件写成的，后来在民间口头流传。由于原作者佚名，因而《玉台新咏》在标题中称之"古诗"。

隋唐时期的一些诗歌总集出现了许多释录体提要，如唐吴兢《乐府古题要解》、郗昂《乐府古今题解》等。明人徐师曾《文体明辨》言："夫题者，缔也，审缔其义也。跋者，本也，因文而见本也。"[40]吴兢《乐府古题要解》在《王昭君》诗的题名下就有这样一篇解题曰：

右旧史王嫱字昭君，汉元帝时，匈奴入朝，诏以嫱配之，号宁胡阏氏。一说汉元帝后宫既多，不得常见，乃使画工图其形，案图召幸。宫人皆赂画工，多者十万，少者亦不减五万。昭君自恃容貌，独不肯与。工人乃丑图之，遂不得见。及后匈奴入朝，选美人配之，昭君之图当行。及入辞，光彩射人，悚动左右。天子方重失信外国，悔恨不及。穷案其事，画工有杜陵毛延寿，为人形，丑好老少，必得其真。安陵陈敞，新丰刘白、龚宽，并工狗马，人形不逮延寿下。杜阳望樊青，尤善布众色。皆同日弃市，籍其资财。汉人怜昭君远嫁，为作歌诗，始武帝以江都王建女细君为公主，嫁乌孙王昆莫，令琵琶马上作乐，以慰其道路之思。其送明君亦然。晋文王讳"昭"，故晋人改为"明君"。石崇有妓曰绿珠，善歌舞。以此曲教之，而自制《王明君歌》，其文悲雅，"我本汉家子"是也。《琴操》[41]载：昭君，齐国王穰女。端正闲丽，未尝窥看门户。穰以其有异于人，求之者皆不与。年十七，献之元帝。元帝以地远不之幸，以备后宫。积五六年。帝每游后宫，昭君常恐不出。后单于遗使朝贺，帝宴之，尽召后宫，昭君乃盛饰而至。帝问："欲以一女赐单于，谁能行者？"昭君乃越席请往。时单于使在旁，帝惊恨不及。昭君至匈奴，单于大悦，以为汉与我厚，纵酒作乐。遗使者报汉，送白璧一双，骏马十疋，胡地珠宝之类。昭君恨帝始不见遇，乃作

怨思之歌。单于死,子世达立。昭君谓之曰:"为胡者妻母,
为秦者更娶。"世达曰:"欲作胡礼。"昭君乃吞药而死[42]。

这篇解题长文,铺陈历史背景,勾连思古幽情。此类乐府诗
歌解题方法在唐宋的应时涌现,突破了以往知识文本提要的三体
(叙录、传录、辑录)限制,终于创造出了新的提要体例——释录体。

从发展过程看,中国古代书籍提要的方法不仅由少增多,而
且还由内至外。明代开始,书籍提要的方法渐渐扩延至图书以
外的领域。如明代公文奏章冗长枝蔓,崇祯皇帝为省览之便,特
令内阁凡奏章皆实行"贴黄"之式。顾炎武释"贴黄"说:"自撮疏
中大要,不过百字,粘附牍尾,以便省览。此贴黄之所由起
也。"[43]可见从明末开始,公文也有了提要之制度。近代以来,随
着西方图书馆学传入我国,文摘方法开始逐步流行。**文摘**是不
附加解释或评议,对原始文献内容作准确、扼要的简略表述。由
于现代社会文献激增,人们选择与阅读文献的困难增加,因而文
摘的方法开始大行其道。目前不仅有了关于"文摘"的国际标
准,产生了文摘学,而且计算机自动编制文摘的技术也已经出
现。提要、文摘有揭示文献、报道文献的功能,因而提要书目、文
摘书目具有很高的导读价值。西方的文摘方法在揭示、报道自
然科学文献时固然有其优越之处,但在揭示、报道人文社会科学
文献方面就略显不足,反不如中国传统的提要方法实用和精到。

中国传统的提要法讲求"知人论世",故多有作者之介绍及文献旨意之评述。这是图书馆学应继承下来的优良传统。

（2）知识的咨询方法——参考咨询法

图书馆的参考咨询与市场上的战略咨询、运作咨询、IT 咨询等虽然都属于知识咨询，但前者多是公益性的，后者主要是经营性的；前者主要针对社会个体，后者主要针对经济组织。图书馆参考咨询的任务是解答读者的各种问题，所以**参考咨询法**就是馆员解答读者各种问题的技巧和方法。由于馆员参考咨询的水平主要取决于其知识素养与经验积累，因而参考咨询法完全属于一种隐性知识，换言之每位参考馆员的咨询能力各有不同，也很难抽象出具体的、能够条列出来的咨询方法和技巧。不过，从那些资深参考馆员的经验中，我们还是能够总结出一些规律性的东西。

① **咨询问题的分类**。当读者提出咨询问题时，参考馆员要在最短的时间里判断出它属于哪种类别的咨询问题。一般读者提出的咨询问题可以划分为**指示型、事实型、资料型、研究型**四种[44]。"卡片目录在哪里？""周六你们开馆吗？"等属于指示型问题，此类问题最易回答也最易使人因寡味而疲劳；"人的头发直径是多少？""慈禧太后为什么叫'老佛爷'？"等属于事实型问题，其难易程度不等，有的耗一天时间也找不到合理答案，但它能激

发参考馆员的兴趣；"围棋史方面的资料有哪些？""想戒除网瘾看什么书？"等属于资料型问题，它的特点是不以提供数据为主，而以提供资料，如书目、索引、书刊等为主；"口述史学在美国是怎样发展起来的？""网络阅读是否会取代纸本书籍阅读？"等属于研究型问题，一般占日常咨询问题的比例较小，它的特点是参考馆员经过认真研究才能给予解答，提供的服务成果形态主要是研究综述、论文、报告等。咨询问题经过分类，就容易安排合适的参考馆员给予解决。

　　② **知识网络中的定位**。任何一个咨询问题都能归属于人类知识网络（或体系）中某一结点上，换言之，参考馆员如果对人类知识网络（或体系）以及馆藏知识系统有深入了解的话，就能很快确定一个咨询问题所属的知识域，进而提高检索效率。如青岛大学图书馆参考馆员在承担本校"防掉毛兔毛纱"科研项目鉴定任务时，通过国际联机检索查到该项目为国际空白。但同时却发现以相关方法申报的中国专利有两件，那么这两件专利到底是用什么方法防止兔毛掉毛的呢？该馆早已停订中国《专利公报》，参考馆员只好另辟蹊径试查美国《化学文摘》（CA）。CA除收录期刊议文、会议文献、学位论文之外，还收载世界上近30个国家和组织的专利文献（占 CA 的 17％）。尽管 CA 被公认为国际上化学化工领域的权威，但其报道的范围仍然涉及食品、农药、肥料、冶金、矿物、印染和纺织等各学科和行业。最后果然在

1991 年(115P)和 1993 年(118P)的卷专利索引中找到了这两件中国专利文摘,得知这两件专利分别采用树脂处理和碱处理法防止兔毛掉毛,而本校完成的"防掉毛兔毛纱的研究"与这两种方法截然不同,具有一定的创新价值[45]。

③ **知识源文献的优选**。参考知识源的种类多、数量大,在解答咨询问题、选择参考知识源的时候,参考馆员要充分考虑参考源文本的权威性。参考源文本权威性的指标主要由编著者的资历、出版者的声望等构成。如我们要向读者提供一条《史记》中的资料,那么最好选择中华书局出版的"二十四史"中的《史记》。因为中华书局是出版中国古籍的权威出版社,他们出版的"二十四史"都是挑选善本、请学术大家点校的。如果我们要查考西方学术名著中的资料,则最好使用商务印书馆的《汉译世界学术名著丛书》。该丛书从 1982 年问世,至今已出数百种,网罗了西方古今学术名著,其中不少名著的翻译出自我国著名学者之手,例如郭大力、王亚南译的亚当·斯密的著作,朱光潜译的黑格尔、维柯的著作,周建人译的达尔文的著作,巴金译的克鲁泡特金的著作,高觉敷译的弗洛伊德的著作。这套《汉译世界学术名著丛书》在国内学术界享有很高的声望。

④ **检索策略的活用**。由于有了网络以及各种文献数据库,查考一般咨询问题应该首先使用网上搜索引擎及数据库。20 世纪 70 年代初北京图书馆社科咨询室为毛泽东查找"木秀于林,

风必摧之;堆出于岸,流必湍之;行高于人,众必非之""水至清则
无鱼,人至察则无徒"[46]两段话的出处,经咨询人员反复翻检工
具书,最终查出前者是西晋李康的《运命论》的名句(《文选》卷五
十三中有选录),后者是孔子的话,出自《后汉书·卷四十七·班
超传》李贤注[47]。今天来查找这两句话的出处,利用数字资源只
需几分钟就可查到,并且查出"水至清则无鱼,人至察则无徒"还
早见于西汉戴德传下来的《大戴礼记·卷八·子张问入官》、班
固的《汉书·卷六五·东方朔传》等。另外,检索策略的活用还
指参考馆员遇到检索难点时,要学会变换检索途径或方法。如
某馆参考馆员应读者要求查找有关七彩燕鱼的养殖知识,以"七
彩燕鱼"作检索词在馆藏数据库中搜索,没有找到相关资料,但
用百度搜索引擎可检索到"七彩神仙鱼 Symphysodon acquifasci-
ata 又名七彩燕鱼"的信息,而用"七彩神仙鱼"到维普数据库检
索,果然查找到了《七彩神仙鱼人工繁殖主要水质条件的探讨》
等有关材料[48]。

⑤ **咨询经验的积累。**参考咨询经验的积累,一靠经验丰富
的参考馆员"传帮带"新手,一靠保留重要的咨询案例以备参考。
美国是现代图书馆参考咨询工作的发源地。19 世纪末年开始,
许多美国图书馆十分重视参考咨询资料的积累。如美国图书馆
学家拉德(J. N. Larned,1836—1913)在从事参考咨询工作时,把
读者疑难问题及其答案整理为 5 本书,名叫《参考实录》(*History*

for Ready Reference,1893),他所工作的水牛城图书馆（Buffalo Library)直到 1937 年还将它作为咨询参考书[49]。20 世纪末,美国某市图书馆总馆咨询小组存有满满几大卡片柜子的疑难问题资料,主要都是涉及本地的、在一般通用工具书和数据库中比较难找的资料。这些资料是该咨询小组几十年来数代图书馆员攒下来的。所以,有时从分馆转来的刁钻问题他们也能解答。如果把这些卡片做成让馆员和读者都能检索(同时可以上传资料)的开放数据库,挂在图书馆主页上,这无疑是一件功德之举。因为网上缺少的就是这样有鲜明地域特色、年代又久远的资料[50]。由大量咨询案例形成的参考咨询案例库不仅储备了咨询技能,同时也形成了一种特殊的参考工具,一种评价咨询工作的历史资料。

咨询不仅是一个结果,而且还是一个过程。因此,决定参考咨询的关键因素不是技术条件而是方法,不是馆藏的是否丰富而是馆员经验的是否丰富。商业意义的咨询,其从业人员与会计、律师、医生类似,越"老"越"值钱",这就是一个富有意味的佐证。

参考文献

[1] 张忠培.中国考古学:走近历史真实之道[M].北京:科学出版社,1999:214.

[2] [北齐]颜之推.颜氏家训·卷三·勉学第八[M].王利器,集解.增补本.

北京:中华书局,1993:206—207.

[3] 鲁迅.破《唐人说荟》[M]//鲁迅全集·第8卷·集外集拾遗补编.北京:人民文学出版社,2005:[第8册]131—136.

[4] 台湾胡适纪念馆影印的《胡适手稿》10集(台北,文华出版公司1966年至1970年版),其中前6集全是讨论《水经注》疑案的。

[5] 〔美〕富路特.关于一件新发现的最早印刷品的初步报告[J].梁玉龄,译.书林.1980(3):42—43.

[6] 张秀民.南朝鲜发现的佛经为唐朝印本说[J].图书馆研究与工作,1981(4):20—23.

[7] [清]段玉裁.说文解字注·第四卷二篇下·足部[M].影印经韵楼刻本.扬州:江苏广陵古籍刻印社,1997:83.

[8] 陈垣.校勘学释例[M].上海:上海书店出版社,1997.

[9] [汉]司马迁.史记·卷六十一·伯夷列传第一[M].北京:中华书局,1959:[第7册]2123.

[10] 王叔岷.类书荟编序[M]//斠雠学(补订本);斠雠别录.北京:中华书局,2007:564—565.

[11] 林品石.吕氏春秋今译[M].台北:商务印书馆,1985:[下册]739.

[12] [清]王念孙.读书杂志·卷二之二·战国策[M].北京:中华书局,1991:58.

[13] 马王堆汉墓帛书整理小组.战国纵横家书[M].北京:文物出版社,1976:74.

[14] 钟东.对传统校勘精神的释读[N].光明日报,2005-02-01(B4).

[15] 俞君立,陈树年.文献分类学[M].武汉:武汉大学出版社,2001:2.

[16] 俞君立.中国文献分类法百年发展与展望[M].武汉:武汉大学出版社,2002:1,28.

[17] 顾廷龙.顾廷龙学述[M].刘小明,整理.杭州:浙江人民出版社,2000:15—16.

[18] 黄俊贵.文献编目工作[M].北京:北京图书馆出版社,2000:174.

[19] 胡小菁.论新一代 OPAC 的理念与实践[J].中国图书馆学报,2006(5):67—70,75.

[20] TYCKOSON,DAVID A. The twenty-first century limited:designing catalogs for the next century[J]. Cataloging and Classification Quarterly,1991,13(3/4):3—28.

[21] 文庭孝.知识计量与知识评价研究[J].评价与管理,2007(1):70—75.

[22] 邱均平.文献计量学[M].北京:科学技术文献出版社,1988.

[23] 靳纯桥,李恩江,余满松.《解放军医学杂志》1996—2000 年引文统计分析[J].解放军医学杂志,2001,26(12):935—937.

[24] 杨华,邱菊.中华眼科杂志 2001 年至 2004 年引文分析[J].中华眼科杂志,2005,41(6):540—543.

[25] 邱均平.文献信息作者分布规律:洛特卡定律[J].情报理论与实践,2000,23(6):475—478.

[26] 尹方屏,张大为,刘静伟.中国服装学科论文著者的洛特卡分布研究[J].农业图书情报学刊,2007,19(2):141—144.

[27] 王崇德.文献计量学教程[M].天津:南开大学出版社,1990:253.

[28] 叶继元.学术期刊的定性与定量评价[J].图书馆论坛,2006(6):54—58.

[29] 叶继元.宜用新的研究方法研究"当代学术史"[J].云梦学刊,2005(4):

18—20.

[30] [清]曹雪芹,高鹗.红楼梦[M].北京:人民文学出版社,1988:664—665.

[31] [汉]刘向.晏子叙录[M]//[清]严可均.全上古三代秦汉三国六朝文.影印光绪刻本.北京:中华书局,1958:[第1册]332.

[32] [晋]陈寿.三国志·魏书·和常杨杜赵裴传第二十三[M].裴松之,注.北京:中华书局,1963:[第3册]673.

[33] [唐]魏徵,等.隋书·志第二十九·经籍三[M].北京:中华书局,1973:[第4册]907.

[34] [清]焦循.孟子正义·卷十·万章章句下[M].上海:商务印书馆,1933(民国二十二年):57.

[35] [梁]释僧祐.出三藏记集·卷六[M].苏晋仁,萧炼子,点校.北京:中华书局,1995:242.

[36] 所谓"在十四石函中",因卷二"新集撰出经律论录第一"中有《四十二章经》"藏在兰台石室第十四间中"句,故知取回之经藏于东汉著名藏书机构兰台。《魏书·释老志》也有《四十二章经》"缄于兰台石室"语。兰台建筑规制在正史中未有详解,从此经序可知兰台拥有十余间石室。《后汉书·王允传》(中华书局1965年版)有"及董卓迁都关中,允悉收敛兰台、石室图书秘纬要者以从"句,点校者将兰台石室标点断开,以为是两个处所,显然不妥。

[37] [梁]释僧祐.出三藏记集·卷一·序[M].苏晋仁,萧炼子,点校.北京:中华书局,1995:2.

[38] 陈垣.中国佛教史籍概论[M].北京:中华书局,1962:3.

[39] [陈]徐陵.玉台新咏笺注[M].吴兆宜,注.程琰,删补.穆克宏,点校.北

京：中华书局，1985：42—43.

[40] ［明］吴纳，徐师曾.文章辨体叙说；文体明辨序说［M］.于北山，罗根泽，点校.北京：人民文学出版社，1962：136.

[41] 《琴操》，为东汉蔡邕作，其对王昭君的事迹叙述也当比较真实。

[42] ［唐］吴兢.乐府古题要解［M］//［清］张海鹏.学津讨原.影印清嘉庆照旷阁本.上海：商务印书馆涵芬楼，1922（民国十一年）：第二十集.

[43] 顾炎武.日知录［M］.黄汝成，集释.长沙：岳麓书社，1994：647.

[44] 咨询问题四种类型的划分，主要参考了以下两种文献：〔英〕丹尼斯·格罗根.图书馆咨询［M］.张帆，等译.武汉：华中师范大学出版社，1991：32—42；〔美〕卡茨 W A.参考工作导论：基本参考工具书［M］.戴龙基，等译.北京书目文献出版社，1986：10—14.

[45] 靳小青.从参考咨询谈巧用检索工具［J］.图书馆理论与实践，2000（1）：66—67.

[46] 唐代颜师古注曰"徒：众也"。见［东汉］班固.汉书·卷六五·东方朔传［M］.北京：中华书局，1962：2867.

[47] 郎燕珂.参考咨询服务在信息时代的转变：以国家图书馆社科咨询室为例［J］.当代图书馆，2004（4）：27—29.

[48] 罗宇君.网上参考咨询服务的基本方法与技巧［M］//李昭醇.数字参考咨询服务初探.北京：北京图书馆出版社，2004：61—68.

[49] 严文郁.美国图书馆名人略传［M］.台北：文史哲出版社，1998：30—36.

[50] 海雨.图书馆工作缺乏创造性？［EB/OL］.海雨的 BLOG，（2007-04-01）［2007-04-01］.http：//blog.sina.com.cn/u/4ca33d8e010009a2.

书籍的发展及未来命运是怎样的

　　我们的文明是书籍的文明：它的传统和它的本源，它的严格性和它的理智责任感，它的空前想象力和它的创造力，它对自由的理解和对自由的关注——这一切都以我们对书籍的热爱为基础，愿时尚、传媒和电脑永远不会破坏或者松弛个人对书籍的这种亲切的依恋！

——卡尔·波普尔

卡尔·雷蒙德·波普尔爵士（Sir Karl Raimund Popper，1902—1994），英国著名哲学家。主要著作有《研究的逻辑》《历史决定论的贫困》《开放社会及其敌人》《科学发现的逻辑》《客观知识》等。波普尔的思想主要建筑于他的知识论之上，他相信人类在知识和福利两方面都会取得进步。

过去我们习惯将用纸张抄写或印刷成册的著作物叫做书籍。后来，由于缩微、音像、机读型的"非书资料"大量涌现，图书馆界又逐渐改用"文献"这个能涵盖各类知识载体的超级词汇。在学科的规范用语中，我们倒很少再提"书籍"，它成了口语化、生活化的一个语词。不过，为了适应人们的习惯与讨论的方便，我们仍将"书籍"限定为抄写或印刷成册的图书、期刊、论文等纸本文献。2003年，比尔·盖茨造访西班牙皇家学院时，在新闻发布会上语出惊人："不消灭书本和纸张死不瞑目。"此言一出，引起舆论大哗。许多学者认为，盖茨是纸本印刷书籍消亡的鼓吹者、代言人，但他的预言是不可能实现的[1]。那么，"新的电子媒体会让书籍消亡吗?"这不仅是爱好阅读的人们十分关心的问题，而且更是广大图书馆员迫切追问的问题。

7.1 书籍的功能与效用

纵观人类的发明史,可以说书籍是迄今为止人类最伟大的发明物。古今中外有关书籍的言论数不胜数,美好的赞誉车载斗量。如"书犹药也,善读之可以医愚""书籍是人类进步的阶梯"等等。这些言论与赞誉几乎都对书籍的伟大价值给予了很高肯定。那么书籍的价值是什么呢? 我觉得书籍的价值可以用"两个功能、三个效用"来概括。"两个功能"主要是讲书籍的基本功能,"三个效用"主要是讲书籍的基本功能在不同历史时期发挥的社会效用。基本功能是相对恒定的、不易变化的,而社会效用则有可能随时代的变迁发生变化。社会效用也可以表述为"辅助功能"。

(1) 书籍的基本功能

书籍和其他人类发明相比,有着与众不同的重要功能。从本质上讲就是它能够保存社会记忆、传递人类知识。仅这两点,就使其有了"一览众山小"的气度。

① **保存社会记忆**。什么是社会记忆? **社会记忆**是由大量历史元素组成的,如民族起源、信仰沿袭、思想源流、风俗传统、政治变迁、经济发展,乃至个人的生活经历等,它们综合起来就形

成了"过去的形象"而留在社会群体的心中。社会记忆对个体、群体都很重要。美国学者保罗·康纳顿(P. Connerton)认为:对个体来讲,"我们对现在的体验在很大程度上取决于我们有关过去的知识。我们在一个与过去的事件和事物有因果联系的脉络中体验现在的世界"[2]导论;对于群体来说,现实的社会秩序就是建立在"过去形象"之上并使其合法化的。这就暗示出一条规则:"任何社会秩序下的参与者必须具有一个共同的记忆。"[2]94没有社会记忆,人类社会就会混乱、倒退乃至像雪山一样崩塌。我们常说"代沟",代沟就是不同系列的社会记忆发生阻隔造成的。尽管不同辈分的人可同处一个时空里,但他们有可能在精神、情感上由于社会记忆不同而存在着绝缘。当然,保存社会记忆的方式很多,如举行纪念仪式、保持风俗习惯、传授手工艺技法等,但对人类来说,最为有效的方式还是利用文字将"过去形象"记录下来,形成能够永久保存的知识媒介——书籍。

在没有书籍的口传时代,社会记忆在传承中会发生某种流变、磨损,如阿根廷国家图书馆馆长、作家博尔赫斯(Jorge Luis Borges,1899—1986)讲道,传说或故事是经过磨炼加工的,"无论是仙女的故事,还是民间传说……往往都是很动人的。因为,随着人们不断地在口头上流传,其中的糟粕和渣滓也就都给淘洗干净了"[3]。然而口传时代的这种"淘洗"是不留痕迹的,我们无法通过"知识考古"得以了解。在有了书籍以后的写刻时代,社会记忆在传承之中依然会发生某种流变、磨损乃至"淘洗",但这样的"淘洗"就会留下清晰的印痕,可供我们进行"知识考古"。孔子的思想借助《论语》等先秦经典流传至今,不同时代以至于今天都有不同的认识、理解,由于历代解经文献的存在,我们依据历代儒家对《论语》等的注解、释读,就可以一一探源访流。所以,社会记忆是流淌的河水,数不清的书籍就是河床。

因为书籍有保存社会记忆的功能,人类为了"固化"自己的社会记忆,特别注意书籍的保留和传播,书籍的生命力也因此而接近不朽。弗兰西斯·培根(Francis Bacon,1561—1626)在其《学术进步》(1605)中曾写道:"智慧与学术给人类社会所造成的影响远比权力与统治持久。在《荷马史诗》问世以来的2500年或是更长的时间里,不曾有诗篇遗失,但却有多少宫殿、庙宇、城堡以及城市荒芜或被焚毁?"[4]

② **传递人类知识。**谈到书籍传递人类知识的功能,使我想到一件事:20世纪80年代初,李政道曾在中国科技大学为"少年班"讲课,他提了一个问题:人与动物的根本区别是什么? 有学生答人能直立行走,有学生答人会制造工具,有学生答人会劳动。李政道说:大家答的都有道理,不过我认为人与动物的根本区别在于人会知识积累;动物则不行,每一代都必须从头开始。的确,人通过知识传递、积累,知识也呈几何级数增长,最终使人走出了动物界踏上了文明之旅。原始社会,人类知识的传递方

式主要是口耳相传,记忆方式是大脑记忆。这种传递与记忆方式有时空的局限性及不稳定性。文字发明以后,人类知识可物化、外现于某种物质载体上(如泥版、莎草纸、竹简等),这不仅使知识在传递上突破了时空局限,同时也开辟了知识的"脑外记忆"这一新途径。文字、书籍的产生使人类进入了文明社会的快车道。有人说,如果将人类漫长的文明史,即从鲁迅所说的会喊"杭育杭育"号子直到今天(约旧石器中期以来的10万年)压缩成一年的话,文字、书籍的出现则发生在这一年的最后十几天里。形象地说,埃及书写传统产生在12月11日,中国表意文字产生在12月18日,中国的印刷术发明于12月26日,欧洲第一本书(*Gutenberg's Printing Press*,1445)则问世于12月29日[5]。所以,以传递知识为目标的书籍,在"人之所以为人"这个命题的成立上,起到了关键作用。

(2) 书籍的社会效用

　　书籍的基本功能发挥效力就外现成某种社会效用。在人类的不同发展阶段,书籍的社会效用会有所差异,但从书籍的产生到现在,其社会效应主要有以下三种:

　　① 提升人类思考。书籍的内容是知识。丹尼尔·贝尔在给知识下定义时,曾将"可传递性"视为知识的一个基本要素[6]。知识的传递有两种方式:共时传递(在某一静态时间内传递)与

历时传递(在不同历史时间内传递)。从历时传递角度看,知识的传递方式可分为以下三个历史阶段:**口耳相传**时期、**书写印刷**时期、**电子媒介**时期。在口耳相传时期,知识的传递是面对面的在场交流,有即时性、现场感强、失真度小、高度依赖语境等性质,这有利于社会权威的形成和文化传统的维持。但是知识传递因受时空的苛刻局限,它对社会进步亦有不利的一面,如社会组织因之只能是松散的、小单元的(像部落、村庄等)[7]。在书写印刷时期,知识传递是"意符"的再现,"意符"存在于可移动的媒介(书本)中,使知识的不在场交流成为可能。知识的传递有了固定性、去现场感、不依赖语境等性质。人们可以在不同时空里、不受外界干扰地理解知识文本,并且能够反复阅读,这就为其带来了省力化,使其产生了怀疑主义,即社群记忆摆脱了口头传统对韵律的依赖,以及社群记忆的内容常常系统地遭到批评[8]。因此,是书籍促进了人们批判性思考的发展,动摇了传统的权威。

② **体现社会权力。**我国古代先贤对书籍的社会效用有过一番精辟论述,如唐代学者魏徵等在《隋书·经籍志》中言:经籍(书籍)可以"经天地,纬阴阳,正纪纲,弘道德。显仁足以利物,藏用足以独善","其王者之所以树风声,流显号,美教化,移风俗,何莫由乎斯道?"[9]这实际是在强调书籍的政治教化作用,言其是一种治理工具。过去文字、书籍是"圣哲之能事",知识掌握

在上层智识阶层（如史官）手中，他们既是知识的生产者也是传播者。因此，知识与权力结合之紧密如同西方中世纪王权与神杖之间的关系。知识的流动、扩散是由上至下单向的，正好与政治权力的影响、扩散的单向性相一致。米歇尔·福柯就认为知识（话语）与权力是互为你我的，他说："在任何社会里，话语一旦产生，即刻就受到若干程序的控制、筛选、组织和再分配。"此处"若干程序"就指权力形式。当然，在一定条件下，话语本身也可转化为权力，如真理，它"激发了尊敬和恐惧，由于它支配了一切，故而一切必须服从它，它是掌握权力的人们根据必需的礼仪说出的话语；它是提供正义的话语"[10]。因此，记录知识的书籍显然也就具有了表征、体现权力的社会效用。书籍不仅可成为统治阶层的"为治之具"，而且也可成为人们入仕所依赖的重要工具。这种现象在当今社会并未减弱，如医生对患者、教师对学生所传达的知识话语，依然具有不容置疑性；所谓权威期刊上发表的水平一般的文章，仍可傲视一般刊物上的文章。

③ **创造生活方式。**书籍的第三个社会效用是它制造出了人们的一种生活方式：阅读。有了书籍就有了阅读活动。尤其书籍通过市场自由流通以后，阅读之风也逐渐浸润人心，慢慢形成社会个体生存发展的重要途径。我国古代崇尚的"耕读"（如耕读之家、耕读社会），就是对阅读作为一种生存发展方式的高度抽象化肯定。而且，随着阅读行为的扩张，当代社会的"阅读"业

已超越了书籍的范畴。这就像后现代社会学者福克斯（S. Fuchs）和瓦德（S. Ward）所言，大量的阅读使文本领域从业者相信阅读的力量是巨大的，整个世界都可看成文本，都可变成语言一类的东西，都可以进行解构[11]。人们除了"读有字之书"，还要"读无字之书"，阅读人生、阅读自然、阅读美丽、阅读城市、阅读建筑……甚至服装也可以阅读。

专心致志地阅读

2004 年，有一篇短文就讲到阅读旗袍，说中国旗袍的语义是想象性的，与近代西方带有夸张的窄腰宽裙不同，它悄然无语地紧贴在身体表面，丝毫不张扬，诉说着东方女性温顺文雅的品质；旗袍的丝绸质地，暗示着东方女性光滑细腻的皮肤，让人能感到还有体温……[12]看看，这种阅读是多么厉害。

当人们的阅读行为不断泛化，尤其是在电视、网络等平面媒体普及的当今时代，书籍在人们的阅读生活里是否已经显得不那么重要了？美国有线电视网的节目主持人拉瑞·金（Larry King）在访问前美国联合最高广播网主席（UPN）露西·萨尔哈尼(Lucie Salhany)时曾问:"我们正在进入一个可能有 500 个电视频道并存的世界。你担心以后人们还会阅读吗?"萨尔哈尼回答:"阅读是仅仅指读书,还是指获得各种信息? 过去人们想了解某些知识时,可以查字典或翻阅百科全书,从中找出有用的材料。现在则打开电脑,用这种速度快得多的方式查找信息。许多人在电脑上阅读,还有些人一边开车,一边从磁带里获得信息。只要你不断地吸取新知识,相形之下获得知识和娱乐的方式便显得不那么重要了。"[13]278

　　这种说法有些道理,但也存在问题。尽管当今社会已进入了读图、读网时代,视觉超越了听觉,图像统治了文字,但书籍保存社会记忆、传递人类知识的功能不会被其他媒介所取代,书籍提升思考、体现权力、创造生活方式的社会效用也不会减弱。特别是书籍的阅读,这是一种安静的、专心致志的个体活动,它与一般大众文化及信息的消费不同。大众媒介具有重复性、雷同性和无所不在的特点(如我国每年一度的春节晚会电视直播),它倾向于产生自动反应并削弱个体抵抗力量,人们对它的反应是下意识的、浅感觉的、群众化的[14]7,而对书籍的反应则是独立的、反思性的。当家庭藏书、个人阅读成为一种文化传统的时候,人们反倒会更加亲近书籍,例如具有藏书和阅读伟大传统的俄罗斯人,几乎家家都有藏书,都有古典名著。甚至农村、边远地区的家庭,年均购书量也达 4 册。25 岁至 50 岁的阅读人口每月读书超过 1 本的人数,占到了俄罗斯总人数的 80% 以上,而不看书的人口占总人口的比例还不足 4%[15]。需求决定市场,只要读书传统不终结,书籍是不会消亡的,消亡的只是书籍的某些形式(如旧的载体形态)。

柏杨《我们要活得有尊严》(2003)一书正文的扉页上有一段"阅读不能取代"的箴言:"世界上,除了生命不可以取代,健康不可以取代之外,阅读同样地也不可以取代。广播、电视以及电脑,威力都无与伦比,但只能给我们资讯,不能给我们智慧,所以不可能取代阅读。智慧需要积累,积累需要消化,消化需要时间和空间。对着文字沉静的反复阅读,细嚼慢咽。"[16]的确,转瞬即逝的口语、连续晃过的画面怎能与反复阅读、随时停下来追根究底的读书相比呢?

7.2　书籍的发展

目前我们所知道的最早的书籍是两河流域的泥版书,如出土于亚述王朝尼尼微图书馆遗址(公元前 7 世纪)的人类最古老的长诗《吉尔伽美什》(Gilgamesh,一位半人半神的英雄)共 3600 行左右,用楔形文字分别记述在 12 块泥版上,它们的形成年代约为公元前 11 世纪[17]。书籍从产生以来,它的载体从古至今发生了多次变化,从泥版、甲骨、石头、竹帛、羊皮到纸张,现在又有了电子形式，它一直没有停下脚步。所以，20 世纪 50 年代，图书馆学家刘国钧先生给书籍（图书）下过一个定义说："图书是以传播知识为目的而用文字或图画记录于一定形式的材料之上的著作物。这个'一定形式的材料'在各个历史时代和各民族是有所不同的。"[18]刘先生巧妙地回避了用某种载体形式来定义书籍将会带来的窘境。

（1）书籍载体的更新趋势

虽然书籍不会马上消亡，但是作为一种知识媒介（媒介在拉丁文里有"公共"[Public]的含义），从其发展史看，新形式的媒介总要取代旧形式的媒介，这似乎成了一条规律。如口头媒介被写印媒介所取代，写印媒介又可能被电子媒介所取代。加拿大学者麦克卢汉（E. Mcluhan）早在 1964 年就说过："任何新媒介都是一个进化的过程，一个生物裂变的过程。它为人类打开了通向感知和新型活动领域的大门。"[19]422当然，这里所说的"取代"，不是指旧的媒介就从此不存在了，而是指人们放弃广泛生产、使用这种旧媒介，代之以新媒介。如纸质书籍会永久地存在，但发展到一定时期，人们广泛生产、使用的可能是电子图书。因为后者的优点要远远大于前者。从这个意义上来说，在未来社会，纸质书籍会退出历史舞台，被新的载体书籍所取代。

不过，目前学术界流行的一种观点却与之相左，如习惯于阅读印刷媒介的人认为,与电子屏幕相比,书刊读起来更令人舒适:可随意折叠、批注、剪贴,便于携带,不怕撞击,能躺在床上阅读,不必担心电源的有无,甚至可在洗澡间的浴缸中翻阅等。1995年意大利作家、符号学家翁贝托·艾柯(Umberto Eco)曾言:"在计算机的小桌前面12小时之后,我的眼像是两只网球,而且我需要舒适地坐在一个大椅子上读一张报纸或其他,也许是一首好诗。"[20]135 1998年,我国图书馆学家黄宗忠先生曾力证纸质书籍不会隐退,因为代之而起的数字化媒介有载体寿命短、保存不安全、难以保留原始文章的原汁原味、要借助一定设备才能阅读、技术上相容性差、知识版权难以解决等问题。因此,他得出的结论是纸质书籍在未来社会将与电子书籍、缩微图书、视听资料共存互补[21]。就是国外出版界人士似乎也对电子文献取代印刷书刊的市场前景心存疑虑。据美国开放电子图书论坛(OeBF)报道,2003年前半年电子书销售收入增加了30%,单个销售商的收入比去年同期增长了40%。这些是和年增长率只有5%的印刷品相比较而言的。显然电子书籍与印刷书籍是互为补充而非相互对抗的。西雅图图书公司总裁Ted Treanor说,电子书取代印刷书籍的言论是可笑的,市场需要更多时间对它们做更精确的观察[22]。

即便如此,电子书取代纸本印刷书籍这个趋势却是明朗的。**电子图书**(即**E-book**)是指以互联网为流通渠道、以数字内容为流通介质、以网上支付为主要方式的网络知识文本,以及可以阅读的电子阅读器和手持智能终端,如国外最早推出的 Softbook和 Rockerbook,还有人们使用的手机等。从"历时"的角度看,竹帛取代甲骨,纸张又取代竹帛,一种知识载体很难永久不变;从"共时"的角度看,电子图书与纸质书籍相比较,已呈现出了诸多优势,如成本低、节约资源、可按需印刷成纸本、能即时传播、无需仓储物流、多媒体共存、内存量大、无光线时也可阅读、可以批注及加书签等。尤其是从资源保护角度看,纸本书籍对木材的浪费是惊人的。印刷 10000 册 500 页的书籍需要 300 棵树提供原材料。现在整个世界每分钟就要毁林一公顷(每公顷成材林木约有 750 棵),每天失去相当于比利时国土大小的林区[20]136。此外,造纸工业能源和水消耗高,一吨纸需要 200 吨至 300 吨水,制浆黑液中含有大量有机、无机物,如苯酚、汞离子、氰化物等,属于"二高一大"的产业,对环境的污染极为严重。尽管电子图书还存在着这样那样的缺点,但随着高新技术的进步与发展,相信这些缺点能逐步得到改进与克服。因为,技术的目标是延伸人体器官与身心的功能,如武器是人类牙齿与拳头的延伸,交通工具是人类双腿的延伸,衣服和住宅是人体的生物温控机制的延伸,货币是人的劳动的储存与延伸等等。武器与交通工具等虽然已很发达,但它们仍没有停止发展更新的步伐。书籍是人大脑记忆功能的延伸,技术力量也会不断完善与提高这种延伸。

　　而且,随着技术进步的加快,电子图书也会日新月异地发展。2000 年 11 月,美国的 E-Ink 公司和朗讯技术公司(Lucent Technologies)已向社会公众展示出了电子纸张的新产品。这种电子纸张(Electronic Paper)利用塑料电路薄膜制成,厚度小、可编程、对比度高、能源消耗低,还可以张贴在物体表面(包括纸张和布)上。电子纸张制成的报纸和油墨印刷出来的报纸看起来几乎是一样的,但电子纸张报纸的内容却能随时更新,读者甚至可以将它们带到海滩上去阅读,炫目的阳光只会让电子纸张上的内容更加清晰。2007 年 5 月,美国报业出版商 Hearst 宣布将采用电子纸张来试发行它旗下的《西雅图邮讯报》(*Seattle Post-Intelligencer*),为期两年。这份报纸尺寸相当于 A3 纸,约有普通卡片厚,读者们可以把它卷起来随身携带,"翻页"之类的压感按钮安置在"报纸"边上。想想看,如果有这样一种"新书"既可保留传统印刷的优点,又能体现新技术的各种好处,读者能拒绝对它的选择

美国《西雅图邮讯报》(*Seattle Post-Intelligencer*)试用的电子纸

吗？并且现实社会已进入这样一个时代：电子图书已经开始与纸质书籍共存、竞争，在可预见的一段时间之后（如 50 年），电子图书就会大行其道，迫使印刷书籍急剧衰落。三国时期魏文帝曹丕"以素书所著《典论》及诗赋饷孙权，又以纸写一通与张昭"[23]，已说明帛贵纸贱，二者当时已经并行。至东晋末年桓玄称帝下令在其辖内以黄纸代简帛，这也不过是一百多年的事。而且当时战乱频仍，技术进步迟缓。

传媒思想家麦克卢汉在 20 世纪 70 年代的晚年生涯中曾提过一个**媒介四定律**，很值得我们注意。麦氏认为，任何一种媒介（尤其是新媒介）的发展都经历了放大（amplification）、过时（obsolescence）、再现（retrieval）和逆转（reversal）四个过程。① 放大：该媒介提升或放大了人类生活的哪方面？② 过时：该媒介让过去的哪些被欢迎的、地位突出的东西受到遮蔽并使之过时？③ 再现：该媒介把哪些过时的东西又拉回舞台中心得以重新展现？④ 逆转：当该媒介走完生命历程，达到登峰造极之时，它摇身一变逆转为什么东西[24]268-273？以印刷书

加拿大传播学家麦克卢汉（Herbert Marshall Mcluhan，1911—1980）

籍为例,它的出现使人们的阅读从诵读扩大到默读,人们的怀疑精神得到了培育;珍贵的手抄经卷被批量生产的印刷品代替后,教会不再至高无上,宗教改革运动随之而起;印刷书籍使中世纪的缮写室和烦琐哲学过时,但又使整个古代世界得到恢复;文艺复兴时期,诗人、音乐家要不断地重新回到布满灰尘的语言古董店里去寻找灵感;当印刷书籍发展到极致时,它又可能被新的声像并存的多媒体文本所取代。不过,这四个过程并不是先后发生的,而是同时进行的,"是要同时考虑的一组定律"。在麦克卢汉眼里,他的四定律不仅仅适用于媒介,还适用于一切技术。如他讲到:吸尘器使扫帚和灰尘掸过时,照片使画像过时。汽车给马车时代画上了句号,但马车又以"西部片"的新意义、新经验杀回马枪;汽车性能达到高速并大量使用,它们就又回复到了航行状态,交通又"流动"起来了[19]569—581。书籍作为人类理性的产物应该不会消失,但其载体等形式上的变化却是不可阻挡的。就像汽车取代了马车,而马车"交通工具的性质"却被汽车承袭了过来。

(2) 纸质书籍与电子书的本质区别

书籍载体的变化并不能涵盖书籍发展这一命题的全部内容,尽管书籍发展更多着眼于未来新媒介形式的易用性、易得性等方面。但从深层的原因探讨,电子图书是否与纸质文本、印刷书籍有着什么本质上的不同？这种不同是否又造成它们之间出现了取代关系？现在纸质书籍的易用性、顺从性、易得性已经达到了一个相当成熟乃至十分完美的程度。正如翻译家王佐良所言："书香仍是诱人的，黑色的文雅字体印在雪白的纸上，其美学效果也不是荧光屏上的计算机所能代替的。"[25]

美国学者马克·波斯特（Mark Poster）《第二媒介时代》一书将人类社会的传播媒介分成"第一媒介"（如书籍、报纸、广播、电视）与"第二媒介"（即网络媒介）。这个区分与学术界通常划分的口语媒介、书写/印刷媒介、电子媒介三阶段，以及从载体上划分的零载体、天然载体、人工载体、纸型载体、缩微载体、音像载体、封装电子载体、网络载体的八阶段都有所不同。波斯特认为，广播、电视也是电子媒介，它们不仅像书籍一样传播知识，还大量传播信息。不过，它们与书籍、报纸等在传播性质上是相同的，都是从中心向周边，或自上而下的单向交流。这种单向交流增强了社会控制效用，是知识信息发出者对接收者的讲话。如电视广告，它"控制着语境、背景以及叙事的文本，它们便具有特别的权力"。"观看者被引诱，而把他或她自己置换进广告之中，从而使观看者与产品意义合而为一。"[14]88—89网络这种第二媒介则与之不同，它是互动的、去中心的，原有的主体被置换成多重的、分散的和去中心的主体，并且具有了不稳定身份。网络可以打破知识霸权，要求人们关注地方性的、非连贯的、被取消资格的、不合法的种种知识，如地方性知识（Local knowledges）。所以，网络上的电子图书与传统的纸质文本、印刷书籍的重要本质区别在于：印刷书籍制造了意义的固定性、作品的不朽性及作者的权威性，而电子图书则表现出意义的易变性、作品的不稳定性及作者的不确定性与多重性。可以说，数字化书写颠覆了印刷文化，有促成新文化、新人与物关系形成的潜能。如在"人类关系"的命题上，农业社会人与自然的关系显然最重要，工业社会则转向了个体与组织机构，信息社会里，人与机器的关系突显了出来。波斯特说，"社会空间中充满了人与机器的结合体"，网络已把人转化为"半机械人"（Cyborg），转化为与机器唇齿相依的人[14]52—53。人类社会可能因此而变得越来越敏感、易变和脆弱。

不仅从媒介自身变化的角度，我们可看到纸质书籍与电子图书的本质区别，而且从媒介使用者的角度，我们也能分析得知：知识受众通过阅读获取知识时，不同媒介所带来的体验是不同的。意大利作家翁托贝·艾柯在2003年11月做客埃及亚历山大图书馆，发表了题为《书的未来》的长篇讲演。他提到，以拼音字母排列为基础的印刷书籍，其叙事方式是线性的，"人必须以一种线性方式从左向右阅读（依据不同的文化，还可以从右向左，或由上至下）"。虽然也可以跳读，但这也是线性的，并"意味着体力劳动"。这与人脑存储和管理的信息多呈非线性逻辑关系的跳跃思维方式有着很大的差异。与之相反，电子图书作为一种超文本则是"一种多维度的网络，或者好比一座迷宫，其中每个点或节点都有与其他任何节点连接起来的可能"[26]。艾柯指出，**印刷书籍是典型的"文本"，而超文本却是一种"系统"。**"系统"提供了无限变化的可能性，你可用它创造出自己想要的文本；而"文本"却不能成为系统，它阉割了系统的无限可能性。艾柯举例说，如果将"今天早上我吃过早餐了……"这句话当做一个系统，辞典允许我们开列出许多食物条目，且都可包含在系统之内；但如果明确制造一个文本"今天早上我吃了面包和黄油早餐"，那么就会将奶酪、鱼子酱、熏牛肉和苹果等排除在外了。超文本建立起来的"系统"能让读者阅读时以不同方式进行无限再创作，如同一部留有悬念的侦探小说，读者在结尾部分自己可以决定凶手是管家、主教、侦探、作者还是读者。未来书籍的诱人之处在于"造就了一种在读者方面绝对自由的印象"[26]。超文本的非线性结构、多媒体信息多样化（文字、图像、声音、动画）的呈现，不仅契合了人脑思维模式的联想机制，也契合了人在吸收知识信息时的共感需求。

任何一种新媒介的问世，都会将旧媒介当做它的内容而予以保留、使用。如一本小说是电影的内容，一部电影又可能是电视的内容。换言之，旧媒介的内容和形式通过转移能植入新媒介的体内。新、旧媒介于是会有着某些相同的本质特征。如电子图书在问世初期大多是由纸质书籍数字化而生成，并且它们还努力表现纸质书籍的某些风貌;数字图书馆早期更是通过将大量物理馆藏数字化而逐步成长起来的。麦克卢汉说,新媒介"刚问世时,它们似乎是旧媒介的降格形式。新媒介必然把旧媒介当作内容来使用。这样做可以加速它们自己粉墨登场、成为艺术形式的过程"[19]411。麦氏的传人保罗·莱文森(P. Levinson)比麦氏观点更进一步,竟然说:因特网是一切媒介的媒介。不仅过去的一切媒介是因特网的内容,而且使用因特网的人也是其内容。因为上网的人和其他媒介消费者不同,无论他们在网上做什么,他们都是在创造内容,这就如同书籍的内容不仅存在于作者的意图之中,也存在于读者的合理解释之中。网络要将过去一切媒介"解放"出来,当做自己的手段来使用,要把一切媒介(书籍、报纸、广播、电视等)变成自己的内容[24]53-58。

7.3　书籍的未来命运

纸质书籍终将被边缘化,但这个过程可能要数十年。因为人类阅读纸质书籍的习惯(如读书的角度、距离、光线的适宜度等),以及人们对书籍的钟爱心理,这都是在几千年的发展进化中形成的。网络目前还没有那种神奇的力量可以"一网打尽"。网上的电子图书目前在内容制作、知识产权、网络安全、电子支付、市场推广等方面都存在着许多障碍,这是我们必须正视的。

当然电子图书现存的许多问题可以通过技术进步解决，未来发展中的互联网技术、显示技术、数字版权保护（DRM）技术会使电子图书越来越完善。如纸质书籍的印刷文字分辨率很高，至少300 dpi 到 600 dpi，而目前普通电脑显示屏的分辨率最高只有100 多 dpi，但液晶显示器今后有可能达到上千 dpi 时，情况就不一样了[27]。技术难以解决的倒真是人们已有的"习惯"。每个时代都会有反对使用新技术的勒德分子。但一般来说，跟上技术的步伐可能是人们最好的选择。麦克卢汉有一句名言："媒介就是讯息"，这句话传达出这样一个含义，即媒介在使用过程中产生的冲击力，甚至远远超过了它传播的内容，如打电话本身在人类事务中的某些意义，远远超过电话上具体说的内容；看电视对我们生活的影响及意义远远超过了我们看的具体节目或内容。新媒介的产生，本身在制造一种新的生存状态与认知习惯。正如百货商店不仅出售商品，而且也出售中产阶级的生活方式[28]，白领女性们在琳琅满目的豪华商场里购物往往也是为了获得自身的愉悦；电视不仅传送画面，而且造成人的新的感知模式和家庭结构的变化（如每家要有一个看电视的公共空间——客厅）。

20 世纪 80 年代以来出生的人们相对六七十年代生人虽然年轻，但他们的网络媒介体验、经历却远较长辈们丰富深刻。似乎他们更善于热情拥抱比他们更为年轻的网络媒介。他们上网的时候不断兴奋、随意地拓展自己的活动空间。如果今晚某刻电脑死机、手机没电,他们会发出焦灼的呼喊,因为新媒介已融入他们的日常生活,须臾不可分离,就像比尔·盖茨所言:"网络的使用就会像我们现在看电视、打电话、读新闻、听音乐、和同事分享文件及像孩子交作业一样平常。我们打开电灯时并没意识到电,几年后当我们打开电脑时也不会意识到网络。"[13]80 所以习惯是可以重新建立与逐步养成的。

(1) 电子工具书将取代纸质工具书

说起纸质书籍被电子图书取代的过程,翁贝托·艾柯的观点有些道理。他说纸质书籍分两种类型:**供阅读的书**和**供查阅的书**。供查阅的书——工具书(如辞典、书目、索引、手册、百科全书等)是最先要被电子图书取代的。传统的纸本工具书,包括索引、目录、年表、历史地图等,尽管使用便利,但是仍然存在不能摆脱的种种缺陷,如门类不齐,排检方式单一,缺少综合条件和渐进式检索方式,无法产生再生资源,不能做到海量数据中的知识发现,还有携带不便、复制困难等。艾柯说印刷型的百科全书部头大、价钱昂贵、占用空间、携带不便,而一张百科全书的CD-ROM 则可避开这些不足,而且上网查阅,"允许把参考资料和非线性的补充信息混合起来使用",所以"超文本无疑会让百科全书和手册消亡"[26]。这个观点其实已经被大量的现实经验所验证。如查皇皇巨著"二十五史"中的字词、名物,有了南开大学研制的《二十五史全文阅读检索系统》光盘后,已经没有哪个人文学者再去费力翻检"二十五史"原文,或查阅"二十五史"人名、地名的纸质索引了。所以,前两年图书馆学界有人提出纸质工具书与电子工具书可长期互补共存的观点似乎过于乐观。尽管印刷形态的工具书还在继续出版,但众多资历深、历史久、权威高的大型工具书正纷纷推出自己的电子版。电子版的销售额也在逐步扩大,占据了总利润的绝大部分。美国期刊文摘的两个权威刊物《公共事务信息摘要》(报道通俗文章)和《化学文摘》(揭示研究性论文),早在 20 世纪 70 年代就开始由 Dialog 和 BRS 等供应商提供电子版。至 90 年代中期,它们已通过网络界面向所有经过许可的用户提供网络使用。尽管《化学文摘》尚未宣布停止纸质文本的出版,但其出版重心向网络版的转移不是可以"一叶知秋"吗?

(2) 报刊全文数据库将取代合订本报刊

工具书被取代之后,下一轮被取代的就是合订本期刊、报纸。为什么呢?一册合订本报刊在我们图书馆人的眼里也是一册书籍,无论是图书馆馆藏、单位收藏还是个人收藏,报刊合订本的增长速度都是惊人的,不仅占据了大量的空间,而且还要你为它预留出未来增长的空间。合订本报刊主要是为人查考而存在的,如果要查阅某年某月某日某报上的一篇文章,你可能要跑到图书馆花上半小时的时间,翻动积满尘土的一摞摞合订本报纸,然后找到重达3斤以上的那一册,或是复印,或是摘录。然而,在网上报纸全文数据库中检索,这也许只要轻松的几秒钟。电子版报刊较印刷型报刊的价格要低许多,图书馆有限的经费会更加青睐电子版报刊,这个过程的结果,就是导致报刊出版单位减少纸质报刊合订本的出版发行,最终选择某个适当的工作日停止出售纸质报刊的合订本。随着报刊全文数据库的普及,图书馆在现刊现报下架后,也会最终停止报刊合订的业务,以省出库藏空间挪作他用。与之相联系的事件是,有些图书馆干脆就不购买纸本现刊现报了,在网上将所需报刊全文数据库一并订购,然后直接向读者提供网上阅览与检索。届时,这些图书馆的报刊阅览室也会被电子阅览室所替代。报刊出版活动是一个系统、一个流程,它可分上游、中游、下游几个阶段,下游发生的变化反馈至上游,其结果很可能会导致纸质报刊的弱化、电子报刊的强化。因此,电子报刊取代纸质报刊指日可待。再说,社会大众也许更乐意订购、阅读价格低廉的网络版报刊呢。

(3) 纸质书籍彻底消亡是个漫长的过程

当然,供阅读的纸质书籍最终退出历史舞台,变成一种与文物相似的历史文献,恐怕需要相当长的一段时间。艾柯预言了纸质百科全书的消亡,但他对供人们阅读的纸质书籍仍礼赞三分,不敢轻言其亡。书籍的价值是由**内容价值、应用价值、介质价值**三方面构成的。三个方面融为一体不可分割。一本装帧精美的印刷书籍,其封面设计就是其知识内容某些特征的完美体现。故而纸质书籍不仅是知识媒介,同时也是艺术品。艺术品的生命力是极为顽强的。这就像人们已不用毛笔写字了,但书法却会永存。举一个例子,美国经济学家米歇尔·博俊(Michele Boldrin)说:在美国,《"9·11"调查报告》一书在出版以前,读者就已经可以在"9·11"调查委员会网站上免费下载全文。尽管如此,还是有出版社花了大价钱买下该书的版权。你以为这个出版商是笨蛋吗?事实上在首发当日,书店的门口就排起了长队,该书也荣登销售排行榜的第一名。为什么在可以免费下载的情况下人们还会花钱购买这本书呢?原因是人们的偏好是多方面的:除了文字本身外,精美的包装、纸张的触感、可以在书上进行眉批、具有纪念意义等方面的因素都同样重要。人们会为了这些原因而掏钱购买正版的书籍[29]。

另外,从其他知识信息媒介的演变规律看,广播的出现并未使报纸"匿迹",电视的出现也未能让广播"销声"。电视一度取代了广播而成主流媒介,可出租车司机却只能听广播而不能看电视。广播感受到了生存危机于是采用市场细分方式办起了交通台、点歌台,开设了股评波段、求医问诊热线等,最终找到了自己的新位置。所以,目前预测纸质书籍逐步走向边缘是可以的,但预测纸质书籍彻底沦为古董则为时尚早。我们不能单一地从技术出发来看一个事物的兴衰生灭,事物的兴衰生灭涉及了多方复杂因素。如书籍制造出的阅读行为,它已成为人类最重要、最有质量的一种生活方式,用我国阅读学研究会曾祥芹会长的话说,"阅读是披文得意的心智技能,是缘文会友的交往行为,是书面文化的精神消费,是人类素质的生产过程"[30]。数千年形成的人类阅读传统本身就会对书籍的变迁产生巨大的反弹力。即便简单地从市场行为的角度看,图书馆可能会成为拒绝纸质书籍继续入藏的最早的一个消费领域,但在民间,尤其是私人藏书家的书房,却有可能成为固守纸质书籍、抵制电子图书的坚强堡垒。

总之,书籍与人类的命运息息相关。书籍的改变也就是人类命运的改变。波普尔在1989年的一次讲演中说过:"我们的文明是书籍的文明:它的传统和它的本源,它的严格性和它的理智责任感,它的空前想象力和它的创造力,它对自由的理解和对自由的关注——这一切都以我们对书籍的热爱为基础,愿时尚、传媒和电脑永远不会破坏或者松弛个人对书籍的这种亲切的依恋!"[31]

参考文献

[1] 赵德明.西班牙文化界质疑电脑巨人:比尔·盖茨消灭不了图书[N].环球时报,2003-03-07(18).

［2］〔美〕保罗·康纳顿.社会如何记忆［M］.纳日碧力戈,译.上海:上海人民
　　　出版社,2000.

［3］［阿根廷］博尔赫斯 J L.,索伦蒂诺 F.博尔赫斯七席谈［M］.林一安,译.北
　　　京:光明日报出版社,2000:40.

［4］转引自〔美〕麦克·哈特.影响人类历史进程的 100 名人排行榜［M］.赵梅,
　　　等译.海口:海南出版社,1999:封底.

［5］朝戈金.口头·无形·非物质遗产漫议［J］.读书,2003(10):17—21.

［6］〔美〕丹尼尔·贝尔.后工业社会的来临:对社会预测的一项探索［M］.高
　　　铦,等译.北京:商务印书馆,1986:195.

［7］〔美〕马克·波斯特.信息方式:后结构主义与社会语境［M］.范静哗,译.
　　　北京:商务印书馆,2000:13—117.

［8］〔加〕尼科·斯特尔.知识社会［M］.殷晓蓉,译.上海:上海译文出版社,
　　　1998:141.

［9］［唐］魏徵.隋书·经籍志［M］.北京:中华书局,1973:903.

［10］〔英〕阿兰·谢里登.求真意志:密歇尔·福柯的心路历程［M］.尚志英,
　　　许林,译.上海:上海人民出版社,1997:14.

［11］〔美〕乔治·瑞泽尔.后现代社会理论［M］.谢立中,等译.北京:华夏出版
　　　社,2003:16.

［12］张闳.旗袍与摩登东方的神话［N］.南方周末,2004-03-11(D31).

［13］〔美〕拉瑞·金.未来访谈录:和当代最令人瞩目的人物谈明天［M］.丁伯
　　　成,等译.北京:新世界出版社,1999.

［14］〔美〕马克·波斯特.第二媒介时代［M］.范静哗,译.南京:南京大学出版
　　　社,2001.

[15] 〔英〕保罗·理查森.俄罗斯出版业:出版大国风范依旧[N].杨贵山,译. 中国图书商报,2004-03-05(15).

[16] 柏杨.我们要活得有尊严[M].沈阳:春风文艺出版社,2003.

[17] 吉尔伽美什:巴比伦史诗[M].赵乐甡,译.南京:译林出版社,1999:355.

[18] 刘国钧.中国书史简编[M].北京:高等教育出版社,1958:2.

[19] 〔加〕秦格龙.麦克卢汉精粹[M].何道宽,译.南京:南京大学出版 社,2000.

[20] 〔西班牙〕胡安·路易斯·塞布里昂.网:新的通讯媒体如何改变我们的 生活[M].孙茂珊,译.北京:中央民族大学出版社,2000:135—136.

[21] 黄宗忠.论21世纪的虚拟图书馆与传统图书馆(上)[J].图书馆理论与实 践,1998(1):1—7.

[22] Ebooks:Evolution,Not Revolution,in Book Publishing[EB/OL]. [2004-03-22].http://12.108.175.91/ebookweb/stories/storyreader $2549.

[23] [晋]陈寿.三国志·卷二·魏书·文帝纪[M].[刘宋]裴松之,注.北京: 中华书局,1959:89.

[24] 〔美〕保罗·莱文森.数字麦克卢汉:信息化新纪元指南[M].何道宽,译. 北京:社会科学文献出版社,2001.

[25] 徐军英.是"彻底革命"还是"扬弃"[J].情报资料工作,2001(5):43—44.

[26] 〔意大利〕翁贝托·艾柯.书的未来(上、下)[N].康慨,译.中华读书报, 2004-02-18(22);2004-03-17(22).

[27] 王向东,等.网络出版:人类何时告别书籍?[N].计算机世界,2001-07- 02(C1).

[28] 〔美〕约翰·R.霍尔,玛丽·乔·尼兹.文化:社会学的视野[M].周晓虹,

徐彬,译.北京:商务印书馆,2002:160.

[29] 钟心.经济观察家:美学者博俊谈知识产权阻碍经济增长[EB/OL].人民
网,(2004-10-02)[2007-06-25]. http://www. people. com. cn/GB/jingji/
1045/2940473. html.

[30] 鲍晓倩.阅读改变人生[N].中华读书报,2003-11-05(02).

[31] 〔英〕卡尔・波普尔.通过知识获得解放[M].范景中,李本正,译.杭州:
中国美术学院出版社,1996:162.

图书馆的发展及未来命运是怎样的

数百年来，图书馆一直是保存我们集体智慧的最重要的方式。它们始终都是一种全人类的大脑，让我们得以从中寻回遗忘，发现未知。请允许我做如下比喻：图书馆是一种最可能被人类效仿的神的智慧，有了它，就可在同一时刻看到并理解整个宇宙。人可以将得自一座大图书馆的信息存入心中，这使他有可能去习得上帝智慧的某些方面。换句话说，我们之所以发明图书馆，是因为我们自知没有神的力量，但我们会竭力效仿。

——翁贝托·艾柯

　　翁贝托·艾柯(Umberto Eco,1932—2016),意大利哲学家、作家,当代著名的符号学家。主要学术著作有《开放的作品》《符号学原理》《阐释的局限》等。

网络时代，还需要图书馆吗？来自美国的一篇报道称："图书馆曾长期被誉为'知识的宝库'，吸引着从牙牙学语的儿童到白发苍苍的老叟。如今，随着网络信息的发展和普及，图书馆作为信息获取的重要中介地位已发生变化，被日益边缘化了。1982 年，美国图书馆学家兰开斯特曾提出了'图书馆消亡论'。他预言，在未来的 20 年后，纸质图书馆将消亡，将由纯电子介质信息所替代。虽然目前情况并没有像兰开斯特说的那样严重，但美国图书馆面临的'困惑'却实实在在。"[1] 这篇报道还讲述了新一代美国年轻人酷爱网络而远离图书馆的几个实例，似乎向人们传递着图书馆正日渐衰落的信息。然而，图书馆真的会逐渐退出历史舞台？真的会成为新世纪的恐龙吗？

8.1 图书馆的功能与效用

欲了解图书馆的未来命运，首先应该反问一下：我们的社会里为什么会拥有大量的图书馆？它们在我们的生活中究竟起着怎样的作用？而回答这样的问题，就涉及图书馆的存在价值，即涉及图书馆的基本功能与社会效用。

(1) 图书馆的基本功能

① **存贮知识**。图书馆的创建源自早期人类的公共需求。公共需求体现着人们的公共利益和公共价值。如前所述，从文字到书籍再到图书馆，人类的发明终于实现了三级跳：文字使人类有了知识的"脑外记忆工具"，书籍使人类有了由这种工具制成的"脑外记忆的装置"，图书馆使人类有了再由这种装置组成的"脑外记忆的社会大脑"。所谓脑外记忆的社会大脑，主要是由图书馆的存贮知识的功能决定的。哲学家波普尔曾提出两个思想实验："实验（1）：我们所有机器和工具，连同我们所有的主观知识，包括我们关于机器和工具以及怎样使用它们的主观知识都被毁坏了；然而，图书馆和我们从中学习的能力依然存在。显然，在遭受重大损失之后，我们的世界会再次运转。实验（2）：像上面一样，机器和工具被毁坏了，并且我们的主观知识，包括我们关于机器和工具以及如何使用它们的主观知识也被毁坏了；但这一次是所有的图书馆也都被毁坏了，以至于我们从书籍中学习的能力也没有用了。……我们的文明在几千年内不会重新出现。"[2]这两个思想实验揭示了图书馆存贮知识的重要意义。

② **传播知识**。图书馆传播知识的方式有两种：历时的传播（在不同历史时间内传播）与共时的传播（在某一静态时间内传播）。图书馆知识的历时传播使得人类文化得以积累、继承与发展。在 19 世纪以前，欧洲人以为一切文化起源于古埃及和古希腊，但是自考古学家发现两河流域古代图书馆遗存下来的数十万片泥版书时，人们终于得知历史的源头还可以上溯至公元前 5000 年苏美尔时代的两河流域。《圣经·创世纪》记载的洪水事件，过去人们只以为是传说，但泥版书的记载与考古发掘显示，两河流域的确发生过大洪水。泥版书的记载与《圣经·创世纪》里的洪水、方舟等内容几乎完全相同。我们设想一下，如果没有图书馆的历时知识传播，人类的历史将会是多么的残缺。当然，图书馆知识的共时传播也很重要，尤其在网络与电子媒介时代，知识传递的即时性、广泛性可以突破一切传统边界，打破知识封锁与垄断，增加人们学习知识的机会，就像美国管理学大师彼得·德鲁克（Peter F. Drucker, 1909—2005）所说，"因为知识的流动比资金更容易"，"知识几乎能即时传播，并使人人都能掌握知识。"[3] 不过对于有着特定知识需求的社会个体来说，作为人类知识集合的图书馆，它所提供"特定知识"的能力，目前在各种知识媒介中还有着很大的优势。

③ **优控知识**。优控知识的实质就是对知识文本进行选择保存。图书馆是人类思想、知识精华的筛选器，通常情况下，只有

对人类理性有重要价值的知识文本才能进入图书馆的长期保护体系之中。在当代社会,随着社会信息化进程日益加快,信息泛滥、信息污染已成为一种新的公害。各种传媒每天包围着人们,无数出版物正如潮水般地涌现,失效知识、虚假知识不断扩张。对于仅仅需要其中一小部分的个人来说,他时刻有着被淹没的感觉。此时,图书馆的优控作用就显得十分重要。因为图书馆的知识空间是有限的,信息知识的存在和滋生是无限的,知识必须经过选择才能形成优质的知识集合,因而图书馆本身就面临着怎样选择知识的考验。另外,由于图书馆优控知识的功能将长期发生效力,它对知识文本的生产者也会有反馈性的影响。

(2) 图书馆的主要社会效用

图书馆的社会效用(也可以表述为社会作用或价值)在不同的历史时代侧重点有所不同,它是根据社会需要动态变化的,当代社会图书馆的社会效用主要有以下几种:

① **终身学习的平台。** 在当代社会,知识信息已经被人们意识到是一种重要资源,它与自然资源不同,不仅可以再生,而且越是应用越有利于知识信息的增长和扩散。世界银行曾经指出:"以知识为基础的经济主要依靠创意而不是体力的运用,依靠技术的应用而不是物质资料的转换和廉价劳动的开发。"[4]美国经济学家舒尔茨的人力资本理论认为,人的知识、能力、健康

等人力资本的提高对经济增长的贡献远比物质资本、劳动力数量的增加重要得多[5]。因此，每个社会个体都需要建立一个新的终身学习的模式，这个模式涵盖从小到老的学习、正规与非正规的学习。人们通过终身学习增强职业知识或技能，以及自主决策与行动的能力、交互运用工具的能力、在多元种族的团体中发挥作用的能力。图书馆是人们终身学习的一个好场所，它不仅能提供各种载体的资料以支持人们正规和非正规的学习，还能帮助学习者有效地利用知识资源，并免费地提供学习的设施。无论中西方，相对于其他社会机构来说，图书馆一直是现代社会中支持终身学习的最佳场所。

② **文化融合的水库。**如同自然物种的多样性一样，人类文化的多样性是客观的、自然形成的，它是人类本性的组成部分。虽然全球化进程正在加快，连西方的一些国家形态也正由民族国家向世界主义国家（如欧盟）过渡，但全球化并不意味着文化的单一化、同质化，它仅仅意味着世界的整体化、系统性在加强。而整体内部的多样性、系统中的复杂性问题会越来越突出。承认文化的多样性、价值的多元性，各种并非敌对的文化、价值体系之间的相互尊重才成为可能，才能从中引申出宽容和自由，才能意识到文化交流与沟通的重要意义。图书馆容纳了文化的百川千壑。各种知识文本在图书馆里汇集、共处，它们的思想观点是相向开放的而不是相向封闭的，因为只有将相互隔离的东西

放在一起，才能创造出一个多姿多彩的世界。图书馆能够引导我们摆脱自身文化的封闭性，超越古今和地域的差别去接触不同性质的文化，通过这些不同性质的文化去探寻人类存在的某些本质的东西，它使得我们可以在人类本质的名义下进行思考，从原有的"自我"中挣脱出来。

③ **开放的公共知识空间。** 社会个体的生活空间（包括场所）由私人空间和公共空间构成。私人空间是人生存的条件，公共空间是人"成为人"的条件。人的生命在私人空间是速朽的，只有在公共空间里才能实现自己的生命价值。公共空间有物理空间（如工作单位、咖啡馆等公共场所和设施）、信息空间（如报纸杂志等传播信息知识的各种媒介等）两种主要形式，而图书馆则是这两种形式的糅合体。图书馆可以向人们提供社会化的、客观化的大量显性知识媒介，所以本质上它是人们可以自由出入的、开放的一个公共知识空间。图书馆一方面承担了公共空间的永恒意义和价值，一方面与其他公共知识空间形式（如学校、博物馆、现代传播媒介等）又有着完全不同的特质。首先，它允许表达各种声音、各种思想的知识文本平等进入公共知识空间。各种知识文本的存在是以其他思想、知识的存在为前提的。它们一起和谐相处，组成了一个人类文化与知识记忆的宝库。其次，图书馆作为一个实体活动场所，它给人的体验与其他公共知识空间有所不同。同样是公共知识空间的博物馆，漫步其间，在

历经千万年岁月洗磨的众多珍贵文物的环伺下，人会立刻感觉自己年龄变小；而进了图书馆，面对浩如烟海的书籍，人会感到自身渺小。而恰恰是这种变

北京大学图书馆阳光大厅

小，反倒使人发现了"自我世界"无限延展、扩大的可能性，甚至可以包容天地宇宙。

④ **社会民主的推进器。**图书馆本质是知识集合，千万种多样化的知识文本汇聚在图书馆里分类排架，同类相聚，异类相离；它们没有高下之分、贵贱之别，都有自己独立的身份和存在位置，并且被赋予了保持各自尊严、相互平等的地位。此外，在图书馆服务中，无论人们在年龄、性别、种族、肤色、宗教、语言、国籍、地位等方面有何差异，图书馆都能力图做到提供平等的服务，消除歧视。因为，能够了解信息、获取知识也是最基本的人权。除了促进社会平等，图书馆还能体现自由精神，并经过追求自由的努力来为社会民主发展提供帮助。图书馆作为百科知识、人类思想的总汇，它通过自由选择知识（自主选择馆藏）来向

公众提供广泛多样的思想和见解,尽量保障公众的自由选择知识权。图书馆保护了人类文化的多元化与多样性,为建立和维护一个信息灵通、知识多元的民主社会做出了重要的贡献。

8.2 图书馆的发展

(1) 图书馆与神庙伴生的启示

人类文明发展史显现,最早的图书馆大多与祭祀的神庙在一起。如我国河南殷墟商王室宗庙遗址出土了大量的刻辞甲骨,表明**商代的图书馆**就设在王室宗庙区。殷墟位于今安阳西北郊洹河两岸,面积约 36 平方公里,为中国商代晚期(约前1300—前 1046)都城所在地。据古本《竹书纪年》记载:"自盘庚迁殷,至纣之灭,二百七十三年更不徙都。"[6]盘庚至纣王(帝辛),共经 8 代 12 王,距今已有 3300 年的历史。其中洹水南岸小屯村东北是殷墟的中心,宫殿和宗庙都集中在这里。近百年来,以小屯村宫殿宗庙遗址为中心,出土了大量刻辞甲骨,如 1936年发掘的 YH127 坑就位于宫殿宗庙区,坑内出土刻辞甲骨17096 块,其中有字的完整龟版就有 300 多块,还有部分甲骨上的文字是用毛笔写上去的。在堆积的甲骨上面,有一具蜷曲的人体骨架,疑即为管理甲骨者的遗骸。刻辞甲骨是商代的一种书籍形式[7]，其内容主要是占卜的记载。这种集中收藏刻辞甲骨的坑穴的发现，说明殷商晚期的皇室将图书馆就安置于宗庙旁（或宗庙内），与祭坛比邻。

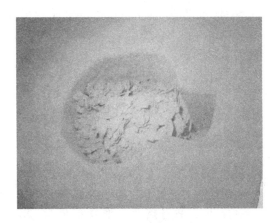

1936 年在殷墟遗址发掘的收藏刻辞甲骨的 YH127 窖穴

　　古代西方最早的图书馆，现在能确定下来的是公元前大约3000 年的两河流域的苏美尔人的**尼普尔城**（Nippur，位于今伊拉克中部的希拉城东南）**神庙图书馆**。尼普尔城分为东西两部分，东部是庙宇和文化区，重要的建筑遗迹都集中在这里。其中心有一座塔庙残迹，塔庙西南有一座伊什塔尔女神庙。图书馆就位于这座神庙里。这座图书馆是 19 世纪末由美国考古学家彼得斯（John Punnett Peters，1852—1921）等人发现的，他们在神庙的废墟中找到了约 6 万块楔形文字泥版书。内容有神庙的记载，献给巴比伦国神的赞美歌、祈祷文以及苏美尔人的神话等。尼普尔城神庙图书馆之外，英国考古学家伍利（Leonard Woolley，1880—1960）1931 年在幼发拉底河口附近的**乌尔**（Ur，今伊拉克南部)成功挖掘出了 400 多块泥版书及其残片 1000 余片。经专家鉴定,这也是一座神庙图书馆,从泥版书的内容推断,在约公元前 3000 年的时候它已经存在了[8]4—12。在两河流域,考古发现与文字记载材料都很丰富的图书馆,要属公元前 7 世纪的**亚述巴尼拔国王的图书馆**。亚述巴尼拔(Ashurbanipal,前 668—前 627 在位)是亚述王朝最后一位君主,他用武力将亚述帝国的版图扩张到了最大程度;因少时读过书吏学校,他对书籍有深入研究并掌握了书写技术。他在尼尼微(Nineveh,今伊拉克北摩苏尔市的对岸,即底格里斯河东岸库云吉克山冈)亲自督建了一座宫廷图书馆。为了网罗好书,他派出许多信使、书吏、官员等在全国搜访图书。亚述巴尼拔甚至在一封信中这样写道:

> 国王致沙杜努(Shadunu):我很好,祝你快乐。你接到此信后,立即带上这三个人[泥版上刻有三个人的名字]和波尔西帕城(Borsippa)的那些有学问的人,找出所有的泥版,所有收藏在他们住所和埃兹达神庙(Ezida)的泥版[9]。

这段文字不仅描述了亚述巴尼拔广搜书籍的嗜好,还透露出当时其他地方的一些图书馆也设在神庙里。尼尼微图书馆藏书门类齐全,有数学与天文学著作、地理手册、动植物书籍、医书、语法书及字典,以及王室文书等,几乎囊括了当时的全部学

识。当时馆藏数量已达 25000 块泥版书，每块大小约 24 cm ×
16 cm。它们在 19 世纪中期被英国考古学家累亚德（Austen
Henry Layard，1817—1894）和土耳其考古学家拉萨姆（Hor-
muzd Rassam，1826—1910）发掘出来，其中有 20720 块泥版书被
运至英国不列颠博物馆保存。许多泥版书上还刻有"宇宙之王、
亚述之王、亚述巴尼拔之宫"等文字[8]4—12，似乎就是最早的一种
"馆藏章"。被誉为世界史上第一部伟大的英雄史诗的《吉尔伽
美什》，就出土于这座图书馆废墟里。《吉尔伽美什》由 12 块泥版
书组成，成书时间大约在公元前 11 世纪，是在苏美尔、阿卡德时
代以来的口传故事的基础上编定的。

两河流域之外，古埃及的图书馆也是人类早期图书馆的杰
出代表。如十九王朝的拉美西斯二世（Ramesses Ⅱ，约前 1304—
前 1237 年在位）在底比斯城（Thebes，位于今埃及开罗以南约
700 公里的卢克索村）的王宫神庙中设立了一个藏书室，藏书达
2000 卷。藏书室入门处有碑文曰"拯救灵魂之处"[8]4—12。受早
期神庙图书馆建制的影响，希腊化时期，埃及的亚历山大城在托
勒密三世（前 246—前 221 年在位）时期，也曾经于城中萨拉贝姆
（Sarapeum）神庙专门建立了一座皇家图书馆。古罗马时期，奥
古斯都曾于公元前 28 年在罗马的帕拉丁山（Palatine）上阿波罗
神庙里建造了一个图书馆，分藏希腊文书籍、拉丁文书籍。进入
公元纪年之后，古罗马的君主图拉真（Marcus Ulpius Trajanus，

98—117 年在位)还在教堂连接神庙的路上建造了古罗马历史中最大的一座图书馆。图书馆的东西两侧是希腊文部书籍和拉丁文部书籍,雄伟的图拉真圆柱矗立中间。

早期图书馆与神庙伴生的现象表明,图书馆的出现与统治者占卜、祭祀等公共活动有密切关联。从事占卜、祭祀的神职人员是最早的一批智识分子,他们掌握着文字的识读、书写,负责人神之间的沟通,并记录下来占卜、祭祀活动中的有关内容。这些记录下来的文献就是最早的书籍,将这些文献就近保存就形成了最早的图书馆(档案馆)。通过对神庙图书馆的了解,我们能得到以下感悟:

① 由于图书馆大多设于神庙之中,或与神庙毗邻,所以图书馆具有崇高的地位。因为神庙是国家与城市的中心,是最重要的社会组织与机构,它们不仅占有最好的地理位置,而且还占有最重要的社会资源,如各种供奉财物、受过良好教育的神职人员、最为壮观的建筑以及精美的雕刻等艺术品。此外,古代苏美尔人、希腊人还将文字与书籍看成神圣之物:文字虽然是人发明的,但文字能沟通人神,记录神谕,规范人的命运,所以文字以及由文字记载而成的书籍也是神圣的。如苏美尔人常常佩带刻有文字的护身符;圣经(Bible)后来成了书籍的词根,英文单词中的 biblio(书的)、bibliography(书目),西班牙语中的 bibliotec(图书馆),法语中的 bibliobus(流动图书借阅车)等无不与圣经(Bible)

这个词有关。所以神庙图书馆也就成了带有神性的、令人起敬的事物。

② 神庙图书馆的产生，折射出了人类超越自我的欲望。由于人类自身有着太多的自我局限，因此人类便通过各种渠道来突破这种局限。德国浪漫派文学家施勒格尔（Friedrich Schle-gel，1772—1829）曾说："人类必须使自己超越自己，这乃是人类的特性。"[10]意大利作家、符号学家翁贝托·艾柯 2003 年 11 月做客埃及亚历山大图书馆，发表过一个有关书籍未来命运的演讲，他在演讲中曾说道："数百年来，图书馆一直是保存我们集体智慧的最重要的方式。它们始终都是一种全人类的大脑，让我们得以从中寻回遗忘，发现未知。请允许我做如下比喻：图书馆是一种最可能被人类效仿的神的智慧，有了它，就可在同一时刻看到并理解整个宇宙。人可以将得自一座大图书馆的信息存入心中，这使他有可能去习得上帝智慧的某些方面。换句话说，我们之所以发明图书馆，是因为我们自知没有神的力量，但我们会竭力效仿。"[11]

早期图书馆的产生既是自然的，也是神圣的，图书馆的生命里混杂着原始神性的基因。非常遗憾的是，今天的图书馆员们由于历史的阻隔大多已经感受不到这一点了。不仅如此，图书馆的高贵气质也已经消弭殆尽。真不知道，当一种事物的发展离自己原始基因、初始规定性越来越远并且越来越没有联系的时候,它的生命究竟还能持续多久。

(2) 从知识保存机构到知识基础设施的演进

① **古代图书馆:知识保存的机构。**图书馆至今已经有 5000 年的历史。早期神庙图书馆的特点是:它保存的知识文本是档案、书籍的混合体,内容主要以占卜与祭祀的记录、王室文书或法律文件等为主;它的管理是由神职人员(史官、书吏)负责,这些神职人员掌握着文字知识和书写技巧,并处于社会统治阶层的中枢。但当社会进入动荡期,如中国西周末年,周王朝礼崩乐坏,诸侯雄起,争分天下。一些史官从此逐渐流入民间,他们携带书籍收徒授课,自己也从事著述,于是民间开始有了书籍以及私人藏书活动,甚至私学也逐渐发展起来。中国先秦典籍《墨子·天志上》记载:"今天下之士君子之书,不可胜载。"[12]《庄子·天下篇》记载:"惠施多方,其书五车。"[13] 由此可知,到了公元前 5 至前 4 世纪,私人藏书家已经产生。大约与此同时,古希腊罗马也产生了许多私人藏书家,如柏拉图、亚里士多德。亚里士多德曾藏书数百卷,来源于自购或他人赠送。他凭借这些书籍教授生徒,研究学问。去世后,他的藏书归学生狄奥佛斯塔(Theophrastus,约前 372—约前 288)所有,狄奥佛斯塔将其扩充为图书馆,同时又将亚里士多德的教学场所扩展为学校[14]51—52。

进入中世纪以后,中国的**寺观图书馆**、阿拉伯国家的**清真寺图书馆**、西方的**修道院图书馆**也逐渐发展起来。中国的寺观图书馆如梁朝天监年间(502—519)建康(今南京)定林上寺收藏佛经 1373 部、2837 卷,唐朝麟德元年(664)京师(今西安)西明寺藏书 326 帙,合 800 部、3361 卷[15]。据文献记载,11 世纪末阿拉伯半岛的的黎波里(Tripoli,在今黎巴嫩西北部),有一座清真寺里的图书馆藏书甚富,仅《古兰经》(不同版本)就有 5 万多册[8]50。欧洲修道院图书馆一般藏书不多,少则几十卷,多则二三百卷,因此严格来说只算是图书室。不过,有些修道院图书馆的存在历史却很长。法国北部的科尔比修道院(Corbie)建立于 660 年,其院内捐建的图书馆闻名欧洲,一直延续了近千年。直到 1636 年该院修道士对西班牙入侵者表示过度亲善,才遭法国人的惩戒,夺其图书馆大部分藏书。所余部分在 1791 年法国大革命时被抢掠[14]105。虽然东西方在几乎相同的时期都发展出寺院图书馆,但不同的是,中国的寺观图书馆、阿拉伯国家的清真寺图书馆一直不是社会藏书事业的主流,在这两个地区,国家藏书、私人藏书的数量与分布,远比寺院图书馆要大得多、广得多。如中国隋代皇家图书馆嘉则殿藏书 37 万卷。据称 10 世纪时巴格达有一位学者迁居,他的藏书一次运完,要用 400 只骆驼驮运[14]86。而西方的修道院图书馆虽然藏书少,却是此一时期欧洲的主流图书馆。因为频繁的大规模战争,使得西方国家的王室图书馆、贵族图书馆遭到了毁灭。西方的图书馆事业进入了衰退期，修道院图书馆则一枝独秀，顽强地生存下来。此外，中国寺观图书馆的藏书内容主要是宗教典籍，而阿拉伯国家的清真寺图书馆、欧洲修道院图书馆不仅收藏宗教典籍，还抄写、收藏了大量的诗歌、戏剧、传记、历史专著、地理游记、教科书、文法书乃至古希腊的学术著作等。

严格地说，古代图书馆只是少数人的事业。无论宫廷藏书、私人藏书、寺院藏书，他们都是热爱书籍的统治者或学者建立起来的。从共时的状态看，这些图书馆成为"小众"（统治者、学者）汲取知识、传授学问的工具；从历时的状态看，这些图书馆成为知识保存的有效机构。图书馆保存知识的功能早就被人们所认识。早在古罗马时期，君主对图书馆藏书就有干涉，如奥古斯都就不让恺撒的早年作品入藏图书馆，担心会有损于皇帝为人养父的形象[16]。在中国古代，有些学者呕心沥血写成著作，他们最大的愿望就是能够将其入藏当朝秘阁。《南齐书》卷五二《王珪之传》记载：王珪之有史学素养，潜心研究历代官制官职，写就一部《齐职仪》五十卷。他去世后，他的儿子上奏朝廷，希望能入藏秘阁，说"仰希永升天阁，长铭秘府"[17]，后来皇帝终于下诏同意将其付秘阁收藏。有时，皇帝阅读到好书，也因高兴而诏令将其收藏秘阁，并赏赐财物。《旧唐书》卷七三《李延寿传》记载："延寿尝撰《太宗政典》三十卷表上之，历迁符玺郎，兼修国史，寻卒。

调露中,高宗尝观其所撰《政典》,叹美久之,令藏于秘阁,赐其家帛五十段。"[18]

今天回顾这些古代图书馆,共时状态的历史早已经模糊不清了,但历时状态的历史却被各种文献记载以及流传下来的书籍凸显出来,乃至得到了图书馆史家的放大。因为,如果没有古代图书馆对保存知识功能的自觉,许多早期典籍流传不到今天,中华文化也将断裂失传,欧洲的文艺复兴也不可能复活古希腊的人文传统。所以,我们可以将服务于"小众"的古代图书馆描述为保存知识的机构或人类知识的宝库。古代图书馆大多命运波折,战争带来的"书厄"远多于水火。但是,"一座座的图书馆可能被毁,图书馆观念一旦建立,即是无法摧毁的。"[14]19

② **近代图书馆:社会教育的工具。**古代苏美尔神庙图书馆的书吏,不仅管理藏书,也教人识字。希腊化时代托勒密王朝著名的亚历山大图书馆,经常有数十位学者埋首于文献整理、翻译工作,而且馆中设有讲演厅并招收学生,说明该馆亦是教学场所。欧洲中世纪的修道院图书馆的藏书,更是男女修士们学习的读物。中国唐朝的宫廷图书馆弘文馆,主要保藏大量御书,但也招收朝官的子弟念书、练习书法。这些事例证明,古代图书馆通常也担负着教育职能。但是,由于私塾、官学的大量存在,图书馆的教育活动仅处于国家教育事业的补充地位。这种情况在欧洲一直到了 15 世纪才有所改观。有三个历史事件的发生改

变了图书馆仅仅是"知识宝库"的面貌。一是古登堡对活字印刷术的改进,推动了书籍的批量生产和成本降低,使书籍流通的社会领域扩大,修道院图书馆抄写工作衰落,新出现的图书馆越来越多。二是文艺复兴运动的兴起,知识分子热衷古典文化的探究,使得搜集古写卷、抄本的社会风气盛行,社会对图书馆的关注不仅有所提高,而且也建立起良好的感知。三是大学的普遍兴起,教师研究用书与学生对教辅读物的需要刺激了大学图书馆的发展。

早期**大学图书馆**的藏书主要来自捐赠,不像修道院图书馆主要靠缮写,后来学校才开始出资购买;图书馆的管理也没有专职人员,都是低级教师或学生兼职。由于大学是培养社会精英的地方,他们毕业后谋职的范围很广泛,所以大学图书馆的藏书内容比修道院广泛,数量需求也大得多。例如,英国牛津大学图书馆就是在捐赠人赠书的基础上发展起来的。其中托马斯·博德利(Thomas Bodley,1545—1613)利用自己做过外交官的经验从境内外搜罗了大批书籍,他还拉来许多捐款,甚至成功游说伦敦图书出版公司给牛津大学图书馆上缴呈缴本。他建立的这一图书馆被称为"博德利图书馆"。截止 1620 年时,馆藏书籍已达1.6 万册,是欧洲最大的图书馆之一。英皇詹姆斯一世于 1605年、1610 年两度前来参观,赞叹说:"如果我不是帝王,倒很乐意当一名大学师生,像博德利图书馆的这些书籍一样,被囚缚于此地。"[8]135 15世纪以后,欧洲著名大学几乎都拥有自己的图书馆。大学图书馆在欧洲的蓬勃发展,真实、生动地展示了图书馆在教育事业中的重要价值:图书馆不仅能承担教育功能,它们本身就可以成为教育事业的中坚力量。尤其到了19世纪,大学图书馆为图书馆事业重新确立了崇高地位的同时,也改变了大学教育的某些观念。许多大学教育家承认,大学的心脏是图书馆,没有图书馆的大学是无法被称为大学的。1873年,哈佛大学法学院院长克里斯多弗·哥伦布·兰戴尔(Christopher Columbus Langdell)在给校长埃利奥特(Eliot)的一封信里提到:"学校里的很多事物都是可以替代甚至省却的,但没有图书馆,学校就会失去它最重要的特征,实际上也就失去了学校的个性。"[19]三年以后,埃利奥特校长在年度报告中也写道:"图书馆是大学的心脏,……如果缺乏足够的资金,要维持大学的正常运转是很容易的;而若缺乏文献资源或学习设施,维持其正常运转则会是非常困难。"[19]当大学图书馆的作用得到充分发挥的时候,图书馆开始有了专职人员,饱学之士才能担纲馆长的重任。

大学图书馆的成功,还刺激了图书馆在其他社会教育组织中的发展,如中小学图书馆的建立。从1895年开始,美国中学一些有远见的校长开始注重图书馆的设置。1915年纽约一位中学学监说:"现代中学最有活力的机构将是它的图书馆。"[20]此外,大学图书馆的成功,也使得图书馆对教育职能的追求成为一种自觉。后来发展起来的公共图书馆无不强调乃至强化这一职能。而且,当时社会的"全民教育""公共教育"理念的传播,本身也是引发现代公共图书馆运动兴起的一个重要原因。美国图书馆学家谢拉曾指出:学校和图书馆间教育功能的区分从来都不是很明显,各自职责的区分却是非常明显的。学校教育是主要的和强迫性的,而图书馆教育则是辅助的和自愿的;学校主要定位在对孩子的教育,而图书馆主要定位在青少年及成人的教育,尽管也会将其阅读资源延伸到孩子教育领域。这一定位是从其创建那一刻起就形成的,即被视为自我教育的最主要服务机构[21]。因此,公共图书馆在美国有"民众的大学"(People's University)之称。

16 世纪到 19 世纪的 400 年间,受社会发展推动,图书馆将自己的主要职能与任务向社会教育转移,这一转移使西方国家的图书馆摆脱了衰落的阴影,得到了突飞猛进的发展。19 世纪末年,世界图书馆事业不仅迎来了一个前所未有的发展高潮,而且也为自己赋予了更新的使命。

③ **现代图书馆:知识平等、自由的基础设施。**如果说 15 世纪的文艺复兴冲破了中世纪基督教文化的禁欲主义理想,使人性得到复苏;16 世纪的宗教改革将神性与人性融为一体,使人的精神获得了自由,教会权利遭到削弱;那么,17 世纪末到 18 世纪的启蒙运动正是在文艺复兴与宗教改革的基础上,将欧洲带入

了一个"理性的时代"。有史以来的有关宗教、国家、社会、经济、个人的观念都遭到了质疑,受到理性的重新审视与考验。英国哲学家洛克(Locke,1632—1704)、经济学家亚当·斯密(Adam Smith,1723—1790),法国思想家伏尔泰(Voltaire,1694—1778)、孟德斯鸠(Montesquieu,1689—1755)、卢梭(Rousseau,1712—1778)、狄德罗(Diderot,1713—1784),意大利法学家贝卡利亚(Cesare Beccaria,1738—1794)等,一批彪炳史册的人物提出了人生而自由、天赋人权、政府权力是人民给予的、人民可以罢免不遵守契约而滥用权力的统治者、国家应该实行民主政体以及三权分立、社会分工与自由经济促进发展、人类应崇尚知识、知识自由与教育完备较之法律更能防止犯罪等学说和理念。这些学说理念将文艺复兴以来人的解放思潮提升到理论和制度设计的层面上,成为社会法制与民主政治的理论基石。

进步的思想与现实需求一旦结合,就会创造出新的历史。美国的《独立宣言》(1776)、法国大革命(1789)无不是启蒙运动的结果。19世纪中叶兴起于英国的公共图书馆,也是力践启蒙精神的产物。经历工业革命洗礼的英国,经济实力在当时称雄世界(如铁产量超过了世界上所有国家铁产量的总和,棉布占全球的一半以上),农村人口外流,城市人口已超过60%。但是社会两极分化十分严重,工人阶级成为机器的附属品,生活在饥寒交迫之中。他们接受不到良好教育,没有书读。正如哈贝马斯所说,从 18 世纪初起,英国一半以上的人生活在最低生活线上:"广大群众不仅一直目不识丁,而且普遍处于赤贫状态,书籍他们是断然买不起的。"[22] 为了缓解阶级矛盾,弥合两极分化,改善工人阶级的劳动素质,提高市民的道德水准,培养人民对财产权的尊重,防范劳工的骚动等,一些具有高尚道德情操的自由主义、人道主义精英,如国会议员尤尔特(William Ewart,1798—1869)、图书馆事业家爱德华兹(Edward Edwards,1812—1886),力倡建立服务于大众的公共图书馆,他们相信自我教育的可能,希望免费进入图书馆可以克服书价带来的获取知识的障碍,认为阅读可提升道德情操,使人民更具生产力并兼具德行。1850年,英国议会颁布了世界上第一部《公共图书馆法》(*The Public Libraries Act*),要求人口在 1 万以上的城镇有权建立公共图书馆,对每英镑固定资产课以半便士财产税以支付公共图书馆建设,公共图书馆应当免费为本地居民服务。1860 年英国有公共图书馆 28 个,而到了 1900 年就发展为 360 个[8]192—197。几乎与此同时,大西洋彼岸的新兴国家美国,也刮起了一场公共图书馆兴建的热风——新图书馆运动。从 19 世纪中叶开始出现公共图书馆,到 20 世纪初年,美国的公共图书馆总数远远超过了英国。在 1903 年,拥有 1000 卷藏书的公共图书馆就有2283 个[23]。

　　早在古罗马时代,面向公众开放的公共图书馆就已经出现。

当时有的图书馆不仅允许市民借书，还设有演讲厅、浴室，显然一个公共场所的样子。不过，来图书馆借阅书籍的人基本上是小众——有知识的贵族。真正具有现代意义的**公共图书馆**，是19世纪中叶以后欧美国家依照《图书馆法》用纳税人的资金建立起来的免费服务的图书馆。从此图书馆不再是少数社会精英崇高道德的化身，而是一种人类理性导致的制度产物。按人口聚集程度以及人口规模来设置图书馆，使得图书馆可以遍及一个国家的所有城市，形成一个网络。图书馆的公共基础设施的意义终于凸显出来。作为社会发展的一种"软实力"，图书馆的建设也渐渐成为一个国家和地区文明程度的重要标志。就像胡适在1915年2月21日的美国留学日记里所说："国无海军，不足耻也；国无陆军，不足耻也！国无大学，无公共藏书楼，无博物院，无美术馆，乃可耻耳。我国人其洗此耻哉！"[24]

不过，直到20世纪上半叶，公共图书馆最突出的职能仍在教育上。一方面，公共图书馆的快速发展与义务教育的普及密切相关，如英国在1876年实行义务教育法之后，图书馆的数量开始大增。另一方面，图书馆也将教育职能当做自己的社会使命来看待。如美国学者闵斯德堡（Hugo Münsterberg）在《美国人》一书中说："美国图书馆之异于欧洲者，即美国图书馆非但为学术之机关，而亦为普及教育之机关也。""美国在文化事业上可以为旧世界取法者，殆以此为最。"[25]中国在20世纪初年引进西方公共图书馆制度，最初也甚为公共图书馆教育职能所折服。当时教育救国、兴国之声此起彼伏，具有教育职能的新式图书馆受到社会各界的欢迎。然而，将图书馆视为教育机关、实施教育者，也引出某些潜在的问题。首先，图书馆员易将自己定位于"教育者"，将读者定位于"被教育者"，这种主客体的思维定式及人际关系，隐含着前者有支配后者的权力，不利于读者自身的知识构建，不利于读者形成独立思想、自由精神；其次，图书馆容易被社会统治集团或主流意识形态所控制，成为其宣传筒，从而削弱图书馆知识中立、客观的立场。所以，20世纪初欧美图书馆就有"便宜的警察"之谓。国际文化组织较早地意识到了这一问题，虽然1965年联合国教科文组织提出了"终身教育"的概念，但近几年教科文组织却将此概念更多地让渡给"终身学习"。因为后者的主体是求知者本人，而国家提供的保障"终身学习"的各种政策与措施，都是围绕主体建立起来的，这样才能真正体现出人本精神。

从20世纪下半叶开始，尤其是"二战"结束以后，平等、自由、人权、民主等形成了普世的价值观。这些普世价值观通过民族解放、反种族隔离等诸多运动加快了在全世界范围内的传播。联合国1948年公布的《世界人权宣言》公开宣称：人人都有自由表达主张、意见的权利，包括通过任何媒体和不论国界去寻找、接收和传递信息和思想的自由；人人有权自由参加社会的文化生活,享受艺术并分享科学进步及其产生的福利[26]。在这样一个背景下,世界图书馆的发展也发生了重要的转变。联合国教科文组织 1949 年以招贴画的形式公布了著名的**《公共图书馆宣言》**,宣称公共图书馆是教育的民主机构,是一支生机勃勃的社区力量以及各族人民的大学。1972 年又公布了该《宣言》的修订版,申明公共图书馆不只是支持教育,它还促进信息和发扬文化,帮助人们的休闲娱乐,重视儿童、残疾人服务[27]。1994 年更新的《公共图书馆宣言》则更进一步地提出:"公共图书馆对于教育、文化和信息是一支有生力量,并且是一个通过人类的智慧培育和平与精神文明的重要部门。""公共图书馆是地方的信息中心,随时准备为它的用户提供各种知识和信息。"[28] 三个《宣言》的内容表现出了图书馆观念的递进,但一个不变的原则是:国家应用立法、财政拨款等手段支持公共图书馆,公共图书馆则应坚持免费服务。这一系列的国际文件,为世界各国图书馆事业的发展起到了积极引导作用。人类的图书馆事业开始向更为崇高的目标迈进,其职能逐步向实现人类知识平等、自由的公共基础设施的方向转移。与此同时,图书馆的其他职能也得到进一步加强。如图书馆通过分类发展,依靠国家图书馆(一国文献总库)来主要承担人类知识记忆的职能,依靠学校图书馆强化教育与学习的职能,依靠科研图书馆来支持学术研究,依靠公共图书馆保障公民平等、自由地获取知识。

平等、自由是人类追求幸福的两大主要目标。平等主要是指称人们在权利与人格上的平等，它更强调机会平等而非分配平等；自由主要是指称不受限制和强迫的自愿行动，其核心是要求保护人们的选择自由。因为有了选择权利，人们才能对自己行为的后果负道德与法律上的责任。平等、自由的实现要靠制度更新和提供有效的途径。而在近百年的现代社会中，由于各国发展不平衡，国情差异较大，我们很难找到在世界上能够通行且能突出体现平等、自由价值的制度安排成果。然而，世界各国几乎无一例外兴起的公共图书馆，却很好地扮演了这一角色。图书馆的演进目标向平等、自由获取知识的公共基础设施方向调整，既为现世的人们开辟了通往崇高目标的道路，也为现世的人们带来了现世的福祉。

8.3　图书馆的未来命运

(1) 网络不能替代图书馆的理由

互联网不仅是技术也是内容。随着网络的迅速普及，它已经成为一个国家提供知识和信息的公共基础设施。如同某些类似的商品（包括服务，如铁路、公路、航运、空运等）之间有一定的替代性一样，互联网对图书馆确实存在一定的替代性。目前

的图书馆面临着两方面的压力,一方面,传统的图书馆已经不再
是信息资源的唯一拥有者和提供者;另一方面,网络的攻城略地
的速度仍在加快。2004 年 11 月互联网搜索引擎 Google 宣称其
与哈佛大学图书馆、斯坦福大学图书馆、牛津大学图书馆、密歇
根大学图书馆和纽约公共图书馆签订了一份协议,要把他们的
馆藏文献数字化,并使人们通过网络可以免费查询这些信息。
斯坦福大学图书馆馆长凯勒(Michael A. Keller)甚至说:"20 年
内,世界上大部分的知识会被数字化并提供获取,人们期望在网
上免费阅读文献,就和现在在图书馆免费阅读一样。"[23] 于是,我
们自然而然地就会产生这样的疑问:照此发展下去,网络果真可
以替代图书馆吗? 其实我们将网络与图书馆做一比较,就会得
出一个结论:网络不能完全替代图书馆。

　　① 从使用上说,网络虽然便捷,但网络有"门槛",图书馆没
"门槛"。网络的便捷性是指人们可以"随时随地"地上网,如在
旅途列车里上网检索自己需要的信息。而去图书馆则有一定的
时间成本。但是,上网要付费,而去图书馆则是免费的,至少从
这个意义上说,网络的"门槛"要高于图书馆,尤其是对社会低收
入群体来说更是如此。经济学在讲需求弹性时曾阐明:没有相
近替代品的产品是缺乏需求弹性的(如盐),其价格的高低对需
求量的影响不大,而有替代品的产品是有需求弹性的,如由于火
车票价格抬升,许多人可能会选择乘坐长途巴士。穷人对图书

馆的偏好不见得大于网络,但绝对会大于富人,况且穷人在图书馆还可以免费上网。

②　**从内容上说,网络主要以海量信息为主,而图书馆则以海量知识为主**。现在图书馆外的信息知识要远远多于图书馆内。我们不能说网络上没有知识,但与图书馆相比显然网络上的知识是有限的,尤其是那些受著作权保护的知识,往往在图书馆里才能免费查询得到。美国的佩尤网际网路与美国生活项目的主任李·雷恩尼(Lee Rainie)说:去图书馆查询名人的出生地,或是美国 1972 年的国民生产总值的时代一去不复返了,你可以花两秒钟时间在 Google 上找到答案。但是,如果你想知道美国发展的因素,诸如此类的问题的话,光有搜索引擎还不够[29]。

③　**从功能上说,网络目前尚欠缺图书馆保持人类记忆的基本功能**。网络的海量内容让人叹为观止,但其保存内容的本领却是苍白无力的。网页的删除、网址的更换,常使人找不到以前发现过的资料。如果没有战火、灾害,图书馆可以将书籍保存数百年甚至上千年,但是至今也没有可靠的依据证明网络可以将其内容保存 50 年而不变。即便数字图书馆收藏的各种多媒体数据库资料,随着新一代技术的出现,其保存的数字内容就要迁移到新的媒介上,它对新的操作设备与环境有着极强的依赖。还有,网络保留的资料与图书馆保留的资料有很大区别。美国学者博格曼(Christine L. Borgman)教授说:"因特网上可以免费

获取的内容几乎没有多少是与图书馆收藏的内容重复的。图书馆会有意识地收集那些对于个人来说难以获取的资料。""资料在绝版或其他原因而难以购买的情况下,图书馆往往是唯一能够找到这些资料的地方。"[30]243

④ **从文献源上说,网络提供的知识信息不如图书馆的可靠和权威。**美国国会图书馆公共服务与资源获取馆员玛莉琳·帕(Marilyn Parr)说:"搜索引擎存在局限性。你可以在任何搜索引擎键入托马斯·杰斐逊(Thomas Jefferson),出来的结果成千上万,你如何对它们进行提炼,以找到真实、可信、权威的信息,而不是某些人的个人观点呢?"[29]多花时间去一页页查看搜索结果,其时间成本是十分高的。搜索引擎观察网站的总编克里斯·佘曼(Chris Sherman)说:"现在存在信息文盲的问题,人们在网上发现信息,但不去怀疑它们是否是真实的。我认为,这也是图书馆之所以重要的原因。图书管理员可以评估信息的质量。"[29]

⑤ **从发展上说,网络与图书馆可以相互介入、相互促进,而非相互取代。**网络技术迅速风靡世界,的确给许多传统行业带来了严重的冲击。如2007年8月哈佛大学的一份有关媒体的报告显示,随着互联网用户的增加,美国旧媒体的受众在持续减少。仅在过去的三年中,报纸的发行量已经下跌了3个百分点,电视广播新闻已经流失了100万观众。同时,将互联网作为新

闻来源的人口数量在增长——在有些情况下甚至是爆炸性增长[31]。不过,当一种传统行业及时使用新技术,它就有可能获得新的发展。美国的《纽约时报》《华盛顿邮报》等大牌报纸网站每月的访问用户数量现已增至 850 万,这从另一个侧面说明报纸并没有消亡。因此,当图书馆及时地使用了网络技术,将自己服务的窗口直接接入读者家中电脑屏幕上的时候,我们还能轻言图书馆的消失吗?

　　新技术受到青睐的原因不是技术本身,而是普遍使用的结果。当某种行业普遍使用一种新技术时,新技术才被人刮目相看,这个行业也因此大为受益并得到一定的促进。例如人们经常使用的小拉链,是美国芝加哥发明家贾德森(Whitcomb Judson)于 1893 年发明的。最初人们并不喜欢它。40 年后由于大量夏装开始使用拉链,它才引起了人们的注意,并给拉链生产商带来可观利润,也给服装业降低了生产成本[32]。技术是中立的,文化反应决定了怎样使用它。许多问题不在技术而在于新机遇、新意识。所以,图书馆大范围地应用网络技术,不仅是对网络的推广,也是自身发展的需要。许多图书馆员把网络视为一种威胁,认为是图书馆的竞争对手,这是将网络与图书馆对立起来的一种认识。另外,将网络看成动态发展的,将图书馆视为静态不变的,这也是我们的一种潜意识。当我们变换自己的思维方式,克服这种潜意识,结果就会完全不同。

事实上,就像人们外出旅行,新旧交通工具之间虽然有替代性,但随着出行人次的增加,各种交通工具的使用率并不会比以往有太大的变化。美国在 2000 年开展了一项全国性电话调查,其结果表明:利用图书馆与利用网络有很强的相关性,40％的人既利用图书馆也利用因特网,75％的网络用户也在利用图书馆,60％的图书馆读者也在使用网络。根据对用户利用图书馆或网络原因的调查,利用图书馆的原因排在前几位的是:便于利用、费用低、可以获得纸本、信息准确、有图书馆员的帮助、用户隐私有保护;利用网络的原因排在前几位的是:便于获得、获得时间短、可利用的时间长、资源范围广、不会空手而归、能对获得的信息立即进行处理、信息新颖、浏览的乐趣、能独自行事[33]。图书馆员对网络的担心可以理解,因为网络与图书馆之间确实存在着竞争。但从社会公众的角度,我们应该欢迎这种竞争,因为它毕竟为人类提供了知识信息获取的方便与多样化手段。图书馆也只能在竞争中才有更好的发展。

(2) 未来图书馆的基本形态

描述未来的图书馆,不像描述一个新产品那样简单。但未来的图书馆将会呈现哪些特征,它的基本形态是什么,这是需要我们把握的。否则广大图书馆员就会失去对未来的期许,辨别不清图书馆的比较优势,丧失发展自己事业的动力。

① **平等、自由获取知识的公共基础设施网**。公共基础设施的显著特点是它的"公共物品性"和"无处不在性"。无论是学校、医院、警局、消防队，它们都具有这两种特性。气象局似乎只具备"公共物品性"而不具备"无处不在性"，但它所发布的天气预报却是"无处不在"的。图书馆的"无处不在性"是通过自己的网站以及众多分馆（以及图书点）的渗透、布局来实现的。如今美国青年一代使用图书馆的人虽然少了些，但今天全美国仍有16500家图书馆，这个数目超过了麦当劳[23]，即不足 2 万人就拥有一所图书馆。所以，从未来的角度看，图书馆事业将以网状的公共基础设施形态继续存在下去。人们出行 5 至 10 分钟就可以见到一所图书馆，或者坐在家里就可以接通图书馆的网页或电话，享受图书馆的各种知识服务。这种公共基础设施网主要是政府投资建设的，因为市场需求与私人物品有着某种可确定的线性关系，而公共物品却不存在这种可确定的线性关系，如人口数量与粮食、住房之间具有直接的必然联系，而与图书馆乃至教育、医疗、环保、国防却不一定具有直接的必然联系。而且，不同的个人在消费同一种私人物品时，他们对其价格、规格、功能、质量等信息的接受程度可能没有明显的差异，但对同一公共物品的认知程度却因文化素养的差别可能产生巨大差距。所以，作为公共基础设施，图书馆主要由纳税人出资委托政府依法建设、支持。国家一般不能根据公民个体需求知识信息的程度来确定

图书馆建设发展的数量,而是应采用强制的方法(如通过立法)来硬性地发展图书馆事业。

　　② **虚拟空间、物理空间结合的实体场所**。图书馆的数字馆藏与实体馆藏将并存发展,有虚拟的网络交流社区和实体的交流场地。当代英国社会学家安东尼·吉登斯(Anthony Giddens,1938—)说:"新一代人没有电脑什么也干不成。但另一方面,我认为,当前有关信息技术的猜测在很大程度上都是错误的。电子通信并没有取代在限定的地方与别人聚会的必要性。考虑一下伦敦金融城本身这个实例。它是新的全球电子经济的主要活动中心之一。同时,它也是一个实实在在的地方,集中在2.59平方千米范围内。在新技术到来的同时,学者和工商业界人士所参加的会议更多了,而不是更少。人们仍然需要亲眼彼此相见。大学里的情况也是一样。旧有大学的一些方面无疑将会改变。但是,它们的吸引力很可能会随着新技术到来而增强,而不是减弱。正如社会学家博登和莫洛奇所说,这是'要求亲近的难以抵抗的冲动'。"[34]未来的图书馆既是一个网站,也是一个实体场所,其馆舍还是一个地区的标志性公共建筑,它体现的是社区精神与文化。正如2005年美国卡内基基金会发布的《图书馆仍然重要吗?》的报告所说:"图书馆这方面的用途在卡内基资助图书馆的一个世纪以前就清清楚楚了。美国人建造图书馆,永远都用建筑物来阐述其思想。"[23]

③ **逐渐淡化虚拟空间边界的知识资源机构**。20 世纪 90 年代以来,数字图书馆由起初的电子数据库迅速向一种新形式转化:不仅向一种庞大的、多功能的信息知识存贮与检索系统延伸,也向多个信息知识机构(图书馆、博物馆、档案馆、艺术馆)延伸。以往图书馆与其他信息知识机构的区别主要是依据工作对象(如文献、文物、档案、艺术品)的不同来划分的,而在数字图书馆里,这些多样性的工作对象全部转换成了多媒体数字资源形式,由此导致传统图书馆与博物馆、档案馆、艺术馆在虚拟空间中的边界逐步消失。当然,各种信息知识机构依然存在着不同的专业原理与实践,但不可否认的是,数字图书馆不仅消弭了各种信息知识机构的形式区别,它也会建立起一套适用这些工作对象的管理方法,如元数据的公布和使用。从长远的角度来看,对信息知识的获取的综合方式有利于突破不同学科、不同媒介所造成的人为界限,如某位读者欲研究一位画家,他可能既需要该画家的传记(图书馆的文献),也需要一些原始资料(档案馆的书信、手稿、履历表等)、绘画作品(美术馆的藏品);从短期的角度来看,数字图书馆的出现,会提醒各种信息知识机构为其自身发展寻找新的定位,从而为社会做出特殊的贡献[30]255—257。目前公益性数字图书馆还只存在于实体图书馆的网站主页上,商业化的网上数字图书馆步履维艰,然而数字图书馆的发展空间却是巨大的,它为图书馆的发展提供了非凡的想象力。

④ **集信息、学习、娱乐、休闲为一体的社区中心。**每一个图书馆都有自身所处的社区环境，各种社区环境都有自身的特点。不仅如此，信息和思想也是有国籍的，如日本图书馆学者所说：我们要查纽约自由女神像台座上雕刻的诗，使用日本的百科全书是没用的，只能查找美国的百科全书[35]。所以，公共图书馆应当是一个社区信息集散中心，人们进了这里可以感受到整个社区脉搏的跳动。如可以了解到本地的新闻和消息、各种服务机构的地址、地方产品特色、旅游资源、民俗活动等。此外，公共图书馆还承担着社区公共知识空间的责任，为了满足地方居民的需求，它必须大量收集地方文献，开发与地方主题关联的互动项目，如借阅各种与地方关联的书刊杂志、光盘、艺术作品，推广本地识字计划、提供公共会议场所、举办各种展览和公益讲座、开办故事会以保护口述传统，甚至像许多美国图书馆那样，成为儿童放学后家长托管孩子的地点。图书馆只有真正满足了社区需求，才能成为社区居民的起居所，成为为地方服务的公共基础设施，成为可以改变社区的建设性机构。

人有了理性才能获得发展。通过阅读而产生正确的思想是提升公众理性的重要方式。图书馆的存在创造和丰富了人们的阅读生活。阅读让我们有了灵魂纯洁的方式，让我们生成对生命意义的追问，让我们发展出理性的公众舆论（社会批判精神）。然而在当代社会，经济与技术的发展正在使社会公共空间越来越"喧嚣",而"宁静""诗意"正在日益减少。由于商业的无限扩张,消费主义借助大众传媒大肆入侵公共空间,导致了社会公共空间逐步蜕变为权力与经济的附属物。大量知识、文化的生产者抛弃了以往对意义的探究,堕落到为娱乐业殷勤效劳的地步;社会公共空间里的主体也由以往文化批判的公众而被文化消费的大众所取代。人们离阅读(这里指称的是"深阅读"而非"浅阅读")越来越远,却与平庸和麻木越来越近。所以,要建立具有生机、理性的社会,我们就应找到一种保障阅读不被丢失的机制。图书馆收藏的珍贵典籍,不仅能向人们展示历史的久远和文化的厚重,同时也能擦洗人们生锈的思想。重新回到图书馆,理应是人们对高雅生活方式的回归。俄罗斯图书馆学者波罗申(C. A. Борошин)说过:"在俄国,有两个殿堂,一个是教堂,另一个就是图书馆。"[36]所以,人类对理性重生尊重,对信念再立崇高,方式之一就是保持图书馆的神圣与高雅特质。图书馆只有坚守住已经形成传统的高贵品质和自由精神,才能真正成为人们的精神家园。

参考文献

[1] 徐启生.美国图书馆的"困惑"[N].光明日报,2007-03-20(08).

[2] 〔英〕卡尔·波普尔.客观知识:一个进化论的研究[M].舒炜光,等译.上海:上海译文出版社,1987:116.

[3]〔美〕彼得·德鲁克.知识就是一切[J].顾信文,译.国外社会科学文摘, 2002(1):4—5.

[4] 世界银行.全球知识经济中的终身学习:发展中国家的挑战[R].国家教育发展研究中心组,译.北京:高等教育出版社,2005:1.

[5]〔美〕西奥多·W.舒尔茨.人力资本投资[J].杜月升,译//外国经济学说研究会.现代国外经济学论文选(第八辑).北京:商务印书馆,1984: 232—248.

[6] [清]朱右曾,王国维.古本竹书纪年辑校·今本竹书纪年疏证[M].黄永年,点校.沈阳:辽宁教育出版社,1997:9.

[7] 殷商时期已经有简册,如《尚书·多士》曰:"惟殷先人有典有册,殷革夏命."李学勤先生在其《古文字学初阶》(中华书局 2006 年 2 版 54 页)中认为,甲骨文、金文都是附属于有固定用途的器物上的,不似典册是专用于记录史事的,故不能称为书籍。然考虑早期书籍内容,卜筮、文书、言事等很难区分,而甲骨又是专门进行占卜以及记录占卜内容的,与刻有铭文的青铜器不同,因此,将刻辞甲骨视为早期书籍的一种形式似更为合理。

[8] 杨威理.西方图书馆史[M].北京:商务印书馆,1988.

[9] 于殿利,郑殿华.巴比伦古文化探研[M].南昌:江西人民出版社,1998:99.

[10]〔德〕弗里德里希·冯·施勒格尔.雅典娜神殿断片集[M].李伯杰,译.北京:生活·读书·新知三联书店,2003:156.

[11]〔意大利〕翁贝托·艾柯.书的未来(上、下)[N].康慨,译.中华读书报, 2004-02-18(22);2004-03-17(22).

[12] [清]孙诒让.墨子闲诂·卷七·天志上第二十六[M]//诸子集成[四].北京:中华书局,1954:[第 4 册]122.

[13] [清]王先谦.庄子集解[M].北京:中华书局,1987:296.

[14] 〔美〕约翰逊 E D.西洋图书馆史[M].尹定国,译.台北:台湾学生书局,1983:51—52.

[15] 王子舟.六朝隋唐佛教藏书考[D].武汉:武汉大学图书情报学院,1988:16,44.

[16] 〔法〕卡特琳娜·萨雷丝.古罗马人的阅读[M].张平,韩梅,译.桂林:广西师范大学出版社,2005:137.

[17] [梁]萧子显.南齐书·列传第三十三·文学[M].北京:中华书局,1972:[第 3 册]903.

[18] [后晋]刘昫,等.旧唐书·列传第二十三·李延寿[M].北京:中华书局,1975:[第 8 册]2600.

[19] SHERA J H. The foundations of education for librarianship. New York: Becker and Hayes,1972:143.

[20] 孙光成.世界图书馆与情报服务百科全书[M].成都:四川民族出版社,1991:28.

[21] SHERA J H. Causal factors in public library development[M]//HARRIS M. Reader in American library history. Washington:Microcard Editions,1971:141—162.

[22] 〔德〕尤尔根·哈贝马斯.公共领域的结构转型[M].曹卫东,等译.上海:学林出版社,1999:42.

[23] Carnegie Reporter. Do libraries still matter? [EB/OL].[2007-08-28]. http://www. carnegie. org/reporter/10/books/index3. html.

[24] 胡适.胡适日记全编(第 2 册)[M].曹伯言,整理.合肥:安徽教育出版社,2001:63.

[25] 刘衡如.美国公共图书馆概况[J].新教育,1923(民国十二年),7(1):1—26.

[26] 世界人权宣言[M]//〔美〕爱德华·劳森.人权百科全书.汪溯,董云虎,等译.成都:四川人民出版社,1997:1640—1642.

[27] 〔瑞典〕巴布罗·托马斯.联合国教科文组织的公共图书馆宣言[M]//'96北京国际图联大会中国组委会秘书处.国际图书馆协会联合会第58、59届大会论文选译.北京:书目文献出版社,1996:116—119.

[28] 联合国教科文组织.公共图书馆宣言[M]//中国图书馆年鉴(2001).北京:北京图书馆出版社,2001:592—594.

[29] 佚名.互联网时代图书馆未过时,搜索引擎仍存局限[EB/OL].搜狐·IT频道·互联网,(2006-09-30)[2007-04-15].http://it.sohu.com/20060930/n245614897.shtml.

[30] 〔美〕克里斯廷·L.博格曼.从古腾堡到信息基础设施[M].肖永英,译.北京;中信出版社,2003.

[31] 佚名.哈佛大学研究报告:互联网新闻正在杀死报纸电视[EB/OL].人民网·传媒·动态,(2007-08-18)[2007-08-18].http://media.people.com.cn/GB/40606/6127206.html.

[32] 〔美〕丹尼尔·伯斯坦,戴维·克莱恩.征服世界:数字化时代的现实与未来[M].吕传俊,沈明,译.北京:作家出版社,14—15.

[33] 初景利,常唯.国外图书馆学情报学近期研究热点(上)[EB/OL].中国科学院文献情报系统,(2006-07-05)[2007-03-23].http://libraries.csdl.ac.cn/book/List.asp? SelectID=694&ClassID=302.

[34] 〔英〕安东尼·吉登斯,克里斯多弗·皮尔森.现代性:吉登斯访谈录

[M].尹宏毅,译.北京:新华出版社,2001:24—25.

[35] 〔日〕山本顺一.现代社会与图书馆[M]//北京大学信息管理系,〔日〕筑波大学图书馆情报学系.中日图书情报学研究进展.北京:北京图书馆出版社,2005:43—56.

[36] 林曦.俄罗斯图书馆学理论研究热点评析[J].中国图书馆学报,1997(6):26—31.

图书馆职业有怎样的发展前景

为图书馆员者，其性质与教育界同，受最微薄之酬劳，而为最多数人求最大之幸福。

图书馆为学问之导源（generator of learning），为智识之府库（storehouse of knowledge），或为灵魂修养所（dispensary of the soul），实非虚论。

——杜定友

　　杜定友(1898—1967)，中国图书馆学家。在上海、广州两地从事图书馆事业长达 50 年，先后担任过广东省立图书馆馆长、复旦大学图书馆主任、南洋大学图书馆主任、中山大学图书馆主任、上海市立图书馆筹备处副主任、广东省文献馆主任等职。主要著述有《图书馆通论》《图书分类法》《汉字形位排检法》《广东文化论丛》等。

　　亚当·斯密在其《国富论》中一开始就提到：分工比任何其他手段更能改良劳动生产力以及提高劳动技巧与判断力。他举了一个生产大头针的例子说：一位工人单独生产的话，一天也生产不出来 20 根针，但如果是 10 个工人分工，各据一道工序并使用机器去生产，那么这家工场每天可以生产 48000 根针[1]。如今，分工在现代社会里依然发挥着重要作用，它不仅促进了社会的发展，也促进了专业化职业的产生。从 19 世纪末年，图书馆界对自己特殊的社会地位与作用已经有所认识，但图书馆事业被公认为一种职业，却是 20 世纪以后的事情。图书馆员曾经是知识资源与知识受众连接的纽带，是图书馆价值实现的发动机。但在未来的知识社会里，在知识信息传播方式多样化以及知识工作者普遍兴起的时代，它还能够继续扮演这种社会角色吗？它的社会地位是逐步下降还是上升呢？

9.1　图书馆职业与职业化

职业(profession)是人的社会属性,它既是社会分工的结果,也是个人谋生的基本方式。职业不同于工作,它是指人们以其为生的某种事业活动。就其词意而论,它至少包括两方面的含义:具有高度的专业分工以及由此带来的从业领域的明确性;具有特定的伦理规范以及由此带来的人生价值实现的可能性。中国古代哲人所谓的"位以德兴,德以位叙"[2],实质上就是在强调个体的社会职位与德业的互动关系。

(1) 图书馆职业及其社会角色

当我们认定一种工作属于职业的时候,它一般具备以下几个特征:① 有系统的专业知识和理论;② 有专门应用的科学方法和实用技术;③ 有正式训练培养用的教育计划;④ 有已经发展出来的从业道德准则;⑤ 有行业协会以及工作标准;⑥ 为公众服务的专指领域十分明确;⑦ 得到大多数非本专业人员的认可[3]。图书馆从业者显然具备上述七个特征要求。例如,有已经形成专业知识和理论的图书馆学,以及专门刊载这些知识理论的大量刊物;有已经形成知识组织的文献分类、编目等系列实用方法和技术,它们普遍地应用于图书馆实践活动之中;众多国家都在高等教育阶段设置了图书馆学专业,从事专门人才的培养;许多国家都有明确的图书馆职业伦理范畴的阐释,如美国的《图书馆员职业伦理》(1939)手册等;各国不仅有图书馆协会与相应的工作标准,还拥有"国际图书馆协会与机构联合会"(IF-LA)这样的国际组织,以及国际标准化组织公布的工作标准;世界各国几乎都有公共图书馆、大学图书馆、科研图书馆、专业图书馆等组织,它们能够覆盖各类型的社会公众并向其提供知识服务;在许多国家职业分类的规范性文件和社会媒体中,图书馆员俨然是一个边界明确的职业角色。

　　图书馆职业在欧美国家又可以称为图书馆员职业(librari-anship)。它扮演着怎样的一种社会角色(Social Role)呢? 美国诺丁汉大学教授罗伯特·丁沃尔(Robert Dingwall)教授指出:职业就是为实践目的提供足够确定性的一种技巧,比如说,律师职业能解决法律纠纷中法律语言的模糊性问题,牧师职业代表着现实世界与极乐世界的两扇大门,工程师职业就是去研究自然物品和人造产品之间转化的不可预测性[4]。根据丁沃尔的设定,对于图书馆职业我们可以做出这样的描述:由于图书馆是组织出来的有序知识集合,其目的是消除知识长期保存和随时利用的困难,所以图书馆职业就是知识资源与知识受众之间的"经纪人"。这个"经纪人"所做的就是**为不确定的知识与不确定的读者(或者反之)建立起确定关系**。当然这只是我们图书馆人对图书馆职业社会角色的理解和认定。

承认图书馆员是一种职业，并不是说图书馆的任何一位工作人员都是在从事图书馆职业。这就像医院中穿白大褂的并不都是医生一样。美国图书馆学者斯沃普（Swope）和卡茨（Katzer）认为：如果对图书馆员和图书馆工作人员的工作职责进行明确的区分，读者也就更清楚应该向图书馆员还是图书馆工作人员求助，也更愿意接近他们[5]。美国图书馆一般将图书馆工作者分为三类：图书馆员（librarian）、职员（clerk）和杂工（page）。图书馆员是专指拥有美国图书馆学会认可的图书馆学（library science）硕士学位的所谓专业人士，有分类编目图书馆员、参考咨询图书馆员以及儿童服务图书馆员等之分。职员和杂工一般高中学历就可以充任，负责服务台的借书还书、办借书证、图书上架等，并协助图书馆员处理一些事务。图书馆的职员不算是图书馆的专业人员，它与市政府其他部门的职员是一个职务序列。杂工主要负责上架，同时也协助职员做些借书还书、办借书证的工作，他们全部是兼职（PART TIME），大都是兼职打工的高中（毕业）生和大学生。也有些年纪大的想借此为跳板，最终获得职员位子，那他也会从杂工做起[6]。中国图书馆工作者只有两类：正式员工与临时员工。正式员工是占国家事业单位编制的，他们分助理馆员、馆员、副研究馆员、研究馆员等级别（即职称），国家负责支付其工资。临时员工则属非事业编制内的人员，工资由图书馆自行解决，并可随时解聘。中国图书馆的馆员、副（正）研究馆员的职责与地位，与美国的图书馆员接近。本科以上的学历并有图书馆学专业培训经历的人才有资格参与馆员、副（正）研究馆员的评聘。

（2）图书馆职业化程度

从历史的角度来说，图书馆职业是一个古老的职业。早在3000 年以前，古埃及十九王朝的拉美西斯二世（约前 1304—前1237 年在位）的王宫神庙图书馆就由书吏专门职掌。考古学家于 1849 年还在拉美西斯二世陵墓旁发现了两个图书馆员——父与子——的坟墓[7]。历史上杰出的图书馆员不乏其人，如德国的莱布尼茨（G. W. Leibniz，1646—1716）1676 年被任命为汉诺威的图书馆管理员，1691 年在沃尔芬巴特尔被任命为图书馆员，他后来成为哲学家、数学家和当时德国的知识巨匠；英国的休谟（David Hume，1711—1776）于 1752—1757 年在爱丁堡学院图书馆担任图书馆员，在那里写下了《英格兰历史》，他是英国的哲学家、经济学家和历史学家；瑞典的奥古斯特·斯特林堡（August Strindberg，1849—1912）于 1874—1882 年在斯德哥尔摩皇家图书馆任助理馆员，他是一名剧作家和小说家，是《红房子》（1879）的作者；美国波士顿、辛辛那提和芝加哥图书馆的威廉·普尔，中国的刘向、刘歆父子等，都是名垂千古的伟大学者。然而那些数不胜数的图书馆专家的存在，并没有将图书馆职业地位提升到医师、律师、教师的高度。

图书馆员的职业化进程一直比较缓慢。至今在图书馆学界还有图书馆员是否为一个正式职业的论争。如有的美国学者称图书馆职业是个"**准职业**"[8]，还有的英国学者称图书馆学是个"**半专业**"[9]，他们的理由不外乎有三条：① 图书馆员正在越来越受到非图书馆学专业出身的上级行政人员（官僚体系）的控制，职业自主权正在逐步削弱；② 图书馆学专业的核心知识在信息技术的冲击下变得越来越模糊，甚至已经产生不了深奥的知识；③ 非图书馆学专业出身的人员正在占据或顶替大量原有的图书馆员岗位。

英国学者威伦司基（Wilensky）认为，一切职业均置身于专业化（职业化）的连续统一体内，有些职业发展了，有些不进不退，而有些却倒退了[9]。从目前发展现状来看，图书馆职业的从业人数基本处于稳定状态，进入"门槛"在不断提高，图书馆职业一直在这个专业化（职业化）的连续统一体内运动着。虽然图书馆职业化进程会受各种因素影响，但职业化的发展运动并没有就此止步。另外，看待某种职业的职业化问题，还应有两种必要的视角：

① 受各种社会因素的作用，所有职业并非处于同等的社会地位上，但我们不能忽略它作为一种成熟职业的价值。如医院

的护理职业，由于它没有像医生那样在人们的生病与死亡中处于直接利害关系，没有享受过发明和积累深奥知识的威信，加之社会对低阶层、女性、体力劳动有轻视意识，医疗工作结构存在等级必要性的暗示等，护理职业与医生职业显然会长期存在较大的地位差距[10]。职业地位的不平等，对人们选择职业产生了很大影响：人们对高社会地位的职业趋之若鹜，对低社会地位的职业则退避三舍。而社会职业资源的合理配置，一部分可以通过市场"看不见的手"来解决，另一部分就要靠政府用公平、公正的手段来解决。凡属于提供公共物品（服务）的某些职业，如政府公务员、教师、图书馆员等，国家与政府就要提供经济支持，以使从业者能保持一种体面的生活，同时他们之间的地位差别不能太大。

② 追求职业化有利于某种专业的发展，甚至有利于社会服务体系的健全和服务成本的降低。但职业化是专门强调一种特殊形式的职业控制能力的词汇。过度强调职业自主权或强化职业自我控制能力，意味着一种职业自我调节和不受外部控制的程度越来越高。其副作用是造成社会成员之间严重的信息不对称，从而导致职业化很强的从业者容易采用灰色手段不当得利。在医生、律师等行业里，利用信息不对称不当得利的例子比比皆是，尤其在当代中国社会。这一方面反映出这两个职业已经高度成熟，另一方面也把破除行业垄断、削弱行业自我控制权力

（如把医疗事故的鉴定从医疗卫生行业剥离出来）的必要性凸显出来。

"穷的要富，富的要仁"，这句话对社会职业的发展也依然是适用的。图书馆职业处于强化职业特征的"职业增权"的发展阶段，而某些职业则处于自我限制的"职业减权"的发展阶段。"职业增权"就是增加职业自主权。什么是**职业自主权**？按照詹姆士 G. 尼尔（James G. Neal）的说法就是：专业人员在作决定如何提供最好的服务时拥有自主权，这种自主权不受客户和雇主的影响[11]；按照罗伯特 W. 桑德斯顿姆（Robert W. Sandstrom）的说法就是：职业自主权是一种在专业人员和政策精英间达成的协议，这种协议是基于公众对职业的信任，即认为该职业会追求最大化利益[12]。总之任何一种职业的发展总是处于动态之中。

9.2 图书馆职业的特点

（1）图书馆职业以女性为主

从职业结构的角度来看，图书馆职业的性别构成主要以女性为主，如美国早在 1878 年就有 2/3 的图书馆工作者是女性，到 20 世纪 80 年代，女性图书馆雇员仍然占到了 85％的比例[3]。图书馆职业中女性居多，这也是人们认为图书馆职业地位不高的一个主要原因。有一本《女性文化学》的著作声称,女性集中的所谓"适合女性"的行业,如图书馆员、护士、秘书、银行出纳、电话接线员、幼儿教师、牙医助理等,它们大多"具有非技术性、非管理性、辅助性且收入较低的特色",这是一种"就业性别隔离"的结果。"就业性别隔离"是造成男女就业不平等的重要原因,它的存在会影响女性社会地位的提高[13]。姑且不论这种观点是否合理,我们先探究一下造成图书馆职业女性化的原因是什么。美国学者德·盖里森(Dee Garrison)认为:图书馆职业女性化最主要的原因是雇佣妇女从事图书馆工作的工资比男性要低很多,因此妇女也就开始大量进入图书馆职业[14]。男女职业在工资上的差距,一定程度反映了社会性别歧视的大小。在美国,这种性别歧视甚至在 100 年后也没有很大改观。据美国劳动力统计局发布的 1977 年的报告,当时美国全职工作的妇女的工资只有全职工作男性的 58.8％[15]。

不过,从历史的角度来看,女性大量进入图书馆职业,反倒推动了女性融入主流社会的进程,在一定程度上提高了妇女的社会地位。因为一项新信息技术或一种新社会制度的确立往往会给女性带来就业上的利益。比如 19 世纪 40 年代电报发明后需要许多电报操作员,电话发明后又需要大批电话接线员,打字机、计算器等办公用品发明后又亟待众多秘书,而这些处理知识信息的岗位大多是女性来填充的。卡内基慈善组织创办大量的图书馆,也降低了图书馆职业的准入条件,从而吸引更多的妇女进入图书馆工作。应该说,适合女性工作的职业增多,客观上扩大了女性参与社会活动的广度。

从社会分工的效率方面来说,女性大量充任图书馆员也反映出这一职业适合女性特点。盖里森(Dee Garrison)引用了佳士亭·文索(Justin Winsor)在 1877 年的话:在美国图书馆我们为妇女工作设定了很高的工作价值,她们可以软化我们的工作氛围,节省我们的劳力,也节省了成本。当然,如果我们硬要按照这种规则来计算这种劳动力,在同等工资条件下,她们的效益不知要比男性好多少倍[14]。梁启超 1922 年也曾在北京女子高等师范学校的演讲中提到,图书馆是适于女性的职业,"因为女子的精细和诚恳,都是管理图书馆最好的素地。女子在馆管理,能令馆中秩序格外整肃,能令阅览者得精神上无形之涵养。所以我盼望这种职业,全部分、大部分由女子担任","这门职业,我信得过男子一定竞争不过女子。"[16]

不容否认,女性就业居多的职业,其社会地位急需提高。一方面国家要改善女性的工资待遇,另一方面女性自身也要有所作为。我国女学者廖泉文教授讲述了一个故事:有一个小媳妇想学一门手艺以做养老之资,因家贫及求艺无门(性别歧视),就想到了学绣花。起初买不起针线和布料,就主动为邻居出嫁的姑娘们义务绣花。十年以后她有了一手好技艺,也积累了大量花式图样，求她绣花的人络绎不绝，于是她以低于市场的价格开始试着"有偿服务"。又过了十年，有许多慕名者愿意花大价钱来买她绣的花，于是她以高于市场的价格来绣花，也满足不了市场需求。这个故事表述出一个原理：小媳妇在职业低谷时为了获取资源（针线布料）不惜吃亏学艺，为他人作嫁衣；经过艰苦磨炼积累出较高的职业能力、职业资源（各种花式图样）之后，才实现了品牌效应[17]。"绣花理论"对图书馆职业同样适用。图书馆职业要想提高自身地位，广大女性从业者就必须自强，要敢于从"吃亏"做起，用自己的智慧、爱心和双手改变自己的社会地位。

（2）图书馆职业的社会形象

从职业形象的角度来说，一种职业构成一种组群，每种组群都拥有社会与文化对其认可的文化模式（如职业形象）。进入该职业组群的从业者，不得不受这种文化模式的影响。一位文化人类学者曾说："在我童年时代所居住的社区中，只有中年或老年医生才被认为是可信赖的。刚从医学院出来的年轻医生，常被投以怀疑的目光，所以他们尽量使自己显得老成一些。我认识一位朋友，二十出头就秃顶了，他告诉我这是他们医生职业中最有价值的道具。"[18]图书馆职业作为一种组群，也有自己的职业形象。图书馆职业在大众的眼里过于刻板、单调、严肃。在美国，以往图书馆员一直对自己给人的刻板印象感到困惑。有的图书馆员被称为"发髻太太",即她的头发在脑后盘成一个发髻,她系着有链子的眼镜,穿着长长的罩裙,唯一的表情就是把一只手指放在嘴唇上发出"嘘"的声音。她们的这种沉闷形象经常出现在书本、影视、卡通、连环漫画里,甚至已经固化。纳杰勒(Naegele)和斯多拉(Stolar)在《刻板的形象是一个问题吗?》的文章中指出:"形象的重要性所产生的结果比它本身的事实还要重要。"[19]

如今,这样老套的图书馆员形象正在迁移,至少在中国,女性图书馆员的形象已经改变。在许多新建图书馆里,女性馆员们穿着既入时又得体的制服,显现着不同于商业领域知识白领的韵味。还有的图书馆专门进行职业形象的教育,以期从外表和内在两方面改善馆员的职业形象。而且,社会公众对图书馆员的认识也在变化。作家王安忆说过去图书馆那种刻板的图书馆员虽然"老派"但很敬业,在今天反倒让人留恋;另一位常泡图书馆的读者竟然会在一篇文章中提到某个女馆员的声音很好听,某位会说外语的女馆员的表情能折射图书馆的风采与光芒[20]。总之,职业形象与职业地位有着正相关关系,因为职业形象不仅体现职业气质,还传达着职业内涵、职业价值所散发出来的各种信息。当职业形象符合进步趋势时,那它必将促进自己职业的升值。

9.3　图书馆职业伦理

　　职业伦理（或职业道德）通常是由职业规范与职业精神构成的。**职业规范**是职业人正确处理与其自身职业相关的各种社会关系的总和。**职业精神**是职业使命、职业责任、职业纪律、职业态度、职业情感、职业作风等相互作用而形成的一种核心价值观。一般情况下，职业伦理越发达，它们的作用越先进，职业群体自身的组织就越稳定、越合理。有鉴于此，世界上已有几十个国家的图书馆界发布过职业伦理规范的文本。中国图书馆学会于 2002 年 11 月也曾公布了《中国图书馆员职业道德准则（试行）》。

（1）图书馆职业规范

　　图书馆职业规范的内容主要涉及馆员与读者、馆员与文献、馆员与图书馆、馆员与社会等几个关系范畴。综览英国、美国、瑞典、意大利、捷克、俄罗斯、亚美尼亚、以色列、墨西哥、牙买加、新加坡等国家与中国香港等地区公布的图书馆职业规范，我们可以提炼出 10 条较为通行的图书馆职业规范内容：

　　① 图书馆馆员应当捍卫每一位读者的权利，促进每一位读者不受歧视地获取知识信息资源，而不考虑这些读者的国别、种

族、性别、年龄、信仰以及社会地位。馆员应鼓励知识自由传播，鼓励信息和思想观念的自由流动，尽可能提供最高水平的、毫无偏见的知识服务，对于限制知识信息自由传播的各项措施，图书馆员应当奋起抗争。

② 由于读者享有自由选择知识信息的权利，馆员不能干涉读者的自由查询与借阅，因此读者使用各种知识信息所产生的后果，图书馆员不用承担责任。但出于社会责任以及职业责任，馆员对所传播的知识信息产生的效果应当能够做出独到的和专业的判断，在读者需要的情况下提出合理的参考意见。

③ 图书馆馆员应当保护每一位读者的隐私权，即保守读者查询、借阅、获取和传递馆藏资源的秘密。读者出于信任才把个人信息托付给图书馆员，所以对于任何第三方，不论其任何目的，如果没有读者同意，都不能私自利用读者信息，除非他们事先获得了读者同意。还有，即使是图书馆与读者服务关系终止，馆员保守秘密的责任仍将继续。

④ 图书馆员支持知识自由原则，反对任何审查馆藏资源的行为。馆员采选各种知识文本时并不是按照其外形、价格、宗教信仰或政治观念来选择，而是考虑是否与图书馆的发展目标相关。馆员不能因为受到权威或团体的反对施压而剔除某些资源，或者是仅仅满足少数特定群体的利益来收集馆藏。馆员有责任提供反映当前问题不同观点的资源，这些资源至少能够满

足不同读者的需求，并且能代表不同读者的不同利益。

⑤ 图书馆员承认并且尊重知识产权，尤其是在电子文献大行其道的今天，更要注意防止电子文献被大量复制，从而损坏著作权人的利益。但在知识产权保护法允许的范围内，图书馆员应当使本馆馆藏资源最大化地为读者利用，因为维护知识创造者与利用者之间的正常关系是促进知识社会发展的重要条件。

⑥ 由于图书馆员的职责是发展馆藏、对记录和传递的知识观念进行有效保存与整理，因此馆员要珍惜和爱护馆藏知识资源，在工作中不能忽视馆藏资源保存中的潜在危险，不能利用馆藏文献进行商业牟利活动，不能利用自己职务的方便将图书馆的资源变为个人使用，以及随意地提供给与自己有社会关系的人，进行情感投资或换取其他各种利益。

⑦ 图书馆员必须将个人的哲理观念与职业的责任相区分，不允许个人的观念、信仰影响图书馆发展目标的实现，影响为读者提供知识资源的公正性。馆员应当意识到图书馆业务工作的整体性与系统性，为实现图书馆的发展而紧密协作，不能做出有损于其他业务环节工作质量的行为以及影响全馆的读者服务工作。

⑧ 图书馆员应当承担一定的公共责任，代表图书馆积极参与到公众社会事务中去，使图书馆与其他教育机构、社会机构和文化机构一样发挥作用。图书馆职业与其他职业的关系是相互

尊重和相互合作。馆员要尊重不同类型知识信息传播机构的同行,与这些同行保持密切联系,与更广泛范围社会记忆保存机构的同事进行协作。

⑨ 图书馆员应当认识到每位馆员都对图书馆有特定的作用,馆员之间的交往在任何时候都应当采用较高的人际交往标准,即谦虚、尊重、公正、客观,以谦恭的合作精神将自己的知识与别人分享,并将这一方式视为职业发展的主要环境要素。馆员应捍卫图书馆职业的威信,表现出较强的职业精神与职业主义,以本职业为荣,尊重本职业,积极参与专业组织的各种活动。

⑩ 图书馆员应意识到自己所提供的服务是非常专业的。而力求达到专业的优秀,就必须与职业的发展相适应,进行终身学习,时刻让自己保持知识渊博,不断提高工作能力和技能水平。同时要鼓励同事的职业发展,激发潜在职业人员的职业意向,尽力使本职业保持卓越。

(2) 图书馆职业精神

图书馆职业精神是在一定历史环境下由图书馆人形成的一种职业信念与价值追求。这种职业信念与价值追求可以感召同侪与他人,让人们认识到自己在某些方面所具有的优秀潜能和品质,同时也是指导馆员行为的基本信念。因其反映了图书馆独有的价值取向,呈现了图书馆人特殊的品格,图书馆职业精神还可以用凝练的语言表述出来，成为人们耳熟能详的语句。如中国图书馆界流行的一句话："**为人找书，为书找人**"，就是在长期实践中形成的概括图书馆员职业信念与价值追求的话语。如今，我们已经很难找到这句话最早的提出者是谁，很难考证出它是怎样渐渐传播开来并被广大图书馆员所认同的。然而正是这样形成的东西才最精辟、最有生命力和感召力。

"为人找书，为书找人"，这句普通的话看似简单，实则寓意深远：

① 它明确了图书馆职业内容涵盖的三个要素、两个向度。三个要素是：书（知识信息资源）、人（知识信息受众）、找（知识服务方法）；两个向度是：顺向业务（为人找书）、逆向业务（为书找人）。顺向业务在前，表明它为图书馆的基础业务、基础服务；逆向业务在后，表明它是高级业务、高级服务。

② 在三要素中，"书""人"是需要认识与服务的事物、对象，"找"是蕴涵着科学、管理、艺术等内容的过程、方法。"找"是使"书""人"能发生联系并产生意义的关键，因此又是三要素中的核心与灵魂。"找"的主语是"图书馆员"，"图书馆员"与"书""人"可谓三要素中的三个明确并客观存在的"参照系"。但在"为人找书，为书找人"的表述里，"图书馆员"被隐去，这就凸现了"书"（知识）、"人"（读者）的地位与"找"（服务）的价值。

③ 在两个向度中，顺向的"为人找书"是指有效地提供知识

服务,逆向的"为书找人"是指有效地开发知识资源。二者是一个互动、互进、互作用的过程,它与图书馆知识组织、知识利用的过程有着高度的契合关系。尤其是"为书找人",即把有用的知识提供给需要它的人,"有用"是相对"需要"而言的,话虽简单但做好非常艰难,它将图书馆职业的特征与追求境界提炼出来了。

有效实现知识资源与知识受众之间的交互作用的最大化是图书馆员追求的目标。"为人找书,为书找人"是信条也是格言,它可以成为图书馆职业本领中的重要组成部分。当然,要建立起对它的心悦诚服,还需要我们在职业生涯里长期努力实践。就像哲学家迈克尔·波兰尼(Michael Polanyi,1891—1976)所说:关于打高尔夫球及诗歌的真正格言,可以增加我们对打高尔夫球或诗歌的见识,甚至可能对高尔夫球手或诗人提供珍贵的指导;但如果这些格言企图代替高尔夫球手的技能或诗人的艺术,它们将很快宣告自己的荒谬。任何对该门技艺不具有良好实践知识的人,他就不能理解,更不能应用格言[21]。

9.4　图书馆职业发展前景

网络技术的确使很多人可以不通过图书馆员的服务而获得自己需要的信息或知识,但这并不意味着图书馆员作为一种职业将很快过时。因为图书馆馆藏书刊和数据库依然吸引了大量知识受众。图书馆专业的毕业生数量在增长，图书馆员的数量也在增长。据 2000 年美国《职业前景季刊》上一文预测，从 1998 年到 2008 年美国图书馆员的数量平均每年将增加 5%[22]。2007 年的一期《美国新闻与世界报道》刊登了《2007 最佳职业指南》，报道了集"较理想的薪水、地位及生活质量"于一体的 25 种好职业，其中就有图书馆员。尽管图书馆员年薪只有 4.97 万美元，但它仍厕身于工程师、药剂师、牙医、政治家、视力验光师、医生助理、学校心理辅导师、职业治疗师、牧师、管理顾问等热门职业之间。表明美国人正在追求更简单的生活方式，"高薪"不再是评价好工作的唯一标准，惬意又有良好的精神回报的工作正在走俏[23]。在中国，图书馆职业的社会地位也在抬升。据 2007 年 10 月《重庆时报》报道，重庆市图书馆因新馆启用，面向社会招聘正式职员 31 名，报名人数竟达 4770 人，比例高达 1∶154，远远超过同期招聘的几家医院、健康教育所、市福利院、市第三体校等单位的报名比例[24]。那么未来的图书馆员将扮演哪些社会角色？他们的主要职能是什么？下面作一简单预测。

（1）善于交流的知识经纪人

未来图书馆员的工作重心不是照看图书馆，而是要学会打理知识，在知识与需求者之间构建一个便捷的通道。图书馆员要借助新技术、新媒体丰富图书馆与读者交流的方式，如可以让读者"不到馆"也能获得帮助,把读者向馆员咨询有时也变为馆员咨询读者,将馆员向读者推荐好书变为读者也能向馆员推荐好书。总之,借助新兴网络技术,图书馆可以变成充分互动、分享的知识信息公共空间。在这样一个公共空间中,馆员必须学会倾听、交流、沟通、探讨等技巧,扮演好知识经纪人的角色,即牵线搭桥,为不确定的知识与不确定的读者(或者反之)建立起确定关系,替双方寻找机会并促成"交易"。当然,这种知识经纪人与活跃于市场的各类经纪人最大的不同,就是作为"交易"双方中间人,他收取的某种差价不是"货币"而是"评语"。

(2) 社区居民的知识主管

图书馆员是社区知识信息的采集者,每天要将大量有关本地的纸质资料、网络信息收集起来,然后将它们组织成一个有序的、可供检索的知识集合。因为社区的信息、知识必须要有专人来汇集与处理,否则,社区就会失去自身的文化记忆,致使一些社区居民日后难以找到与自己相关的有益资料。图书馆员肩负的另一职责是对社区居民进行信息技能的培训,包括上网检索资料的技巧、建立自己的博客、参加虚拟自助组织的讨论等。因为发现知识信息、检索知识信息和评估知识信息是终身学习的重要技能。图书馆员也有责任将博客、wiki、RSS、Facebook 等最新技术及时应用于图书馆服务之中去。另外,图书馆员的一项最重要的工作就是做好社区的参考咨询,有效满足社区居民的各种知识信息需求。

(3) 博学敏捷的知识咨询师

无论专业图书馆还是公共图书馆,在参考咨询工作中,未来的图书馆员随时都会面临读者问题的挑战,有时甚至面临着一场危机。如从事医学图书馆工作的咨询馆员,可能会有一天突然接到从手术现场来的电话,要求马上找到某种医学资料;或者公共图书馆地方文献阅览室的馆员,某日接待了一位读者,他提出要找一幢老房子的历史记载,因为城市改造要将这幢房屋拆掉,他必须找到有力证据证明房子具有文物价值,以使其免遭厄运。此时,图书馆员无疑在经受一场考验。而能顺利提供资料、度过这种危机的馆员,他们往往熟知馆藏,学识渊博,善用检索工具。这样的图书馆员就是名副其实的知识咨询师。甚至他们中许多人已经获得了国家颁发的知识咨询师资格证书。

(4) 某一领域的知识鉴赏家

未来图书馆员有着身兼多重成功职业身份的可能性,如许多优秀的图书馆员会是具有某种知识服务特长的人。他们是未来社会的知识工作者,他们中的一些人可能是历史学家、书刊评论家、科普作品创作者、古籍或名人手稿鉴定师等。哈贝马斯说:"现代社会的功能系统依赖于专门化的知识,这些知识主要来自专家。由于专家具有专业知识,想利用这些知识的人便从他们的观点出发期望专家就相关问题给出建议。"[25]美国一名负责网络系统的图书馆员迈克尔·舒乐(Michael Schuyler)曾举了一个例子:他所认识的一名图书馆员,不仅能指出分类号码小数点后四位数的烹饪书籍的类名以及在馆藏中的位置,而且还能指出为什么老版本的《快乐烹饪》(蓝皮)比新版本的要好[26]。

(5) 业余自修的学习辅导员

图书馆是社会个体终身学习的平台,图书馆员可以开展一些帮助读者学习的活动,比如讲故事、辅导学生做作业等,这些都能充分发挥图书馆的教育作用,突出图书馆员的职业特点,同时让图书馆获得社会认可度,从而避免出现以往发生过的某些情况:当政府经费紧张时,首先就是图书馆领受削减经费开支的待遇。美国加州多明尼克大学图书情报研究生院的比尔·克劳莱(Bill Crowley)教授指出:如果公共图书馆要想继续开办下去,如果公共图书馆员仍然想继续作为一门专门职业,公共图书馆馆长们必须让公共图书馆回到其最初的教育轨道上去[27]。美国参考咨询馆员琼·布德(John Budd)指出:一旦图书馆员的教育职能获得了认可,他们就会对教育的进步发展产生无价的贡献,当然这种职能对图书馆员的挑战很大,但显然图书馆员们是非常愿意接受这种挑战的[28]。

　　图书馆职业的发展决定着图书馆学的发展。因为现代科学是一种分科体系,这种分科是社会职业分工导致的结果。治病形成了医学,授业形成了教育学,盖房形成了建筑学,记账形成了会计学;医学、教育学、建筑学、会计学的学科建制反过来又生成出大量医务、教育、建筑、财会领域里的专业工作者。所以,图书馆职业的存在与发展,是图书馆学存在发展的重要推力,而图书馆学的存在发展又对图书馆职业的进步起着重要的影响作用。有些学科因没有明确的实践活动层(即相对独立的分工领域),它的生存与发展就会受到极大的局限。比如图书馆学的姊妹学科情报学,原来它的实践活动层是科技情报工作,但由于科技情报职业的萎缩,以及情报学向信息科学的过度扩张、虚化,情报学渐渐失去了自身的职业分工领域。没有了职业情报员、情报专家,情报学便产生了职业认同困境,最终导致情报学自身发展面临危机。

参考文献

[1]　〔英〕亚当·斯密.国富论[M].郭大力,王亚南,译.上海:神州国光社,1931(民国二十年):[上册]5—6.

[2]　[唐]孔颖达.周易正义[上经乾传卷一][M].余培德,点校.北京:九州出版社,2004:28—29.

[3]　孙光成.世界图书馆与情报服务百科全书[M].成都:四川民族出版社,1991:296—298.

［4］DINGWALL R. Imperialism or encirclement? ［J］. Transaction Social Science and Modern Society,2006,43(6):30—36.

［5］SWOPE M J，KATZER J. Why don't they ask questions?：the silent majority［J］. RQ，1972(12):161—166. 转引自 ATLAS M C. Library Anxiety in the Electronic Era，or Why Won't Anybody Talk to Me Anymore? ［J］. Reference & User Services Quarterly，2005,44(4):314—319.

［6］海雨. 美国公共图书馆的员工［EB/OL］. 海雨的 BLOG,（2007-04-02）［2007-04-06］. http://blog. sina. com. cn/u/4ca33d8e010009an.

［7］杨威理. 西方图书馆史［M］. 北京:商务印书馆,1988:12.

［8］EVANS G E. Management techniques for libraries［M］. 2nd ed. New York:Academic Oress,1983. 转引自:李炳穆. 何以成为真正的图书馆员［J］. 蒋永福,译. 中国图书馆学报,2006(6):15—20.

［9］〔英〕迈克·弗里曼. 图书馆事业:专业、半专业亦或仅仅是一种职业?［C］//'96北京国际图联大会中国组委会秘书处. 国际图书馆协会联合会第58、59届大会论文选译. 北京:书目文献出版社,1996:8—11.

［10］〔美〕查尔斯·罗森堡. 知识生态学:学科、背景和历史［M］//〔美〕詹姆斯·科塔达. 知识工作者的兴起. 王国瑞,译. 北京:新华出版社,1999:284—298.

［11］NEAL J G. Raised by wolves［J］. Library Journal，2006,131(3):42—44.

［12］SANDSTROM R W. The meanings of autonomy for physical therapy［J］. Physical Therapy，2007,87(1):98—106.

［13］赵树勤. 女性文化学［M］. 桂林:广西师范大学出版社,2006:262—264.

［14］ GARRISON D. The Tender Technicians：the Feminization of Public Li-
brarianship，1876—1905［J］. Journal of Social History，1972—1973，6：
133. 转引自：NELSON B R. The chimera of professionalism［J］. Library
Journal，1980，105(17)：2029—2033.

［15］ U. S. Department of Labor，Bureau of Labor Statistics. U. S. Working
Women：A Databook［J］. Bulletin，1977(GPO，1977)：35. 转引自：
NELSON B R. The chimera of professionalism［J］. Library Journal，
1980，105(17)：2029—2033.

［16］ 梁启超. 我对于女子高等教育希望特别注重的几种学科［M］//饮冰室合
集·饮冰室文集之三十八. 上海：中华书局，1936：［文集］第 13 册.

［17］ 廖泉文.《中国女性职业生涯发展研究》序［M］//吴贵明. 中国女性职业
生涯发展研究. 北京：中国社会科学出版社，2004.

［18］ ［美］拉尔夫·林顿. 人格的文化背景［M］. 于闽梅，陈学晶，译. 桂林：广
西师范大学出版社，2006：［译序］2.

［19］ Stereotypes of librarians［EB/OL］. ［2007-09-12］. http：//home. earth-
link. net/~cyberresearcher/stereotypes. htm.

［20］ 上海图书馆. 我与上海图书馆［M］. 上海：上海科学技术文献出版社，
2002：24—25，222—230.

［21］ ［英］约翰·齐曼. 可靠的知识：对科学信仰中的原因的探索［M］. 赵振
江，译. 北京：商务印书馆，2003：218.

［22］ CROSBY O. Librarians：Information experts in the information age［J］.
Occupational Outlook Quarterly，2000，44(4)：2—15.

［23］ ［美］NEMKO M. 高薪不是第一追求：美国 2007 年 25 个热门职业［EB/

OL]. 陈宗伦, 编译. 青年参考, (2007-05-12)[2007-10-17]. http://qnck. cyol. com/content/2007-05/12/content_1757978. htm.

[24] 牟晓晖. 1246 人争抢图书馆 31 职位: 4770 人报考重庆公务员[EB/OL]. 重庆时报, (2007-10-16)[2007-10-17]. http://edu. huash. com/2007-10/ 16/content_6618220. htm.

[25] 〔德〕尤尔根·哈贝马斯. 再论理论与实践[M]. 薛巍, 等译//许纪霖, 刘 擎. 丽娃河畔论思想: 华东师范大学"思与文"讲演录. 上海: 华东师范大 学出版社, 2004: 3—13.

[26] SCHUYLER M. Computers and the laze factor[J]. Computers in Libraries, 1997, 17(2): 26—28.

[27] CROWLEY B. Save professionalism[J]. Library Journal, 2005, 130 (14): 46—48.

[28] BUDD J. Librarians are teachers[J]. Library Journal, 1982, 107(18): 1944—1946.

图书馆学研究的趋势和重点是什么

　　知识是对事实或思想的一套有系统的阐述提出合理的判断或者经验性的结果，它通过某种交流手段，以某种系统的方式传播给其他人。

　　后工业社会是双重意义上的一个知识社会：首先，革新的源泉越来越多地来自研究与发展（更直接地说，由于理论知识居于中心地位，在科学和技术之间存在了一种新型关系）；第二，社会的力量——按大部分国民生产总值和大部分就业情况来衡量——越来越多地在于知识领域。

——丹尼尔·贝尔

　　丹尼尔·贝尔(Daniel Bell,1919—2011),美国社会学家,哈佛大学社会学教授。著有《意识形态的结束》《今日资本主义》《后工业社会的来临:对社会预测的一项探索》等,他认为后工业社会即知识社会的显著特征是:1. 经济方面:从产品生产经济转变为服务性经济;2. 职业分布:专业与技术人员阶层处于主导地位;3. 中轴原理:理论知识处于中心地位,它是社会革新与制定政策的源泉;4. 未来的方向:控制技术发展,对技术进行鉴定;5. 制定政策:创造新的"智能技术"。

　　一代学术有一代之新风会、新潮流。图书馆学在图书整理时代研究轴心是图书，主要内容是图书整理；在图书馆经营时代研究轴心是图书馆，主要内容是图书馆经营；在信息技术时代研究轴心是信息，主要内容是信息技术。世纪之交那几年，图书馆学界出现了一些与知识命题关联的文章。新世纪初年我也曾撰文预测，未来图书馆学的轴心将逐步转入"知识域"，并对这种研究重心的转移做了分析与论证[1]。此后，图书馆学界产生了一些积极呼应[2]。然而，这种研究重心向知识转移的趋势在图书馆学学术体制内（如教科书、教学课程设置等）仍未得到应有的重视和体现。至于把这种面向知识的研究催化到图书馆实践层面，进而得到积极运用，那就更有距离了。为什么图书馆学的研究轴心会向知识转移？转向后的图书馆学将形成哪些重点研究领域？下面就这些问题做一个简单阐释。因为图书馆学人有了"预流"（即提前进入）意识，才会裹进学术于将来和世界，否则只能永远跟随他人之后。

10.1 社会和学术发展上的两种推力

(1) 知识经济的兴起与知识社会的凸显

知识经济是以知识为主要资源与生产要素,通过对知识的生产、交换、使用来达到物质财富不断增长以及社会文明不断进步的一种新经济形态。不同时代社会发展所凭借的主要资源、生产要素不同,农业经济是土地和简单劳动力,工业经济是资本和能源,知识经济则是知识和信息。知识信息与自然资源不同,不仅可以再生,而且越是应用越有利于知识信息的增长和扩散。美国经济学家斯蒂格利茨曾说,发达国家的工业已经由敲打金属转移到生产知识,一种"有重量经济"正在向"无重量经济"转变[3]。世界银行也曾指出:"以知识为基础的经济主要依靠创意而不是体力的运用,依靠技术的应用而不是物质资料的转换和廉价劳动的开发。"[4]

知识经济的兴起使得新的社会形态——知识社会呼之欲出。早在1973年,美国社会学家丹尼尔·贝尔就提到,后工业社会将有两个重要理由而导致其成为一个知识社会:首先,"革新的源泉越来越多地来自研究与发展";其次,"社会的力量——按大部分国民生产总值和大部分就业情况来衡量——越来越多地在于知识领域。"[5]如今,这两种预测已经变为现实。知识创新已经成为生产力的主要因素,聚集白领阶层的服务业在产业结构中的比重越来越大。在当代社会里,体力劳动减少,脑力劳动增加;知识可以转变为资本,资本更加追逐知识;劳动密集型产业衰落,知识产业迅速崛起;商品知识化,知识商品化;社会运行智能化、网络化;知识管理的应用正在大大提高社会组织的效率。可以说,知识社会是一个全面运用知识和全民拥有知识的社会[6]。

随着知识经济和知识社会的出现,知识的意义和价值得到了前所未有的张扬和提高,人们对知识的作用产生了不断探索的欲望。知识使人对社会事物有了新的看法,甚至改变了自己的某些传统观念。

譬如,美国经济学家加尔布雷思说,权力归于最难获得或最难替代的生产要素。封建时代土地是最重要的生产要素,当时掌权的是地主;工业时代资本成为最重要的生产要素,权力也就从地主手里转移到资本家手里。由于工业和技术的发展进步,资本供给丰裕,社会储蓄过多,同时工业和技术发展所需专门知识越来越复杂,知识成了企业成功的决定性生产要素,于是权力再度从资本供给者手中转移到专门知识的拥有者手中。这些专门知识的拥有者形成了"技术结构阶层"(包括高级经理、科学家、工程师、销售专家、广告专家、图书馆员和律师等等),他们才是权力的真正拥有者[7]。

又如,以往的社会发展观停留在物的层面上,认为发展的手段、驱动力来源于物,如将土地、资本认为是财富的源泉和财富的基本形态。"人们追求的是以物的手段来实现物的目的,即增加物质资本投资,实现 GDP 的增长。"[8]知识经济的兴起则改变了这一观念。当人们把知识作为发展手段和驱动力时,人力资源的重要性凸显出来,以人为本的发展观得到了刺激和弘扬。GDP 的重要性终于被 HDI(人类发展指数,是由健康长寿的生活、知识和体面的生活水平构成的一个复合指数)所代替。世界银行行长詹姆斯·D. 沃尔芬森说:"经济不仅建筑在实物资本和人类技能积累的基础上,还建筑在信息、学习和对知识加以吸收改造的基础上。因为知识至关重要……"[9]

(2) 人文社会科学研究对"知识"的关注

尽管早在古希腊时代哲学就开始了对知识的探讨,但众多人文社会科学把研究的目光聚拢于知识也仅仅是近几十年的事情。从哲学到社会学、经济学、管理学、法学乃至历史、文学,知识几乎都成了这些学科研究者们频频使用的关键词。以哲学为例,世界哲学重镇德国的哲学界似乎对知识命题格外青睐。连续十年来的四届德国哲学大会,其主题都与"知识"有关:1996 年第 17 届是"知识与价值的动力",1999 年第 18 届为"知识的未来",2002 年 19 届是"界限与跨越",2005 年第 20 届则为"创造性"。"创造性"是创新的灵魂,它与我们通常讲的规范、秩序、先验规则等范畴不相吻合,但它显然仍是一个"知识域"里的问题。

社会学对知识的研究也有着很大的热情。社会学领地历来是比较纷杂的,为了让人们在这片纷杂的领地上找到前行路标,法国社会学家让·卡泽纳弗在 1976 年出版了一部《社会学十大概念》的专著,阐述了"社会""进化论""角色与地位""分层"等十个社会学重要概念,其中"知识社会学"赫然在目,位居第三。知识社会学研究知识与社会的关系。早期的知识社会学带有哲学和认识论的色彩,如奥古斯特·孔德通过知识基础——思维形式——的研究提出:人类思维经历了神学、形而上学、实证科学三个发展阶段,三个阶段是递进的,它规定了社会整体的进步[10]。现在的知识社会学更趋向于研究知识的不同类型和某种社会范围间的功能关联。如丹尼尔·贝尔对知识作用的研究,埃利亚斯对知识的社会生成的研究,麦克卢汉对知识媒介的研究,米歇尔·福柯的"知识考古学"等。

经济学领域有关知识的命题几十年来也很多,尤其在宏观经济学领域。例如美国经济学家舒尔茨的人力资本理论指出,人的知识、能力、健康等人力资本的提高对经济增长的贡献远比物质资本、劳动力数量的增加重要得多[11]。上世纪 80 年代,罗默和卢卡斯的研究都将知识作为公共物品,他们把知识资本引入增长模型,认为知识的作用可以消解实物资本、劳动以及土地等在经济增长中所经历的报酬递减现象而实现报酬递增[12]。

在管理学丛林中,知识管理近年来更是一枝独秀。知识管理是以人为中心,以数据、信息为基础,以知识利用和创新为目标的新型管理思想与方式。由于它能为企业培育核心竞争力,提供长期的竞争优势,因此备受企业管理者的欢迎。在未来知识社会里,社会的主要资源是知识,关键结构是组织,因而组织的适应性、创新能力等问题会十分突出,这给知识管理思想的应用、发展提供了广阔的基础。第一、第二届知识管理国际会议(ICKM)分别于新加坡(2004 年 12 月)、美国北卡罗莱那州(2005年 10 月)的成功召开,说明国际学术界正在努力推动知识管理理论的发展,并积极将其学术制度化。

至于文化研究、文学研究、历史研究等对知识命题的探究也不胜枚举,如英国的文化研究者丹尼·卡瓦拉罗不仅把理解、信息、学习看成是知识问题,而且还将心灵、审美、意识形态等也都看成是知识问题。他说:"为世界编码并使世界得到理解的象征体系(语言与阐释)巩固了所有的文化形式及其权力结构和主体间的关系(社会身份);一个社会的构造,依次既生产出知识的体系,又是知识体系的产物,而这些知识体系意在将个体经验和集体事务、目标和愿望联系起来。"[13]换成通俗语言,那就是人能创文化,文化能化人,而二者相互"施加"的手段,就是知识体系。

再如近几年文学领域里兴起的"批评理论"（即关于批评的理论），无论是克里格的新形式主义、德里达的解构主义，还是赛义德的后殖民主义文化研究、伊瑟尔的接受美学等，他们都超越了文学文本艺术特征和审美价值的传统研究层面，进入到了对批评本身特征和价值关注的层面，甚至将他们所面对的文学文本扩展到一切知识、话语文本[14]。

以上情况表明，知识命题因其具有前所未有的重要性，正在越来越受人文社会科学的重视。我们可以感知到：社会变迁与学术发展正在对"知识"进行高倍聚焦与放大。我们有理由相信，知识也应该是图书馆学关注的重要主题，尽管图书馆学在人们的眼中只是一个小学科。

10.2　转向"知识"的主要进展

最早从知识角度探讨图书情报活动并提出新见的是袁翰青先生。1964 年袁先生撰文说，文献工作由知识组织与情报检索两方面构成，知识组织"是将分散记录起来的知识，特别是文献中新发现的知识单元，经过学术分析与抽出之后，用一定的方法组织起来，对使用者提供最大的便利，能随时被检索到并参考利用。文献中的知识单元实质上就是所含的情报"[15]。可以说，在中国图书情报学界，是袁先生最早提出了知识组织与知识单元概念并阐述了其理论价值。但因诸多历史原因,袁先生的这一创见到了 20 世纪 80 年代才被图书情报学界重新认识,得以继承和发扬。

(1) 20 世纪 80 年代的研究状况

1981 年,彭修义先生提出开展知识学研究的建议,指出科学知识已快速发展成 2000 多门,在当代社会中起的作用越来越大,人们要掌握科学知识就要了解知识,因此应建立"知识学";图书是知识的载体,图书馆学则更应该研究知识[16]。"知识学"的呼吁在当时引起了图书馆学界的注意。在理论上,它意图深化人们的研究意识,即把以往停留在图书、图书馆的研究目光,穿透到图书和图书馆的背后——知识问题上;在现实上,它欲以此"加厚"图书馆学的知识基础,改变概论式课程浅尝辄止的局面。彭修义先生后来并没有构建起知识学的某种体系和框架,但是他的呼吁提供了新的研究视角,对后来的图书馆学研究也产生了积极影响。

早期的改革开放不仅让西方的大量产品涌入中国,同时也让国外的各种学术思想蜂拥而至。1982 年,青年学者刘迅将当时已被译介到国内的波普尔的"世界 3"思想引入图书情报学界,认为"世界 3"理论能够成为图书馆学情报学的共同理论基础。波普尔将"世界 3"(客观知识世界)看成具有独立性的一种客观实在,这就给文献这种既非精神也非物质范畴的现象赋予了客观实在性,进而给出了科学的定位;同时也明确了图书馆学情报学的研究领域在于客观知识世界。刘迅断言:"这一理论的提出,必然带来图书馆学情报学理论上的突飞猛进。"[17]刘迅的观点引起了图书情报界的一场大讨论。遗憾的是,在旧意识形态惯性的作用力下,对刘迅观点更多的回应是批评。不过,波普尔"客观知识"的思想虽然退出了这条河流的水面,但却进入了潜层,依然在顽强地向前流动。

80 年代中期"知识交流说"的出现,可以说是图书馆学理论增加"知识"含量的最成熟的一次思想准备。1983 年至 1986 年,周文骏先生先后提出了"情报交流""文献交流"的思想[18−19];1984 年,宓浩先生提出了"知识交流"的思想[20]。他们的"交流"思想有一定的差异,但共同之处是:① 把文献、情报的本质看作为知识,文献、情报的交流实质上是知识的交流;② 认为文献、情报是知识交流的工具、媒介,图书馆是社会知识交流系统中的社会渠道、中介实体;③ 知识交流才使文献、情报有了意义,并且也是人与人交流的重要方式;④ 知识交流现象是图书馆学、情报学研究的共同基层。

周文骏、宓浩两位先生的观点继承了美国图书馆学家巴特勒、谢拉关于图书馆是社会交流机制的思想,继承了日本图书馆学家椎名六郎"情报交流现象是图书馆学情报学相同基础"的观念,同时也继承了苏联情报学家米哈依洛夫"科学交流是情报学研究重要范畴"、图书馆学家丘巴梁"图书馆过程是交流社会思想一种形式"的认识。尽管这些国外图书馆学情报学界的观点是中国"知识交流说"的重要思想源泉,但中国图书馆学家们的知识交流思想,显然在内容上比他们要更加全面、完整,对本质的把握也更准确。这种体现中国文化整体性思维特点的理论成果,当然也具有某种理论上的魅力。

(2) 20世纪90年代以来的研究状况

由于有了坚实的理论基础的铺垫,进入90年代以后,图书馆学(包括情报学)对知识命题的研究,在理论与实践中都有一定纵深,知识组织、知识管理、知识服务等主题都曾引起过图书馆学界的高度关注。

知识组织理论80年代在国外已经很热,90年代,我国学者也对知识组织开展了积极探讨,如刘洪波称图书馆内部活动的实质是知识组织,知识组织理论是知识交流理论的补充[21];王知津提出,知识组织不仅是对文献的组织,也包括对文献中"知识"的组织。知识组织的任务不仅要应付大量的知识,还要抑制知识的增长[22]。特别是在图书馆实践中,网络信息与数字图书馆的快速发展,迫使图书馆不得不寻找新的知识组织方法以应时变,于是元数据、知识本体这两种新方法应运而生。元数据的对象是个体知识,其作用是格式化描述各种复杂形式的知识,以便计算机或人能对知识识别、处理,它是一种微观知识组织法;而知识本体的对象是群体知识,其作用是通过联想关系构成的语义网络,进而把知识组织成一个相互连接的体系,所以它是一种宏观知识组织法。有了元数据、知识本体两种知识组织新方法,布鲁克斯"认知地图"的理想终于有了变成现实的条件。

　　知识管理的研究不是图书馆学内生的主题,它是从管理学引进的"新物种"。由于知识管理与图书情报学有着认识前提的一致性、研究内容的重叠性、学科功能的相似性,很快就在图书情报学界引起了新一轮的研究热潮。有学者认为知识管理已成21世纪图书馆学的重要研究方向之一,并呼吁加强这方面的研究[23]。也有学者认为知识管理将对图书情报学的性质和地位、概念体系、理论基础、研究方法、技术手段以及专业教育均将发生重要影响[24]。但遗憾的是,此一时期图书情报学对知识管理的研究基本停留在浅层上,内容介绍多、拼合痕迹重。至于将知识管理方法运用于图书馆实践,则国内鲜有成熟案例。

　　新世纪开局,图书馆学理论向"知识域"转向开始加速。2000年以来,王子舟以知识论为立场提出了"知识集合"的系列观点:图书馆的本质是知识集合;图书馆学研究对象应转移至知识集合,研究客体应是"客观知识、知识集合、知识受众及其相互之间的关系";图书馆学的宗旨就是为人们主动获取知识提供最佳工具与方法等。其后,柯平认为"知识管理理论是图书馆学的理论基础","图书馆学研究对象是知识资源"[25];李万健论述了"知识是图书馆学研究和图书馆工作的主要对象"[26];龚蛟腾等则提出,图书馆是人类公共知识中心,图书馆学就是公共知识管理学,其研究对象是公共知识管理[27]。基础理论有关知识的话语逐步增多。

另外,知识服务观念此时期也开始形成。如张晓林于 2000年提出,受网络环境的影响,图书馆服务模式应该从提供文献信息为主的借阅服务,转向提供知识内容、解决读者问题为主的知识服务。知识服务是新世纪图书情报工作的生长点,是新世纪图书情报工作的核心竞争力[28]。由于知识服务是信息服务凭借新技术进一步发展的逻辑结果,因而在这之后,随着信息技术的扩张、升级,图书馆服务思想也不断深化,个性化服务、集成化服务、一站式服务、知识导航等观念鱼贯登场。而且许多实力雄厚的图书馆,尤其是国家重点大学图书馆,借助网络手段、数字技术还展开了知识服务的实验尝试。

与此同时,情报学对知识也十分看重。2000 年丹麦图书情报学家比格尔·约兰德(Birger Hjørland)提出的 11 个图书情报学基本研究概念(范畴)中,就包含"知识领域""知识和知识表达"[29]。我国情报学界有人指出,情报学理论正在出现"知识化"趋势[30]。

10.3　转向"知识"将形成的富矿带

（1）知识和知识表现形式

什么是知识，知识的性质、类型，知识的表现形式，知识永久记忆的社会手段，知识与信息的关系，不同知识和某种社会范畴的功能关联等，举凡与知识本体相关的问题，都是值得图书馆学研究与认识的命题。只有深入研究知识现象，才能使我们以往模糊的认识变得清晰起来，甚至可以改变我们原有观念上的某些偏差。

例如"知识的表现形式"，过去我们注重研究知识书写表达，图书馆也主要保存文本知识，但我们知道知识口传表达也很重要，口传知识在知识交流系统中能提供许多背景、细节、事件原因、事实真相方面的东西，这往往是文本知识不能提供的。可惜图书馆没有保留口传知识的记忆制度，我们的研究也长期忽略这一重要范畴。又如"知识与信息的关系"，这个问题看似简单，判别概念很容易，但我们很少研究二者的相互转化，信息可以转化为知识，知识可以转化智能，也可以转化为新的信息。尤其是由知识转化成的新信息具有哪些形态？它们有什么样的作用？到目前几乎没有人涉及。

（2）知识分析与预测

任何知识文本一般都包含外在知识信息和潜在知识信息。外在知识信息容易识别，潜在知识信息则不易发现。比如，我们查阅一份敦煌文书写卷，编号、题名、年代、尺寸、格式、纸质、抄写人、文字内容等都容易了解、确定，但其内隐的抄写目的、书法风格、内容特色等却无法一目了然，只有经过知识分析才能获取这些潜在的知识信息。知识分析方法主要包括传统的文献计量法、引文分析法和从传播学引入的内容分析法，它们共同构成了图书情报学的专门研究方法。它们一般都以知识文本族群为分析对象。文献计量法主要揭示知识文本生产、分布和运动规律，引文分析法重点发现知识文本（或知识体系）之间的相关联系，内容分析法（含词频分析）旨在挖掘知识文本中的内隐意义。

例如，利用引文分析法，分析图书馆学论文引用其他学科文献的情况，可以发现图书馆学相关学科主要有哪些以及强相关的学科是什么；分析某学科期刊、学者、机构发文和被引的情况，可以判明某学科期刊、学者、机构的学术影响力。再如，利用内容分析法中的词频分析法，对文献族群中的关键词或主题词在近时期出现的频次高低进行分析，就可以确定某一领域的研究热点和发展动向；通过近年内不同学科新学术概念出现的数量比较分析，也可以了解一个学科短期内生长度怎样。……这些研究实例不胜枚举。尤其内容分析法，不仅可用于科学领域，还可以用于军事、政治、经济等领域，比之文献计量法、引文分析法应用范围更广，再加上能进行未来预测，所以是一个发展很快的知识分析法，手段、技巧不断翻新，值得图书情报学界高度重视。

（3）知识组织新方法

为了实现文献内隐知识的获取，而不是个体文献的查找，知识组织方法要进一步深入到知识单元层面。知识单元的组织方法首先是知识单元标引和描述方法，其次才是知识单元相互之间的联系方法（如知识地图、知识本体的建构）。① 知识单元标引包括知识单元类型归类、标引规则，知识单元人工抽取和软件抽取方法、知识单元修改，知识单元面向对象表示等；② 知识地图建构方法包括知识进化层次图、知识体系分类图、知识主题拓扑图、知识资源关联图、组织知识范围图、社会知识流动图、知识过程迁移图、个人知识结构图等等。根据不同要求和角度，知识地图的组成方式可以有多种。此外，图书馆知识组织方法还应从面向文献类型朝面向所有知识类型转移，如个人口述史的组织方法、非物质遗产的组织方法等，其有待开辟的领域还很多。

（4）新兴知识集合实体

未来的新兴知识集合实体会向"大（宏观）、小（微观）、变（新型)"三个向度发展。

在"大(宏观)"向度,各种专题数据库(1代)经过整合会发展出综合知识库(2代),众多数字图书馆(1代)经过整合将催生出区域数字图书馆、全球数字图书馆(2代)。以正在拟建的敦煌学知识库为例,由于敦煌学研究发展很快,各种专题数据库不断面世,目前不同机构已有文书数据库、石窟数据库、研究论著数据库、学者档案数据库、国际项目数据库、佛教人物数据库、丝绸之路数据库等几十种,面对"整合""升级"的呼声,我国敦煌学界准备建立"敦煌学知识库"。该知识库将涵盖各种专题数据库内容;有虚拟实境导游;发布在线展览、动态报道;变专业学者使用为大众、学者免费公用;具备网络自学、教学(e-learning)功能等[31]。

在"小(微观)"向度,家庭数字藏书、个人数字图书馆会不断涌现。如陈光祚先生利用 WINSIS 软件开发的个人数字图书馆,已收录 5 万条记录,库容超过 20 多个 G。它既是个人资料的档案集(可收证件、信函、照片等),又是科研资料知识库(可收论文、著作、报告等)、业余鉴赏藏品屋(可收视频、音频等各种多媒体材料)。它有排序存储、多途径检索的功能,有网络虚拟资源实藏化、自建自用个性化的特点。个人数字图书馆的出现改变了人们对数字图书馆的认识,"数字化资源、网络化存取、分布式管理"已不适用定义数字图书馆,人们意识到,"能收录各种数字资源、兼容多种文件格式、具有存储检索功能的数据库"都是数字图书馆[32]；个人数字图书馆的出现还可能改变人们的生活方式。在知识社会里，社会个体"个人知识管理"的问题会越来越突出，个人数字图书馆将会成为人们读书治学乃至工作、生活的好管家。

在"变（新型）"向度，以往没有的知识集合类型会层出不穷。如维基百科（Wikipedia，简称 WP），它是一个基于 Wiki 技术和GNU 自由文档协议的由全球志愿者参与编撰的网络百科全书。2001 年创建以来，收录的词条达 400 万以上，有 195 种语言版本，注册读者超过 30 万，读者访问量正呈几何级增长。维基百科的特点是开放、动态、中立。即任何人都可以随时创建和修改一个知识词条，词条更新速度超过了世界上所有的百科全书，公众创建和修改可以使词条错误消失在更多的眼睛之下，从而也保障了维基的中性知识立场。维基不仅是一种新型知识集合实体，而且也代表了一种新的知识生产方式。以往的知识生产或由政府规划驱动，或由社会需求驱动，现在则有了个人兴趣驱动的新方式。知识生产者不再是雇佣者，他们在没有太多功利心的情况下自由生产与分享知识，收获激情与乐趣[33]。

新兴知识集合实体三个向度的发展，给图书情报学科展开了广阔的研究视野，提供了极大的用武之地。

（5）Web 2.0 在图书馆中的应用

新技术是推动图书馆乃至各种知识集合的进步升级的动力。目前互联网已经进入 Web 2.0 时代。Web 2.0 与门户网站为代表的 Web 1.0 模式的最大不同，就是强调受众体验和用户价值。它的核心是 UGC（User Generated Contents），即用户创造内容。它为用户带来了真正的个性化、去中心化和信息自主权。在 UGC 模式下，无数网络用户创造"微内容"成为互联网最生动、最具有活力的资源。Blog（博客/网志）、wiki（维基百科）、RSS（新闻聚合）、Facebook（网络社区）等新技术的引进更新了图书馆服务的新技术与新观念，使图书馆界进入了"图书馆 2.0"时代。如何利用新技术开发出切合读者真实需要并为读者欢迎的新服务模式，创造出有交互、有参与、有个性、有记录、有评价乃至某种文化圈的知识交流社区，这是"图书馆 2.0"面临的极有魅力的前沿课题。而且，技术的脚步从来都是匆匆忙忙，当大多数人们还在为 Web 2.0 困惑的时候，Web 3.0 的概念又于 2006 年粉墨登场了。Web 3.0 仍以用户为中心，但其进化方向是以智能技术为依托，将网络转变成为一个数据库，各种非浏览器应用程序可以获取网络内容，使网络朝着人工智能技术、语义网、地理空间或 3D 空间等交互方向发展[34]。图书馆如何跟上技术的脚步迈向"图书馆 3.0"，而不至于被时代冷落甚至淘汰，这也是图书馆学人都应认真思考的问题。

（6）图书馆知识管理与知识服务

有研究数据表明，国外知识管理研究主要集中在组织学科、战略管理、计算机科学等领域，而国内除此之外，图书情报学界对知识管理的研究也非常活跃。但目前国内研究定性描述较多，不如国外研究（实证分析、案例分析多）深入[35]。今后图书馆学对知识管理的研究，最有效率的领域是图书馆管理，其研究重点包括以下几方面：① 图书馆隐知识，② 馆员知识迁移，③ 馆员知识学习，④ 个人与部门之间的知识组织，⑤ 个人与部门之间的知识共享，⑥ 图书馆知识创新能力。此外，知识管理理论与图书馆学的关系，二者的比较研究、方法借鉴也都有重要研究价值。知识管理是知识服务的基础，知识服务是知识管理的外化。虽然图书馆知识服务是全方位的服务创新，但目前重点仍集中在咨询服务、学科馆员服务、门户网站服务、专题知识库服务、基于本体面向专家的推送服务等方面。这些方面的研究今后还将继续加强。

（7）图书馆数据的计量与分析

因为图书馆是一个开放的、运动着的系统，图书馆活动是一个与知识源、知识受众相互联系的连续过程，所以图书馆管理者必须注重积累图书馆的各种活动数据，如馆藏数量、借阅次数、本地居民人均占有图书率、居民年访问图书馆率等等。数据是对图书馆活动进行统计分析的基础。只有周期性地对图书馆活动发生的大量数据进行统计分析，我们才能客观地向纳税人与主管部门披露图书馆运行的状态，才能真实地描述图书馆服务的质量与水平，为今后制定新的发展战略提供决策参考。图书馆活动的统计分析也是图书馆学从事比较研究的必要前提，我们可以通过不同地区、类型的图书馆活动的数据，来分析这些图书馆之间存在的差异，找出图书馆事业发展中存在的问题、问题产生的原因与解决方法。因此，图书馆活动的统计分析是图书馆学研究的一个稳定主题与常规项目。

(8) 知识保障的法律问题

在图书馆活动领域里，知识的法律问题主要涉及三方面：知识生产者的知识产权与公众知识共享权利的平衡机制问题、图书馆知识受众合法权益保护问题、图书馆发展进步的国家法律体系保障问题。从程序的角度看，这些问题的解决一是要"有法可依"，二是要"依法行事"。"有法可依"是指国家要立法，建立完善的法律体系；"依法行事"是指图书馆从业者要有较高的法律素养，把我们的行为与法律准则结合起来。尤其是后者，涉及广大图书馆工作者，影响成千上万的公民，它是图书馆职业伦理的基础，当然也是图书馆学关心的重要命题之一。

（9）知识平等、知识自由理念的制度化

因为知识是公共物品，它具有广泛的外部性（外溢性），加之人类崇尚平等、自由，所以平等自由获取知识、交流知识的观念成为一种崇高的社会理念。由于知识交易依赖信誉、重复交易以及信任[3]，知识共享机制、公共知识空间规则的确立与保障就成为值得探讨的问题。另外，社会个体如大量处于知识贫困状态，会降低一个社会知识平等、知识自由的实现程度，这就要靠改变教育和公共文化资源的供给不足、分配不公来对其加以调节。所以，新的文化制度建设、图书馆公共资源合理布局，也就成为当务之急。2006 年 9 月 14 日国家公布了《国家"十一五"时期文化发展规划纲要》，我们可以将它看成知识平等、知识自由理念的制度化的一个重要步骤，但我们要走的路恐怕比我们想象的长久、艰难得多。

（10）弱势群体知识援助

根据"木桶原理"，社会公正主要由社会底层的弱势群体生存状况、社会地位是否得到改善来体现。弱势群体从特质上看可分为三大类：① 个人生理性，如残疾人、长期病患者、艾滋病感染者；② 自然环境性，如贫困地区人口、受自然灾害的灾民；③ 社会排斥性，如农民工、下岗与失业人员、早期"内退"人员等。

截至 2007 年,中国有弱势群体 3 亿人左右,约占全国人口的 23%。全世界以每天不到一美元收入维持生活的人有 10 亿多,而我国就占了 1/5,仅次于印度,列居世界第二位。弱势群体中的知识贫困发生率最高,对弱势群体实施知识援助是公益性图书馆责无旁贷的义务。2007 年,国内约有 30 家省市图书馆设有盲人阅览室,但从整体上看,图书馆对弱势群体的知识援助体系还没建立起来,实践活动还不深入,与国外差距很大。如何建立弱势群体知识援助的新制度、新体系;如何深化弱势群体知识服务工作并不断总结、提高,这也是图书馆学研究的一个重要方向。

(11) 读者阅读与终身学习

知识的获得是学习者认知框架不断变化的过程,是新的学习活动与原有知识相互作用的结果。读者知识建构与阅读、惯习、情境、共同体有密切关联。① 研究阅读,主要是研究读者阅读需求、阅读心理、阅读活动、阅读方法、社会阅读史;② 研究惯习,主要是研究读者文化心理定式、学习方法定式;③ 研究情境,主要是研究图书馆环境、公共知识空间、读者学习影响因素等;④ 研究共同体,主要是研究读者俱乐部、读书小组、学习社区的机制与作用。2003 年美国图书馆学学者威甘德(W. A. Wiegand)批评以往的图书馆学过于看重"有用的知识"(useful knowledge),忽略了"场地"(place)和"阅读"(reading)在图书馆的重要性,其结果是妨碍了对图书馆的社会与文化要素做进一步理解[36]。这种忽略体现在图书馆学教学上,就是相关课程的缺失造成了学生视界的狭窄。

知识社会要求社会个体不仅要有专业知识,还要有自主行动的能力、熟练运用现代交流工具的能力、善于与不同文化背景的人们合作的能力。终身学习是获取这些能力、保持专业知识不断更新的有效途径。随着图书馆在国家终身学习体系中的地位、作用日益突出,图书馆如何成为公众终身学习的推进器,图书馆为终身学习提供的有效途径是什么,个人知识素养怎样科学评估等,都将是我们今后要探索的重要课题。

(12) 文献史、图书馆史以及图书馆学史

梁启超的《清代学术概论》《中国近三百年学术史》作为学术史名著曾影响了一代学人。在梁任公的眼里,20世纪初年的中国学术是明清以来数百年的一个接续,只有把这数百年学术演进的脉络、传统、流变梳理清楚,才能提出新问题、新思想,把握新的学术导向。我们经常谈论"创新",而真正的学术创新至少应具有下面五种条件之一:(1) 因实践发展需要而发明一种新概念或提出一个新观点;(2) 获得了一种新的可作为实证根据的资料来源;(3) 采用了一种新的科学研究方法;(4) 开辟了一个新的有价值的研究领域;(5) 创立了一种新的研究范式。并且,无

论哪种创新,都离不开对学术史的研究。图书馆学的创新同样离不开对文献史、图书馆史(包括各种知识集合)、图书馆学史的研究。正如邓正来所说,现有的知识存量都是从学术传统中生长和发展起来的,如果离开了学术传统,我们就不会知道自己的学术观点是否已被先贤详释,不会知道除了实际效用外还可以从何处获得对增量知识的评判标准,当然也就谈不上所谓的知识增量和学术创新的问题了[37]。

　　未来的图书馆学研究重心转向知识领域,既是社会发展的作用,也是其学科逻辑理性发展的结果。这种演变看似一种研究范式的转移,其实却是图书馆学对其自身学科逻辑起点(文献)的更高层次的本质回归[1]。以上论及的图书馆学未来 12 个研究方向,其实并不能涵盖图书馆学全部领域,作者只是想提醒人们应该对此给予关注,应该察觉它们的潜在价值。一般来说,人们对某种动向从认识到采取对策会有时间间隔,但缩短这种"认识时滞"是我们的学术责任。只有跨越了"认识时滞",图书馆学研究才能减少学术浪费,降低学术发展成本,撷尝硕果,复望层林。

参考文献

[1] 王子舟.图书馆学的基本概念与核心概念[J].中国图书馆学报,2001(3):
　　7—11.

［2］ 邱均平,段宇锋.论知识管理与图书情报学的变革［J］.中国图书馆学报,2003(2):5—9.

［3］ 〔美〕约瑟夫·斯蒂格利茨.知识经济的公共政策［M］.熊志义,译//胡鞍钢.知识与发展:21世纪新追赶战略.北京:北京大学出版社,2001:17—34.

［4］ 世界银行.全球知识经济中的终身学习:发展中国家的挑战［R］.国家教育发展研究中心组,译.北京:高等教育出版社,2005:1.

［5］ 〔美〕丹尼尔·贝尔.后工业社会的来临［M］.高铦,等译.北京:商务印书馆,1987:239.

［6］ 王子舟.未来图书馆学发展的理性走向［J］.中国图书馆学报,2003(5):5—10.

［7］ 贺卫,伍山林.制度经济学［M］.北京:机械工业出版社,2003:47—48.

［8］ 胡鞍钢.知识与发展:21世纪新追赶战略［M］.北京:北京大学出版社,2001:1.

［9］ 世界银行世界发展报告编写组.1998/99年世界发展报告［R］.蔡秋生,等译.北京:中国财政经济出版社,1999:前言.

［10］ 〔法〕让·卡泽纳弗.社会学十大概念［M］.杨捷,译.上海:上海人民出版社,2003:38.

［11］ 〔美〕西奥多·W.舒尔茨.人力资本投资［J］.杜月升,译//外国经济学说研究会.现代国外经济学论文选(第八辑).北京:商务印书馆,1984:232—248.

［12］ 方福前.西方经济学新进展［M］.北京:中国人民大学出版社,2006:176—181.

[13] 〔英〕丹尼·卡瓦拉罗.文化理论关键词[M].张卫东,等译.江苏人民出版社,2005:4—7.

[14] 〔美〕安德鲁·芬伯格.可选择的现代性[M].陆俊,等译.北京:中国社会科学出版社,2003:总序.

[15] 袁翰青.现代文献工作基本概念[J].图书馆,1964(2):25—31.

[16] 彭修义.关于开展"知识学"的研究的建议[J].图书馆学通讯,1981(3):85—88.

[17] 刘迅.论图书馆学情报学理论的共同基础:关于波普尔世界3理论的思考[J].情报科学,1982(1):13—20.

[18] 周文骏.概论图书馆学[J].图书馆学研究,1983(3):10—18.

[19] 周文骏.文献交流引论[M].北京:书目文献出版社,1986:23—43.

[20] 宓浩,黄纯元.知识交流和交流的科学:关于图书馆学基础理论的建设[C]//图书馆学基础理论论文集.杭州:中国图书馆学会基础理论研究组,1985:23—39.

[21] 刘洪波.知识组织论:关于图书馆内部活动的一种说明[J].图书馆,1991(2):13—18,48.

[22] 王知津.知识组织的目标与任务[J].情报理论与实践,1999(2):65—68.

[23] 吴慰慈,等.21世纪图书馆学情报学的研究方向[J].图书情报工作,2001(1):7—11.

[24] 邱均平.知识管理与图书情报学的创新[J].情报资料工作,2002(3):5.

[25] 柯平.从知识论到知识资源论:知识管理与图书馆学的知识基础[C]//中国图书馆学会图书馆学理论专业委员会.发展与创新:第四次图书馆学基础理论学术研讨会论文集.香港:天马图书有限公司,2003:130—149.

［26］李万健.知识与图书馆学和图书馆［J］.四川图书馆学报,2003(6):2—5.

［27］龚蛟腾,侯经川,文庭孝.公共知识管理学:关于图书馆学本质的思考
［J］.大学图书馆学报,2003(6):2—6.

［28］张晓林.走向知识服务:寻找新世纪图书情报工作的生长点［J］.中国图
书馆学报,2000(5):32—37.

［29］周晓英.情报学的形成和定位［J］.情报资料工作,2006(2):5—10.

［30］汤珊红.情报学的知识化趋势［J］.图书情报知识,2002(2):17—19.

［31］郝春文.敦煌学知识库国际学术研讨会论文集［C］.上海:上海古籍出版
社,2006:1—10.

［32］陈光祚.论网络时代的个人数字图书馆［J］.图书馆论坛,2005(6):
164—170.

［33］沙勇忠,阎劲松.维基百科:一种网络环境下的新型知识生产方式及其价
值意蕴［J］.情报资料工作,2006(4):20—24.

［34］Web3.0 is About Intelligence［EB/OL］.［2007-11-21］.http://bub.bli-
cio.us/?p＝432.

［35］马费成,张勤.国内外知识管理研究的热点:基于词频的统计分析［J］.情
报学报,2006,25(2):163—171.

［36］赖鼎铭.图书馆研究的新方向:由美国研究带给图书资讯学的启发［EB/
OL］.(2005-06-22)［2005-12-07］.http://www.xxc.idv.tw/blog/know-
ledge_sociology/.

［37］邓正来.研究与反思:关于中国社会科学自主性的思考［M］.北京:中国
政法大学出版社,2004:326.

阅 读 书 目

1. 钱存训.中国纸和印刷文化史[M].郑如斯,编订.桂林:广西师范大学出版社,2004.

2.〔美〕卡特.中国印刷术的发明和它的西传[M].北京:商务印书馆,1960.

3. 张秀民.中国印刷史(上、下)[M].韩琦,插图增订.杭州:浙江古籍出版社,2006.

4. 陈国庆.汉书艺文志注释汇编[M].重印1983年本.北京中华书局,2006.

5. [唐]魏徵,等.隋书·经籍志[M].北京:中华书局,1973.

6. [清]永瑢,等.四库全书总目[M].影印浙本.北京:中华书局,1965.

7. 李希泌,张椒华.中国古代藏书与近代图书馆史料(春秋至五四前后)[M].北京:中华书局,1982.

8. 傅璇琮,谢灼华.中国藏书通史(上、下)[M].宁波:宁波出版社,2001.

9. 杨威理.西方图书馆史[M].北京:商务印书馆,1988.

10. 吴建中.21世纪图书馆新论[M].2版.上海:上海科学技术文

献出版社,2003.

11. 〔美〕克里斯廷·L. 博格曼.从古腾堡到信息基础设施[M].肖永英,译.北京:中信出版社,2003.

12. [清]章学诚.校雠通义通解[M].王重民,通解.上海:上海古籍出版社,1987.

13. 杜定友.杜定友图书馆学论文选集[M].北京:书目文献出版社,1988.

14. 刘国钧.刘国钧图书馆学论文选集[M].北京:书目文献出版社,1983.

15. 孟广均,徐引篪.国外图书馆学情报学进展[M].北京:北京图书馆出版社,1999.

16. 袁咏秋,李家乔.外国图书馆学名著选读[M].北京:北京大学出版社,1988.

17. 中国大百科全书编委会.中国大百科全书·图书馆学情报学档案学[M].上海:中国大百科全书出版社,1993.

18. 孙光成.世界图书馆与情报服务百科全书[M].成都:四川民族出版社,1991.

19. BUTLER P. An introduction to library science[M]. Chicago: The University of Chicago Press, 1933.

20. 〔美〕杰西·H. 谢拉.图书馆学引论[M].张沙丽,译.兰州:兰州大学出版社,1986.

21. CRAWFORD W, GORMAN M. Future Libraries: Dreams,

madness and Reality［M］. Chicago：American Library Association，1995.

22. 〔印度〕阮冈纳赞.图书馆学五定律［M］.夏云,等译.北京:书目文献出版社,1988.

23. 〔苏〕丘巴梁.普通图书馆学［M］.徐克敏,等译.北京:书目文献出版社,1983.

24. 〔英〕哈里森.图书馆学基础［M］.佟富,译.北京:书目文献出版社,1987.

25. 〔日〕津田良成.图书馆情报学概论［M］.楚日辉,等译.北京:科学技术文献出版社,1986.

26. 国际图联公共图书馆专业委员会.公共图书馆发展指南［M］.林祖藻,译.上海:上海科学技术文献出版社,2002.

27. 俞君立,黄葵,罗武建.中国当代图书馆界名人成功之路［M］.武汉:武汉大学出版社,1996.

28. 严文郁.美国图书馆名人略传［M］.台北:文史哲出版社,1998.

29. 梁启超.中华图书馆协会成立会演说词［J］.中华图书馆协会会报,1925(民国十四年),1(1):11—15.

30. Carnegie Reporter. Do Libraries Still Matter? ［EB/OL］. ［2007-08-28］. http://www. carnegie. org/reporter/10/books/index3. html.

后　记

　　图书馆学作为一门科学，起源于历史悠久的图书馆文献整理活动。图书馆不仅培育出了图书馆学，也滋养出了我的图书馆情契。

　　最初到图书馆工作的时候，看到书库里挤满图书的书架密密麻麻，感觉到很震撼。置身其中有被装在图书馆中的感觉。自己如沧海一粟，被知识海洋淹没得无影无踪。我自知浅薄，所以暗下决心，好好读书，狂饮知识琼浆。由于事先学过图书馆学，知道一些读书方法，几年以后进步较快。又过几年，甚至还能经常为读者解疑释难。如受一所新办大学请求，从毛泽东手书中辑出毛体校名；为一名香港客人提供历朝古尺度与现行市尺的换算数据；为历史老师查到"吐蕃"为何发音"tubo"的论证资料；按一名出版社美编的要求，检出苏军士兵在柏林国会大厦顶端插红旗的照片等。有的老师在图书馆找资料找不到，就直接去办公室找我。我带着他上楼下楼，穿行在林林总总的书架中，最后走到一个书架前告诉他，你要的资料就在这个架子上，自己慢慢去翻吧。到了这个时候，也就是从事图书馆工作十多年以后，最初"我被装在图书馆空间里"的感觉已经转换为"图书馆被装在我脑袋里"。我对图书馆十分熟悉，可以随手从中摸出自己需要的东西。

再后来，我离开了图书馆成了一名图书馆的读者，但因自己与图书馆有着深厚的感情，每到一个新环境，都要最先熟悉图书馆，而且还能很快熟悉图书馆，知道我要的东西在图书馆的哪个角落。泡图书馆，已成为我的生活方式。每周都要往图书馆跑几趟。如果出差七八天，回来做的要紧事就是去趟图书馆。我的藏书不多。一方面是以前在图书馆工作，为避瓜田李下之嫌，自己不藏书；另一方面是觉得自己可以从图书馆里借阅所需，就不必买过多的书。有人写东西，发怵于查资料，而我不仅能熟练地查资料而且觉得其中很有趣味。

我的生活似乎已经离不开图书馆，这不仅是因为现在从事图书馆学的教学，因为自己研究图书馆学。我的离不开图书馆，还有一个非常重要的原因，那就是图书馆能给我归属感，已然成为我的精神家园。一个人有父母在世，就觉得自己是有"根"的人，甚或自己的祖国、民族乃至出生地都会使人产生归属感。而我的母亲终将年老离我而去，我的出生地也因大拆大建变得面目全非，但是自己无论何时何地，只要置身于如林的书架里，置身于安静的图书馆中，就如回到了我永恒的精神家园，找到了自己的生命之根。我们每个人都可能产生过"生活在别处"（法国诗人阿瑟·兰波语)的感觉,或者遭遇过精神上"内在移民"(美国政治理论家汉娜·阿伦特语)的现象,但是有"根"的人,他一定会是一个坚强的人,会是一个有担当意识的人。

图书馆学是一个小学科。说它小,不仅是因为全国设置这个专业的高校很少,同时也因为它一度仅是图书馆员独享的学问,与社会公众关系不大。其实,各行各业的人,尤其是青年学子们,了解一些图书馆学的知识,对他们的帮助还是极大的。因为图书馆本质上是一个人文主义的事业,图书馆学是获取知识、塑造灵魂所必要的一种工具。

我对图书馆学的认识在《图书馆学基础教程》(武汉大学出版社,2003)一书中有全面的阐释。该书是我研究成果的一个汇集,出版后引来学术界的一些评论,也被武汉大学、中山大学、浙江大学等指定为图书情报学专业硕士生入学考试参考用书。但在本科教学中,自己感到这本教材并不适用于低年级以及入门者的阅读。现在我将这本教材中的一些观点融入《图书馆学是什么》之中,有个别章节是压缩或提炼原教材形成的,这里要特别向读者说明。还有,第 7 章"书籍的发展及未来命运是怎样的"改编自我和研究生们的讨论稿《书籍存在的理由:关于书籍是否消亡的讨论》(载《中国图书馆学报》2004 年 6 期)。那篇文章由我执笔,大部分资料是我经年留意积累下来的,但个别材料由陈玉顺、郭卫宁等人提供。此外,北京大学的吴慰慈教授对本书写作给予了鼓励，多伦多的刘嘉女士、北京大学的李常庆博士也为我提供了资料上的帮助。研究生吴汉华为本书第9章提供了诸多外文资料，潘梅、吴钢、胡丽芳为我纠正了许多错字，并提出了很好的建议。对这些师长、朋友以及研究生的帮助我深表感谢。

这本书是我在精神世界遭遇伤痛的一年里完成的。其中一段时间的多个夜晚，自己因内心的难受而久久不能入睡。但是，查资料、写作，再查资料、再写作，这样的工作终于让我挺了过来。是杨书澜女史交给的任务推我走出了情感的低谷而不至于沉沦，对此我心中充满了感激。还有，责任编辑闵艳芸对本书付出的辛勤劳动也是我不能忘却的。

王子舟

2007 年 11 月 21 日凌晨

于北大燕北园居所

补记：本书再版时，作者对书中错别字、个别字词做了修改，其他内容一如其旧。

王子舟

2019 年 3 月 10 日深夜

于五道口居所

编 辑 说 明

自2001年10月《经济学是什么》问世起,"人文社会科学是什么"丛书已经陆续出版了17种,总印数近百万册,平均单品种印数为五万多册,总印次167次,单品种印次约10次;丛书中的多种或单种图书获得过"第六届国家图书奖提名奖""首届国家图书馆文津图书奖""首届知识工程推荐书目""首届教育部人文社会科学普及奖""第八届全国青年优秀读物一等奖""2002年全国优秀畅销书""2004年全国优秀输出版图书奖"等出版界的各种大小奖项;收到过来自不同领域、不同年龄的读者各种形式的阅读反馈,仅通过邮局寄来的信件就装满了几个档案袋……

如今,距离丛书最早的出版已有十多年,我们的社会环境和阅读氛围发生了很大改变,但来自读者的反馈却让这套书依然在以自己的节奏不断重印。一套出版社精心策划、作者认真撰写但几乎没有刻意做过宣传营销的学术普及读物能有如此成绩,让关心这套书的作者、读者、同行、友人都备受鼓舞,也让我们有更大的信心和动力联合作者对这套书重新修订、编校、包装,以飨广大读者。

此次修订涉及内容的增减、排版和编校的完善、装帧设计的变化,期待更多关切的目光和建设性的意见。

感谢丛书的各位作者,你们不仅为广大读者提供了一次获取新知、开阔视野的机会,而且立足当下的大环境,回望十多年前你们对一次"命题作文"的有力支持,真是令人心生敬意,期待与你们有更多有益的合作!

感谢广大未曾谋面的读者,你们对丛书的阅读和支持是我们不懈努力的动力!

感谢知识,让茫茫人海中的我们相遇相知,相伴到永远!

北京大学出版社

"人文社会科学是什么"丛书书目